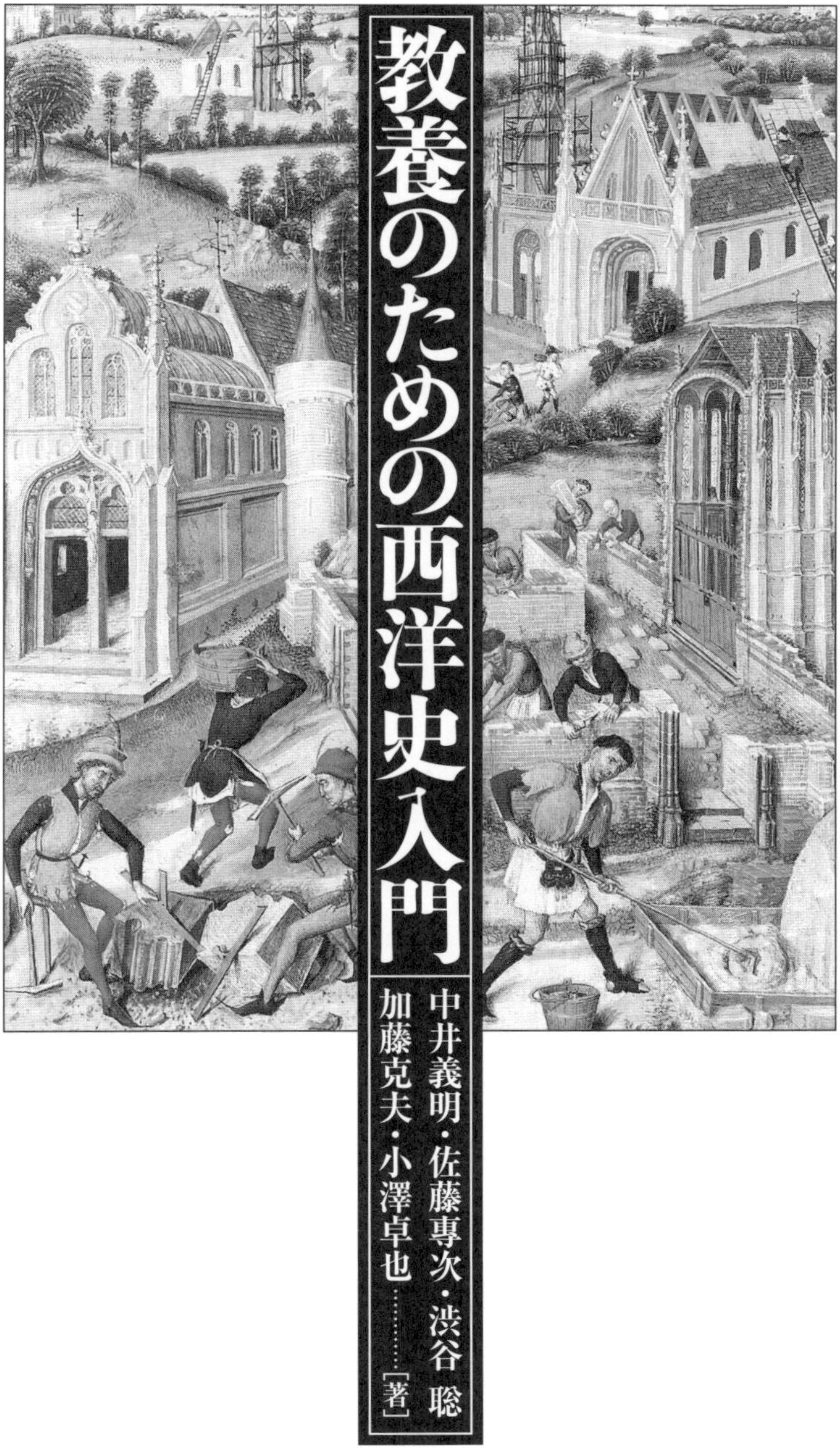

教養のための西洋史入門

中井義明・佐藤専次・渋谷　聡
加藤克夫・小澤卓也……………［著］

ミネルヴァ書房

はじめに

本書のねらい

本書は、これから歴史を学ぼうとする読者や歴史に関心はあるが歴史学を専門にしてはいない読者、さらには教養として西洋の歴史を知ろうとする読者、歴史に多少なりとも関心を持ち、いま大学で何が研究され、教えられているのかということに興味を抱いておられる社会人を対象にしています。

本書が目指しているのは教養書であり、同時に教科書でもあります。教養書として読まれ、教科書としても使い勝手のよいもの。そのようなものを作ろうと私たちは熱く語り、各執筆者が専門とする領域に分かれて書いてみました。

本書のそのようなねらいは、各章の最初に付けた年表からも明らかだと思います。年表は、それぞれの章がどのような時代を扱っているのかが一目で見渡せるようになっています。また各章のはじめの概要は、執筆者はどのような視点と意図で書いているのか、読者はどのような展望で読んでいけば理解しやすいのか、指針となるような記述をおこなっています。

また親しみやすいようにできるだけ多くの写真を掲載してみました。そのためにギリシアやイタリア、フランスやイギリスなどを訪れ、資料の収集なども試みました。その過程で意外な発見をして感動を新たにすることがありました。有名なペリクレスの胸像を大英博物館で目の当たりにしたときや、ローマ帝国を再編し四人の皇帝による四分治制を象徴する四皇帝の彫像をヴェネツィアのサン＝マルコ教会の近くで見たときなど、「おっ！　こんな所にあったのか」と新鮮な感動に心躍るものがありました。

授業でも話だけだと具体的なイメージがなかなか浮かばないようです。それで特に概説のような授業の場合には、できるだけスライドを使って話をするようにしています。大学の文系の授業においても、少なくともパワーポイントを利用することが求められる時代になってきております。ピンボケの写真も手作りであるだけに授業ではご愛嬌です。難点は部屋を暗くしているためにノートを取れないということでしょう。

歴史の効用

ところで、断片的でも歴史を知っていることは、外国を旅するときに役に立つものです。フィレンツェを訪れ、シニョリア広場にたたずんでも、歴史を知らなければ広場の周辺に革製品の土産物屋とバール（カフェ）やリストランテ（レストラン）があり、観光のメッカ、ウフィッツィ美術館への通り道、それも風の強いときには噴水の冷たい水しぶきがかかる、単なる通り道でしかありません。しかしフィレンツェ共和国を指導し、宗教改革を断行したサボナローラがここで処刑されたということを知っていると、かなり印象が違うものです。

ずいぶんと昔の話ですが、日本の団体さんとアテネのアクロポリスで出会ったときの体験がいまも強い衝撃として思い起こされます。団体さんたちは前夜アテネ市内のタベルナでブズーキ（ギリシアの弦楽器）を聴きながらオリーブ油の利いたギリシア料理を食べ、当日早朝から市内見学。アクロポリス見学は一五分。パルテノン神殿をバックに「はい、チーズ」。そのあとエーゲ海クルーズ。その一人が私に「石ころばっかり」と不平をもらしてアクロポリスから足早に立ち去っていきました。歴史を知らないということ、歴史に関心がないということはこういうことなのだ、と痛感させられたのを鮮明に記憶しております。目の前に建つパルテノン神殿も、女人柱で有名なエレクテイオンも、その手前にあるミケーネ時代の建物の遺構も、歴史に無関心なツーリストにとっては「石ころ」にすぎないのです。なんとももったいない話ではあります。

世界史の未履修問題が最近話題となりましたが、世界史を教えないということは旅先での楽しみを奪ってしまっているということ、世界史を学ばないということが外国の文化や伝統への理解と関心を放棄してしまっているということに気づいておられる方がどれくらいおられるのでしょうか。おそらく人生の楽しみのひとつを失っているということさえ気づいていないのだと思います。

これはある理系の先生からうかがった話です。ロンドンで理系の国際学会があったとき、ある参加者は会場とホテルを往復するだけで、あとはホテルの部屋でひたすらパソコンに向かっていた、ということです。ロンドンに数多くある博物館も、美術館も、宮殿もロンドン塔も、ホームズも漱石も関心がなかったのだと思います。

常識の誤り

歴史は私たちが昔からあるものだと考えてきたもの、常識としてきたものが実際には比較的最近になって作られたものにすぎないということも教えてくれます。たとえば民族がそれです。一九世紀の歴史家たちは民族が太古に形成され、言語と血統を守りながら時代を乗り越えて発展してきたと考えておりました。その結果、歴史は民族中心にとらえられ、民族史・国民国家史として記述されてきました。その影響は、今日の世界史の教科書や一般向けの歴史書に見ることができます。実際にはヨーロッパでは一八世紀後半以降、とりわけフランス革命以降、国家権力の手で「民族」や「国民」が作られてきたのです。その意味では民族は近代の産物といえるでしょう。

例をひとつ挙げてみましょう。フランス人の民族意識、国民意識の形成について、本書第Ⅳ部第9章「ヨーロッパの世紀」は興味深い事実を指摘しております。ヨーロッパで最も早く国民国家を形成したフランスにおいても、一九世紀の六〇年代には自分がフランス人であると答えられない小学生がいたこと、七〇年代にはフランス人の半分が標準的なフランス語を話していなかったことなど、民族とは何かを考えさせる手掛かりを提供しております。そして国語、地理、歴史を核とする学校教育が民族意識、国民意識の形成に大きな役割を果たしたことを明らかにしています。これは人間の最も自然な帰属意識と考えられてきたものが、近代になって人為的に国家の必要から形成されてきたことを歴史は示しているのでしょう。

さらにもうひとつ例を挙げてみましょう。本書第I部第1章を開いてみて下さい。歴史が民族史として扱われてきた代表例がペルシア戦争です。たいていの本にペルシア戦争は侵略するペルシアと防衛するギリシアの対決として描かれています。でもギリシアという民族国家は当時存在しておりませんでしたし、ペルシアは数多くのエスニック集団から成る国家であり、ペルシア人はそのなかのごく小さなエスニック集団でしかありませんでした。そのうえ、侵攻するペルシア軍のなかにはイオニアに住むギリシア人も混じっております。実際にはギリシア人同士が戦場で激しく戦っております。だからペルシア戦争をペルシア民族とギリシア民族の専制と自由を賭けた戦いであったというのはペルシア戦争後のアテナイのプロパガンダであったし、近代人が生み出した幻影でしかないのです。このような単純な事実も、民族の神話を前にすると簡単に忘れ去られてしまうか矮小化されてしまうのがこれまでの習いでした。

もうひとつ歴史を単純な価値観や視点では断定できない例を挙げておきましょう。植民地の独立は世界史の流れのうえでは近代化の象徴であり、自由の向上と人類進歩と扱われます。しかし、それほど単純に評価できない側面のあることをアメリカの事例が示しております。本書第V部第12章「植民地からの独立」は、ラテンアメリカ諸国の独立がクリオーリョ中心に進められたために、先住民や黒人の置かれる状況は植民地時代よりも厳しい生活を強いられたこと、これら諸国における国民アイデンティティから排除され同化を求められたことを明らかにしております。独立後これらの諸国でおこなわれた自由主義改革がアメリカによる経済支配を結果したことも忘れてはならないことでしょう。

歴史の教訓

歴史はまた人類の苦い記憶を教訓として様々な実例を提示してくれます。戦争の惨害や自然環境の破壊。歴史はこれらの実例を数多く提供しております。戦争は誰しもが悪だと、できれば戦争を回避したいと願うのが人びとの真情だと私たちは信じています。しかし必ずしもそうではないことを私たちは歴史を通じて知るのです。たとえば、第一次世界大戦が始まったとき、意外なことに人びとは普仏戦争以降ヨーロッパで長く続いた（といっても半世紀足らずですが）平和に飽いており、戦争に熱狂したのです。それが足掛け五年間も続き、戦病死者八五〇万人、負傷者二〇〇〇万人にもおよび、ヨーロッパから繁栄と楽天主義を奪い取ることになるとは知らずに。前線に動員される兵士らを歓迎し激励する女性たちを写した当時の報道写真を思い起こさざるを得ません。

また人類の経済活動は自然環境の深刻な破壊を招き、深刻な自然災害を引き起こしてきました。かつて共同研究したある植物学者は、イースター島の文化が現地住民による開発という名の森林破壊によって崩壊してしまったという発表をしておりました。同じような現象はギリシアでも見られます。ギリシアでは農業が導入されて森林破壊が急速に進み、農業を導入してからだいたい一〇〇〇年ほど経って各地で大規模な土砂崩れが起きています。もちろん人類はその苦い経験から教訓を得てきました。ギリシア人は斜面にある畑の土が雨で流されないように石垣を築いたりオリーブの樹を植えたりして、土砂崩れや土壌の流出を抑制するようになりました。そのような自然破壊と自然災害、それに対する人類の英知を私たちは考古学から知ることができるのです。

歴史の楽しみ

過去の世界を知ることは楽しい発見をすることでもあります。大学といえば最高学府と位置づけられ、立派な建物と広い校地、数多くの教職員や学生が学問研究にいそしむ場と考えられています。税金が高いからとか、行政が気に食わないからといって大学が町から逃げ出すことはまず考えられないと思います。しかし、一二世紀に大学がヨーロッパ各地につくられるようになった頃、教会や町当局と衝突した大学は抵抗の手段として「逃亡」という方法をとっていたことを、本書第Ⅱ部第4章「ラテン・キリスト教世界の成熟と膨張」は私たちに教えてくれます。現在の大学だと無理なのかもしれませんが、初期の大学にはこのような活力があったのだということを知るのは、意外さとともに歴史に対する興味を触発されるものです。では、学生や教師はどうしたのだろうか。教室は？　授業は？　次々に知りたくなります。

またフランス革命までのフランスは、中央集権的な今日のフランスとはずいぶんと違った姿をしていたことを本書第Ⅲ部第６章「近世ヨーロッパの国家内秩序」から私たちはうかがい知ることができます。フランス国王は君臨していても王国内の各地方は統治権を認められた大貴族が支配していたこと、結婚や忠誠義務違反による所領没収、さらには遺産相続によって王領地を拡大したとしても、国王としての資格ではなく旧領主の臣下としての資格でしか統治できなかったということです。本書ではルイ一一世に遺贈されたプロヴァンス伯領の事例を挙げております。単純に絶対主義時代のフランスをパリが末端まで支配する国家イメージでは語れないことを示しております。どこがどのように違うのか、を知ることは楽しいことです。本書を通じて様々な過去の世界が頭の中に湧き上がってまいります。

コラムについて心がけたこと

よく教科書は無味乾燥、事実と様々な学説の羅列になってしまっているという批判を受けることがあります。これはできるだけ多くの基礎的な情報を詰め込んでおいて、多くの教師に活用され、授業のなかで説明されることによってはじめて生き生きとした歴史が伝わるように工夫されているからです。そのような意味では教科書の執筆者は欲張りなのです。

歴史に興味を持つ学生から単に卒業の単位を修得するためにだけ授業を取っている学生までの受講生を相手に、大学で入門的な授業をおこなっている最中に時々脱線することがあります。昔、原随圓先生から直接聞いた話ですが、学生の緊張は三〇分ほどしか続かない。だから先生はよく将棋や古代の英雄・偉人の話を授業のなかに挿入されておられました。私たちも同様で、授業のリラックスした雰囲気のなかで、ふと「うんちく」もらしてしまうことがあります。学生には授業の中身より雑談の方がいつまでも記憶に残るものらしいのです。期末試験のときに雑談ばかり頭に浮かんできて、肝心なことが思い出せず散々な出来になってしまったという学生のボヤキを聞いたことがあります。昔の卒業生と再会したときに思い出話として出てくるのはどのような授業をしたということではなくて、心ならずも（あるいは意図して）それてしまった脇道の小さな世界のことです。旧悪に触れられるようで恥ずかしく思うこともしばしばですが、学生たちにとってはよい学生時代の思い出になっているようです。

そのような雑談で話されるエピソードの一部をコラムという形で書いてみました。もちろん話し言葉で語っている雑談と書き言葉で記されるコラムとでは印象はずいぶんと違いますが、それでもそれぞれの執筆者のアット・ホームな雰囲気を本書を通じて推察していただければ幸いであります。

本書の構成

本書は五部に分かれています。第Ⅰ部は中井が担当し、西洋古代史を古代ギリシア史と古代ローマ史を中心に記述しました。第Ⅱ部は佐藤が担当し、西洋中世史をゲルマン民族の移動から黒死病の流行に至るまでの歴史を、中世都市の形成や農村における封建制の変遷など様々なトピックを多岐にわたって扱っております。第Ⅲ部は渋谷が担当し、西洋近世史を資本主義的世界経済の形成と主権国家を基軸とする国際関係の成立、社団国家としての絶対主義国家の特徴を論じています。第Ⅳ部は加藤が担当し、産業革命と市民革命から第二次世界大戦までの西洋の近現代史についてまとめております。第Ⅴ部は小澤が担当し、アメリカを中心に近現代の歴史を冷戦の終焉まで書き進めております。

本書を通じてさらなる西洋の歴史への興味が掻き立てられ、より専門的な歴史書に進んでいかれることを私たちは望んでおります。その際、どのような文献があるのか、いささかなりともお役に立てればと最後に参考文献のリストを挙げておきました。なかにはすでに絶版となっていて書店では入手できないものも含まれておりますが、図書館には必ず収蔵されていると思います。ネット上で様々な情報が簡単に手に入る時代、わざわざ図書館まで出かけるのが面倒だという人もおられると思いますが、体を使ってお目当てのものを探し求めるというのはやってみると面白いものです。

本書はあくまでも入門書的な性格を超えることはありません。各分野における最先端の学説や論争、仮説などは本書においては詳しくは触れられておりません。あくまでもこれから西洋の歴史を本格的に勉強していくうえで必要な基礎的知識をしっかりと押さえていくこと、これが本書の目的です。私たち五人の執筆者はこのようなささやかな願いを実現すべく努力してまいりました。私たちの本書に込めた思いを少しでも理解いただければ、また私たちに少しでも共感していただければ望外の喜びでもあります。

執筆者一同

教養のための西洋史入門

目次

第Ⅱ部　ヨーロッパ中世

第Ⅲ部　ヨーロッパ近世

第6章 近世ヨーロッパの国家内秩序

渋谷 聡

装幀　毛利一枝

第I部

古代地中海世界

第1章

古代ギリシアの歴史

中井義明

アテネ，パルテノン神殿（筆者撮影）

概　要

古代ギリシア史を語る前に、近代歴史学が古代ギリシアの歴史をどのように描いてきたのか、すなわち近代ヨーロッパにおける古代ギリシア史の構造の問題を採り上げてみたい。近代の歴史家や考古学者がどのような視点で、どのような言説で古代ギリシア史を築き上げてきたのか。

今日でこそ古代ギリシアは近代民主主義の源流として高く評価されている。昔からそうだったのだろうか。実はそうではなかった。近代のある段階まではギリシアの民主政は衆愚政として否定的に見られてきた。高く評価されたのはローマの共和政であった。ギリシア、とりわけアテナイの民主政が評価されるようになるのは一九世紀も中頃に入ってからである。この点でイギリスの歴史家グロートが果たした役割は大きい。それはヴィクトリア朝時代のブルジョワ民主主義と重ね合わせてのことであった。

その結果、ギリシア史に占めるアテナイの歴史は過大に評価されることになった。しかし、アテナイはギリシアの典型とは言えず、ギリシア史をアテナイ史に置き換えてしまうのは適切ではない。

古代ギリシアを特別視する人文主義的風潮は歴史的現実、そして近代のギリシアから目を背けてきた。理化学的研究は自然環境が古代以来それほど変化してはいないことを示している。しかし、近代ギリシアが衰退し堕落した古代ギリシアの子孫であるという観念を近代の西欧人は抱き続けてきた。古代が優れていて、近代が劣っている。近代ギリシアは、絶えずこのような偏見に苦しめられてきたのである。

前七〇〇〇頃	新石器時代（～前三六〇〇頃）
前三六〇〇頃	青銅器時代（～前一〇五〇頃）
前七五〇頃	ポリスやエトノスの出現
前五五〇頃	アケメネス朝ペルシアの台頭
前五〇八	クレイステネスの改革
前四八〇	第二次ペルシア戦争（～前四七九）
前四三一	ペロポネソス戦争（～前四〇四）
前三三八	カイロネイアの戦い
前三三四	アレクサンドロス大王の東方遠征（～前三二四）
前一四六	マケドニアの属州化とコリントスの破壊
前三〇	エジプトのクレオパトラ自殺

1　先史時代のギリシア

新石器時代（前七〇〇〇～前三六〇〇年頃）

ギリシアの地に小アジアのアナトリアやさらに遠くの中近東から麦の栽培と羊やヤギの牧畜を特徴とする農業文化が伝えられたのは新石器時代であった。マケドニアやテッサリアなどの北部ギリシアでは大きな河川に面した平野部や小さな丘陵部の上に集落が形成され、ペロポネソス半島などの南部ギリシアでは交易路上に位置する洞窟に人びとが住んでいた。

テッサリアのセスクロでは丘陵とそれを取り巻く平野部に集落遺跡が展開している。遺跡の面積は一〇ヘクタール以上ある。住民の数はかつて三〇〇〇人以上と推定されていたが、現在ではせいぜい二～三〇〇人程度と見積もられている。丘陵部と平野部は丘陵を囲む壁によって区別され、丘陵部の住居と平野部の住居は構造や建築様式が大きく異なっている。丘陵部の住居はそれぞれが独立していて、隣の住居と壁を共有することがなく、建物と建物の間に中庭を有している。ポリス部分と呼ばれる平地の遺跡は遺構が層としては連続しておらず、居住区は時期によって異なっていた。

図１－１　フランクティ
出典：筆者撮影。

南部ギリシアでは人びとは洞窟を住居として利用し、洞窟の前に広がる棚状の台地を畑として活用した。その代表的な遺跡が南アルゴリスにあるフランクティの洞窟である。人びとはマグロなどの回遊性の魚を漁したり、牡蠣《かき》貝の一種でとげのあるスポンデュロス貝を採取したり、メロス島に渡って黒曜石を取ってきたりしていた。

図1-2　嘴壺（大英博物館）
出典：筆者撮影。

初期青銅器時代（前三六〇〇～前二〇五〇年頃）

青銅器時代は特徴的な注口土器の出現によってはじまる。青銅器時代という言葉から思い浮かべられる青銅という金属の使用によってはじまるのではない。初期青銅器時代はペロポネソス半島を中心とする南部ギリシアの急速な発展をもたらした。

初期青銅器時代の全盛期は前二九〇〇年頃からはじまる第二期であろう。この時期を特徴づけるのはキクラデス諸島を中心に広がったソースボート型土器やフライパン型土器である。この第二期の間に集落の数は急速に増加し、エウボイア島のマニカやボイオティアのリタレスのような大きな町を想定させる遺跡が出現している。例えばマニカは遺跡の規模が一キロ×二・五キロもあり、都市を思わせるほどの規模を誇っている。

前二五〇〇年頃からはじまる第三期は住居様式も土器様式も大きく変化し、次の中期青銅器時代へと連続していく文化層をもつ。何よりも第二期を特徴づけてきたソースボート型土器が消滅し、中期青銅器時代を特徴づける灰色の地肌をして鋭角の輪郭をもつミニュアス式土器の原型がペロポネソスの若干の遺跡に、僅かではあるがこの時期に現れてくる。また中期青銅器時代に広く見られるタイプの住居が現れるのもこの時期である。

しかし第二期との断絶面はレルナにおいては明確に現れているが、アイギナのコロンナやティリンスの下町でははっきりしておらず、第二期から第三期にかけて自然に移行している。

中期青銅器時代（前二〇五〇～前一六〇〇年頃）

中期青銅器時代は、全体として沈滞あるいは後退という言葉で形容されることが多い。確かにこの時代のギリシアは全体として文化的後退、経済的成長の停滞という印象が非常に強い。遺跡数は極端に減少し、遺跡の規模も小さくなり人口の減少が生じていることを窺わせる。

家屋は馬蹄形状の、あるいはヘアピン型や長方形状の薄い壁をもった住居が一般的になる。住居は三室構成で、主室には暖炉と壁にベンチが取り付けてある場合がある。主室の背後にある部屋は倉庫の役割を果たしていた。

初期青銅器時代第三期に現れたろくろで整形され、硬く焼き上げられたミニュアス式土器は中期青銅器時代に入ると急に質量ともに豊富になり、灰色ミニュアス式土器、黒色ミニュアス式土器、赤色ミニュアス式土器と多様化してくる。またミニュアス式土器だけではなく磨研土器や鈍彩土器なども現れる。

かつて中期青銅器文化は最初のギリシア人の集団、すなわちイオニア人がもたらしたギリシア人の文化であると評価されてきたが、今日ではそのような民族移動を想定するには無理がある。むしろ初期青銅器時代に生じていた文化的変化の延長線上に中期青銅器文化が位置しているといえるのではないだろうか。

停滞しているように見える中期青銅器時代も、後半に入ると目覚しく発展するようになる。遺跡数が増加し、規模も大きくなっていく。宮殿もこの時期に現れてくるし、ミケーネの円形墓はこの時期に起源を有している。黄色ミニュアス式土器はこの時期に現れ急速に普及していく。この中期青銅器時代後期の文化は続く後期青銅器時代、つまりミケーネ時代にも継承されていくのである。

図１－３　灰色ミニュアス土器
（アテネ国立博物館）

出典：筆者撮影。

クレタ島の青銅器文明

クレタ島における青銅器時代のはじまりは、アナトリアの影響を受けた頚部に取っ手をもつ注口土器や嘴壺、カリケーと呼ばれる高脚台付盃によって画される。ギリシア本土でははっきりしないが、クレタ島では麦とオリーブ、および葡萄といういわゆる地中海農業の三本柱がこの時期に確立された。

中期青銅器時代（前二二〇〇年頃）に入るとクノッソスを含む中部における発展が著しくなる。初期青銅器時代からの遺跡は中期青銅器時代に入ると規模を拡大し、新たな遺跡がこの時期に増えてくるのである。これは同時期におけるギリシア本土の停滞ないしは後退局面とは著しく対照的である。

それとともに宮殿が各地に現れてくる。ここで注意しておきたいことがある。宮殿と一般的に呼ばれており、本書でも宮殿という言葉を使用しているが、それが世俗権力の中枢としての宮殿であったのか、それとも何らかの重要な宗教活動がおこなわれる場であったのかははっきりしていない。

クノッソスでは中期青銅器時代第一A期（前二一〇〇〜前一九〇〇年頃）、やや遅れてファイストスでは中期青銅器時代第一B期（前一九〇〇〜前一八〇〇年頃）、マリアでは中期青銅器時代第二期（前一八〇〇〜前一七〇〇年頃）にはすでに宮殿と呼ばれる巨大な複合建築物群が現れていた。宮殿から神聖文字で記された粘土板文書が出土していることから、何らかの文書行政がおこなわれていたこと、巨大な貯蔵庫群があることから宮殿による余剰物資の貯蔵と分配がおこなわれていたことも明らかである。

貿易活動は活発であった。銀や鉛、銅や錫など重要な金属の鉱石はクレタ島内では十分ではなく、海外との交易によって得られていた。中近東との交易、特にエジプトとの交易は重要であった。スカラベやウセルの名前を刻んだ小さな大理石像がクレタ島から出土しているし、エジプトからはアビュドスやカフーン、ハラガなどから無数のカマレス式土器の破片が出てきている。

しかし、中期青銅器時代第二期の末（前一七〇〇年頃）に宮殿だけではなくクレタ島にあるほとんどすべての遺跡が何らかの破壊を受けており、それらはしばしば火災をともなっている。その原因については地震説や、異民族の侵入説、宮殿間の対立と結びついた内因説などが出されているがいずれも確実ではなく、仮説にとどまっている。

破壊の後に続く中期青銅器時代第三期（前一七〇〇〜前一六〇〇年頃）は後期青銅器時代への移行期に当たる。クノッソスやマリアでは宮殿の再建がおこなわれ、旧宮殿の建物のプランに大きな修正が施される。例えばクノッソスでは西のファサードや大階段が建設されている。この時期にクレタ島におけるクノッソスの位置が高くなり、考古学的にはクノッソスの卓越した役割を見ることができよう。しかしこのことがクノッソスの政治的ヘゲモニーの形成を意味しているのかどうかは問題がある。

後期青銅器時代（前一六〇〇～前一一〇〇年頃）に入ると、旧宮殿時代とは違って土器に明色地に暗色で模様が描かれるようになる。最初にパターン様式とフローラル様式が現れ、ついでマリン様式が現れるようになる。パターン様式はつながった渦巻き紋などの抽象的図柄を用いたものであり、フローラル様式は草や花といった自然物をモチーフとして利用したものである。マリン様式は前一五〇〇年頃に現れた様式で甲イカやイルカ、タコなどの海洋生物が海草や貝、岩などと一緒に、生き生きと描かれている。しかし前一五世紀中頃の破壊の後クレタ島には宮殿様式と呼ばれる土器が現れる。この様式は本土の影響を受けたものであり、ギリシア人の存在を示す証拠として理解されている。クノッソスに宮殿様式が現れた後もクノッソス以外の地ではマリン様式の土器が製作され続けていて、伝統文化の継続を窺わせる。

図1－4　クノッソス宮殿の中庭

出典：筆者撮影。

後期青銅器時代（ミケーネ時代：前一六〇〇～前一〇五〇年頃）

なぜ前一六〇〇年頃にギリシア本土に宮殿を中心とする文明が現れたのかについては、エヴァンズ以来数多くの説が提案されてきている。アカイア人侵入説を含めて征服や民族移動によってミケーネ（時代としてはミケーネ、地名としてはミュケナイを用いる）文明が勃興したという伝統的な学説は、今日では過去のものとして扱わざるをえない。ミュケナイで発見されている二つの円形墓は、中期青銅器時代から後期青銅器時代にかけての連続的な発展を示している。円形墓Aはシュリーマンによって発見され、円形墓Bは第二次世界大戦後発見されたものである。

これらの円形墓は中期青銅器時代と後期青銅器時代との断絶を明確に否定してい

図1－5　ミュケナイの獅子門

出典：筆者撮影。

図1－6　ミュケナイの円形墓A

出典：筆者撮影。

る。円形墓Aは後期青銅器時代第一期から第二期（前一六〇〇～前一五〇〇年頃）にかけて三世代にわたって使用された墓地であり、円形墓Bは中期青銅器時代後期から後期青銅器時代第一期（前一六五〇～前一五五〇年頃）にかけて七世代にわたって使用された墓地である。円形墓Bよりもさらに古い円形墓の存在が指摘されており、新時代を画するといわれた竪穴墓はギリシア本土における中期青銅器文化の発展の結果であることを窺わせる。

ミュケナイの竪穴墓に対して、メッセニアではトロス墓が広く見られる。トロス墓は地域のエリートや支配者一族の墓として注目されているが、メッセニアではすでに中期青銅器時代にトロス墓が現れており、文化の連続を強く示唆している。このトロス墓は前一五〇〇年頃にはミュケナイでも見られるようになる。ミュケナイには合計九基のトロス墓がある。そのなかで最も有名なのがいわゆる『アトレウスの宝庫』で、前一二五〇年頃に作られた。

ミケーネの国家社会については、ウガリットやシュメールなどの中近東の都市国家と比較されることが多い。その際、特に注目されたのが中近東の都市国家における宮殿経済の大きさと統制力の強さであった。その中近東の宮殿経済のモデルを線文字B文書の解釈の過程で援用してきたことから、ミケーネの国家社会があたかも中近東の都市国家と同じようにアジア型の官僚制をともなう専制国家であったと理解し、強大な宮殿経済によって支えられる宮殿分配モデルが提唱されてきた。

しかし線文字B文書が示すピュロスの宮殿経済はシュメールの都市国家、例えば初期王朝時代末期のラガシュの宮殿経済と比べて桁外れに小規模かつ貧弱であり、中近東モデルの適用がはたして妥当であるのかを考え直さなければならない。近年、宮殿が関心を寄せ、何らかの形で管理統制する分野と、宮殿がまったく関心を持たず、宮殿以外の場で営まれる分野のあることが指摘されるようになってきている。

宮殿が強い関心をもち、その管理と統制に深くかかわっていたのはエリートたちの威信を高めるような織物であるとか、青銅などの金属、香油や宝石、象牙やある種の土器などに限られていた。逆に生産道具として広く用いられていた石器に関して宮殿はまったく関心を持たず、その流通には関与していなかった。

このような宮殿時代は後期青銅器時代第三期Ｂの終わり（前一二〇〇年頃）に突然終焉を迎える。その原因については様々な説が出されてきている。ドーリス人などの民族移動によるもの、ヒッタイトやウガリットなどの中近東諸国の滅亡による交易の中断を原因とするもの、下層民の反乱によって滅亡したとするもの、気候変動によってミケーネの農業基盤が大打撃を受けたとするもの、一連の地震によって崩壊したとするものなど数多く提案されてきている。しかしいずれの説も十分説得力に富んでいるとはいえない。

図１－７　線文字Ｂ粘土板（アテネ国立博物館）
出典：筆者撮影。

宮殿体制の終焉は青銅器時代の終焉を意味するものではない。宮殿の消滅とともに人びとの生活パターンは大きく変わっていく。宮殿時代には土地利用の限界近くまで人びとが進出したのに対して、宮殿時代のあとはかつて宮殿や城砦があった所や海岸や平野を見下ろす丘陵の上など戦略上の拠点と思われる地に集まり住むようになる。例えばティリンスでは約五万人の人びとがアクロポリスを取り囲む平地に集まり住んだのである。王や官僚は消えても別な政治形態によって人びとは社会組織を維持し、城砦の下町部分には人びとが居住を続けていたし、大規模な土木工事もおこなったのである。このような一種の集合避難地ともいえる地がこの時代に各地に現れてくる。

2　ギリシアにおける国家の形成と発展

初期鉄器時代（前一〇五〇～前七五〇年頃）

ミケーネ時代が終焉したあとポリスが現れてくるまでの約三〇〇年間を初期鉄器時代と呼ぶ。青銅器時代から初期鉄器時代の移行期にアッティカなどではサブ＝ミケーネ様式の土器が造られるようになる。後期青銅器時代第三期の器形を踏襲し、手書きのために模様は歪んで描かれている。ラコニアなどではサブ＝ミケーネは現れない。ここから次のような留意点を指摘しておくことができる。アテナイの物差しが必ずしも他の地域の物差しとして使えるわけではない。しかし、青銅器時代から初期鉄器時代へと文化的伝統は継承されていることも忘れてはならないだろう。

初期鉄器時代は出土している墓の数が極端に少ない。エウボイアのレフカンディの墓地からは中近東から輸入された青銅やファイアンス製の鉢や金や宝石製品、スキュロス島からは金製品やファイアンスの首飾りが出土しており、これらはそれぞれの社会のエリート層がその富を顕示するために副葬したものと考えられる。ここから次のような指摘がなされる。つまり墓地への埋葬は社会的エリート層の特権であり、社会的エリート層に属さない非エリート層は被葬者集団から排除されているというのである。この説によれば、初期鉄器時代を原始的な部族社会で、人びとの階級差がいまだ生じていない社会であったという従来の暗黒時代観は否定される。

初期鉄器時代の停滞した社会状況は前八世紀中葉の後期ジオメトリック期に入り大きく変容していく。それぞれの集落の規模は小さいけれども農村部に新しい集落が急速に増えていくようになる。そのような新しい集落に対して、これまであった集落は青銅器時代の墓を自分たちの英雄神の墓として崇拝するようになる。これは英雄時代にまで遡る集落の権威を誇示し、新興の集落に対する既存集落の差別化を図るものであった。

このような地方での動きと平行して、中心市では国家守護神の崇拝が導入される。近年、神殿の起源をポリスではなく首長などの個人による営為に求める説が提案されている。それによると、元来、人びとは神々に野外や塀に囲まれた神域や野外に設けられた祭壇で礼拝を捧げていた。やがて人びとは首長の家に集まり、会食をしたりして神に礼拝を捧げるようになる。このようにして前一〇世紀頃になると、このような世俗的な目的の建物の中に神像が安置されるようになる。首長がギリシア世界から消えていくと、これらの建物は神殿へと姿を変えていく。前八世紀頃の、初期の神殿は木の柱や梁、泥壁と萱葺きの屋根をもつ小さな建物であった。アルゴスやコリントス、サモスなどではヘラが、アテナイやスパルタではアテナが国家の守護神としてアクロポリスで崇拝されるようになる。それと同時に都市域の境界にはアルテミスやポセイドンが崇拝される。これはポリスを一種の宗教共同体として編成しようとするものであった。

この時期になると墓の数は急増するようになる。人口が増えたということの結果であるが、同時に被葬者集団への制限が緩められたことの結果でもある。もはやこれまでの初期鉄器時代に見られた住民集団の厳格な二分化は撤廃されてゆき、個人の墓への副葬品を抑制することによって有力者層の自己顕示欲を抑制し、神殿への奉納によって集団的な結束が図られるようになるのである。

エトノス

古代ギリシアの国家形態としては、ポリスとエトノスの二つがある。ポリスは中心都市が強力な政治的求心力を誇り、周辺地域を農村部として領域支配する国家形態であるが、エトノスはそのような中心都市を欠き、数多くの都市や農村が領域的なまとまりを保ちつつ国家を形成している形態である。かつてギリシアの国制史研究のなかでエトノスは、研究者によって無視されるかポリス形成以前の原始的な部族社会の特徴を留めるポリス前段階の国家形態であると低く評価されてきた。しかし近年における考古学を中心とする研究の進展は、エトノスが決して前時代の名残ではなくて、ポリスと同じく、ポリスと平行して形成されてきた国家の形態であると考えるようになってきている。

エトノスは、アカイアやアルカディア、ボイオティアやテッサリアなどギリシア各地に広く見られる国家の形態である。ボイオティアのようにテーバイやテスピアイなど同時代人によってポリスと呼ばれる都市をも含む組織である。構成メンバーの代表者からなる会議をもち、連合の役人をもち、将軍を選出して共同で軍事行動を取ることもあれば、マケドニアのように王家の下に統合されている場合もある。

エトノスは決して初期鉄器時代の名残ではなく、人口の集中、集落の核化、神殿の建設はポリスの独占物ではない。他地域におけるポリス形成と平行して、エトノスが展開する地域においても町が形成されていたのである。

植民活動

イタリアにおける最古のギリシア人の入植地はナポリ湾に浮かぶ小さな島イスキア島にあるピテクサイの遺跡である。ギリシア人がピテクサイに入植したのは前八世紀の第二・四半期であった。しかしここにはギリシア人だけが居住していたのではない。エジプトで作られたファイアンス製品やスカラベ、アラム語やフェニキア語を付されたイスキア産土器なども出土しており、フェニキア人を含む中近東の商人や職人もこの島には居住していたのである。彼らがこの島にひきつけられたのは北のエルバ島でエトルリア人が採掘していた鉄鉱石を入手することであった。実際イスキア島からは鉱滓やふいごなどが出土している。

しかし鉄鉱石入手だけが動機ではなかった。前八世紀後半になると島の反対側にもギリシア人の入植地が作られるようになる。おそらくピテクサイの領土が全島に拡大していったことを物語っているのであろうが、農業や漁業なども重要な動機になっていた。

やがてイタリアにおけるギリシア人植民市はイスキア島の対岸にあるクマエ（前七四〇年頃）、シチリア島にあるナクソス（前七三五年頃）やシュラクサイ（前七三三年）、長靴の底に相当する地域にシュバリス（前七二〇年頃）やタラス（前八世紀末）と数多く建設されるようになる。商業的動機のほかに、ギリシア本土で進行していた人口増にともなう土地不足や有力者による土地の寡占など様々な要因が考えられてきた。しかし人口過剰については近年強い疑問が出されて

コラムⅠ

テーマパーク化したスパルタ

中井義明

ギリシア世界に覇権を打ちたてたスパルタも、ヘレニズム期に入ると諸外国の侵入と階層間の対立に苦しめられることになる。前二九五年のデメトリオス＝ポリオルケテスにはじまり前一八八年のフィロポイメンに至るまでスパルタは外部勢力による侵入と占領を繰り返し経験したのである。エフォロス制は廃止されて久しく、長老会は毎年改選される議員によって構成され、二王制は存在しなくなっていた。前一四六年に復活されたアゴーゲーと呼ばれる教育制度は、昔のものとは異なり一四歳以上の少年に限定されていた。スパルタはローマと良好な関係にあったにもかかわらず、アウグストゥスはラコニア南部の海岸地域をスパルタの領土から切り離し、自由ラコニアとして独立させたのである。

ローマ時代に入るとスパルタはスパルタ教育で有名となり、観光地化してしまった。多くのローマ人やギリシア人がスパルタの町を訪れ、観光用に演出される様々なイベントを見るべく殺到したのである。しかし彼らが目にしたイベントの多くが後に再現されたものであって、伝説のリュクルゴスが定めたといわれる古い時代の遺制そのものではなかった。スパルタがアカイア同盟から自立するまでの半世紀近くの空白のために、人びとはかつての法律・諸制度についての記憶を失ってしまったのである。プルタルコスが伝えるアルテミス＝オルティアの祭壇で鞭打たれて亡くなった多くの少年の死体を見たという話も、本来この祭壇で執り行われていた行事とは別物であった。元々は祭壇にチーズが盛られそれを子どもたちが盗み出すという行事で、神官が手にしていた枝を払って忍び寄る子どもたちを追い払おうとする、そのような行事が単に忍耐を強いるだけの鞭打ちというようにローマ時代に誤って再現されたのである。

図Ⅰ-１　レオニダス
（スパルタ考古学博物館）

出典：筆者撮影。

図1－8　ヘシオドス（大英博物館）
出典：筆者撮影。

きている。またミレトスによる一連の黒海方面への植民は前六世紀前半に引き下げられており、リュディアによって内陸部への進出が阻まれたことが原因という説も近年出されてきている。

アルカイック期のギリシア（前七五〇～前四八〇年頃）

ポリスの形成からペルシア戦争までの時代を、美術史の用語を用いてアルカイック期と呼んでいる。アルカイック期のポリス社会を説明するのにエトノスの地であり、ポリスの地に属さないボイオティアの片田舎アスクラ出身のヘシオドスの作品（『仕事と日々』）を使って初期のポリスの歴史を論じるのは一種の矛盾を冒しているような気がする。しかしエトノスもポリスと同じ時代を共有しながら発展していったのだと理解するならば、それほど大きな間違いを犯していることにはならないだろう。

ヘシオドスにはペルセスという兄弟がおり、有名な『仕事と日々』はその兄弟に対する教訓という形で語られている。このヘシオドスの作品から注目されるのは、まったくの外国人であるヘシオドスの父がアスクラにやってきて土地を手に入れ、地元の女性と結婚をして一家を構え、地域の一員として扱われたということである。また、この作品には部族やフラトリアという言葉はまったく現れず、親族という血縁についても否定的な見方をしているということである。地域に生きるヘシオドスとしては血縁よりは近くの地域の人々との関係こそが大事であった。

ギリシア人が大きな円形の盾と長い手槍で武装して、密集歩兵陣を組んで集団で戦うようになったのがいつ頃からかについては論争がある。一つは貴族の個人戦から民衆の集団戦へと段階的に発展し、最終的にアルカイック期の終わりに完成されたと見る説である。もう一つはすでにポリスが形成されたときにはギリシア人は戦列を組んで集団で戦っており、装具や武器の改良が加えられていったにすぎないとする説である。

この論争の背景にはホメロスの戦闘場面や土器に描かれている情景をどのように解釈するのかという問題が横たわっている。後者の説に立つとホメロスの英雄たちが一騎打ちをして戦っている場面は映画でいうクローズアップの手法が取られているのであって、戦場そのものを客観的に描いているのではない。英雄たちの戦いは、実際には一般の兵士らが集団で戦っている戦闘全体の一部を構成しているにすぎないというのである。また土器に描かれている戦士や戦闘の場面は現実を写しているのではなく、絵付け師の想像の情景を描いているにすぎない。

政治史的には貴族政と呼ばれる有力者たちが指導権を握る政治体制が広く見られた。しかし有力者同士は政治的影響力と名誉をめぐって激しく競争・対立を繰り返し、そのようななかから僭主と呼ばれる人びとが出てきて強大な権力を行使したのである。僭主の例として、コリントスのキュプセロス家やシキュオンのオルタゴラス家の支配を思い浮かべることができる。彼らには改革者としての側面もある。例えばシキュオンの僭主クレイステネスは部族制を改革し、アテナイのクレイステネスの改革に影響を及ぼしたと指摘されている。メガラのテオグニスは有力者たちが生まれの卑しい成り上がり者と結びついていても権力を手にしようとする時代の風潮を批判する詩を残し、これらの人びとを悪党・ごろつきと呼んでいる。

図1－9　戦士の戦い，黒絵（ルーブル美術館）
出典：筆者撮影。

スパルタの国家形成はアテナイとはまったく異なっている。暗黒時代を通じてアッティカ地方は初期鉄器時代のすべての文化層を有しているのに対して、ラコニアは青銅器時代と初期鉄器時代の間に大きな文化的断絶が存在している。かつてはその断絶が二〇〇年間以上も続いたとされたが、現在では約半世紀ほどに短縮されている。それでもラコニアは青銅器時代から鉄器時代にかけて文化的な連続を確認することはできない。

ラコニアでは初期鉄器時代への移行期を通じて人々はエウロタス川に広がるスパルタ平野に居住していなかった。しかし前一〇世紀にはいると、人びとは周辺地域からスパルタ平野に集まり住むようになる。アミュクライやスパルタはその過程の結果姿を現した集落であった。スパルタの住民がヘラクレス一族に率いられて侵入してきたドーリス人の子孫であるという伝承は後世の産物でしかない。

前六世紀になると、スパルタはアルカディアやメッセニアへの進出を企てる。しかしアルカディア南東部にあるテゲアとの戦いに挫折し、その外交と内政の両面にわたって大きく軌道を修正せざるを得なくなったのである。スパルタによるメッセニアの併合とメッセニア人のヘイロタイ化は前七世紀に属すると考えられてきたが、近年前六世紀に属するという意見が出されてきている。そのためにスパルタ史に関しては、現在その歴史像の全面的な再検討が迫られている。

前七世紀から前五世紀にいたるアテナイの歴史が、よく知られている過程を経て民主政確立にいたったのは、アテナイの特殊な歴史状況に原因がある。アテナイがその特殊な道をたどることになったのは、ポリス形成直後の有力者たちによる反動に原因があった。アテナイでは極端な貴族政がおこなわれ、後世アリストテレスが伝えているように、民衆がほとんど無権利な状態に置かれるという状況が生まれていた。このような状況に対する民衆の不満、有力者同士の激しい名誉と権力をめぐる競争、国家社会の安定を取り戻そうとする為政者の試み、これらが複雑に絡み合いながらアテナイの歴史は展開していく。

前七世紀後半、アテナイはキュロンの陰謀事件によって大きく揺さぶられることになる。キュロンの企てそのものは簡単に打ち砕かれてしまったが、鎮圧に当たったアルコンたちがキュロンの仲間を処刑してしまったことがその遺族たちとの紛争を引き起こすこととなった。その過程のなかでいわゆるドラコンの国制が制定される。ドラコンは従来の慣習法をアテナイで初めて成文法化したといわれている。

伝えられているドラコンの国制は、ソロンの改革と非常に類似した内容をもっている。つまり所有する財産によって、役職への就任が選別されているのである。ソロンが対処しなければならなかった課題は多岐にわたるが、特にヘクテモロイ（六つに分ける人々）を含む人びとの問題の処理は重要な課題であった。ソロンはこれらの人びとの隷属状態を解決し、これらの人びとが再び隷属状態におちるのを禁止したのである。同時にソロンは、すでにドラコンによって定められていた財産政治の方向を推し進めていく。アテナイ市民をその所有する財産によって四つの身分に分けたのである。

しかしソロンの改革はアテナイをさらに動揺させることとなった。有力者同士の争いのためにアルコンをまったく選出できない年や、何年もアルコンに居座る人物が出てくるという異常な事態が生じた。そのなかから台頭してきたのがペイシストラトスである。ペイシストラトスは僭主としてアテナイに君臨したが、貧農への土地分配やシゲイオンへの植民団の派遣と経営、都市施設の整備を通じてアテナイの発展に大きく寄与した。それ故ペイシストラトスの時代はクロノスの時代であったと後世評されている。

アテナイにおける僭主政は国内における有力者たちの反発とスパルタの介入によって崩壊してしまった。その後の有力者イサゴラスとの激しい権力闘争のなかで、いわゆるクレイステネスの改革がおこなわれるのである。クレイステネスはアテナイ人をデーモスと呼ばれる区に分け、その区を基準に従来のものとは異なる一〇の部族を創設した。そしてこの部族から選ばれた評議員からなる五〇〇人会議が評議会としての機能を担うようになる。またポレマルコスと呼ばれる軍事担当のアルコンとは別に各部族からストラテゴスと呼ばれる将軍を選出し、各部族軍の指揮を委ねたのである。後には陶片追放制を導入して民主政の安定化を図ろうとしている。

3　古典期のギリシア（前四八〇～前三三八年）

ペルシア戦争

ペルシア戦争は東方の蛮族に脅かされるギリシア人の自由を含む市民的価値の自衛という観念を生み出した。それはギリシア人に共有されることはなかったが、アテナイの情報独占という史料状況のなかであたかもギリシア人一般に広く持たれる観念であるかのように理解されることとなった。しかしそれはペルシア戦争を戦うという状況のなかで自ら

図1-10　ペリクレス（大英博物館）
出典：筆者撮影。

の行為を正当化し、自らの正義を訴えるために生み出され、宣伝されたプロパガンダであった。ペルシア戦争後アテナイはエーゲ海域にいわゆるデロス同盟を結成して、ペルシアとの戦争を指導していく。

デロス同盟とペロポネソス戦争

ペルシアとの戦争の長期化はデロス同盟内でのアテナイの地位を高めることとなった。有力な同盟国は次々と離反に失敗し、資金と軍事力それに同盟の政策決定権はアテナイに集中していったのである。ここに後世アテナイ帝国と呼ばれる強大なアテナイの支配が現れてくる。このアテナイの覇権時代を指導したのが有名なペリクレスであった。このアテナイに対する危機感を煽り立ててスパルタを開戦へと導いたのがコリントスをはじめとするペロポネソス同盟諸国であった。ここに二七年に及ぶペロポネソス戦争が勃発することとなった。

戦争はアテナイのシケリア（シチリア）遠征が失敗し、遠征軍が壊滅したことから大きく動きはじめる。同盟諸国はデロス同盟からの離脱を図り、スパルタは積極的に戦争の遂行に乗り出し、ペルシアはスパルタへの資金援助を通じてペルシア戦争での失地回復に乗り出していった。結局、アイゴスポタモイの海戦で艦隊のほとんどすべてを失ったアテナイは前四〇四年に降伏した。従来、ペロポネソス戦争による物的被害が甚大であって、そのためにギリシア世界が衰退していったと論じられることが多かった。しかし最近の研究ではオリーブや葡萄などに対する破壊はギリシア農業にそれほど永続的なダメージを与えるものではなかったとされるようになり、この面での過大評価は避けなければならない。

ペロポネソス戦争後のギリシア世界

ペロポネソス戦争後のギリシア世界に君臨したのはスパルタであった。戦争はギリシア諸都市を様々な党派に引き裂き、民主派と寡頭派の対立はアテナイやスパルタ、ペルシアなどの諸勢力の介入を招いたのであった。スパルタは強力な艦隊をエーゲ海域に展開し、その維持のために巨額の貢税を徴収していた。しかし海上帝国の維持はスパルタに大きな軋轢をかけることになったのである。帝国維持のために増大する人的資源への要求は、スパルタ市民だけではもはや市民人口の減少によって満たすことはできなくなってしまっていた。このような状況に対してスパルタはヒュポメイオネスやモタケス、ネオダモデイスと呼ばれる劣格民を動員することによって充当しようとしたのである。

そのスパルタ帝国は前三九四年のクニドスの海戦で海上支配権を失い、前三七一年のレウクトラの戦いで崩壊してしまった。スパルタはメッセニアを喪失し、アルカディアの自立によってペロポネソスの南部に閉じ込められてしまい、もはやギリシアの国際政治に積極的役割を果たすことはなくなってしまった。スパルタに代わってギリシアの国際政治の表舞台に躍り出たのがテーバイであった。このテーバイの台頭に危機感を抱いたアテナイは、スパルタと同盟を結ぶことによって新しい事態に対応しようとしたのである。

図1－11　墓碑を見つめるアテナ
（アクロポリス博物館）
出典：筆者撮影。

スパルタ没落後のギリシア世界はますます混乱の度を深めていった。テーバイは前三六二年のマンティネイアの戦いで指導者エパメイノンダスを失い、アテナイは同盟諸都市との戦争で消耗していった。この間に台頭したのがフィリッポスのマケドニアであった。アテナイはマケドニアの膨張を食い止めようとしたが果たせず、その国力は消耗していった。前三五〇年代の神聖戦争を通じてマケドニアの勢力は大きく中部ギリシアに拡大し、前三三八年のカイロネイアの戦いでアテナイとテーバイを中心とするギリシア連合軍を撃破したのである。ここに独立したギリシア諸都市の歴史の舞台は幕を閉じ、新たな時代へとギリシア世界は向かうことになる。

4　アレクサンドロス大王の東方遠征とヘレニズム世界

アレクサンドロスの東方遠征

アレクサンドロス大王の東方遠征とともに新しい時代の幕が切って落とされた。前三三四年、大王は約五万のマケドニア・ギリシア連合軍を率いてダーダネルス海峡を渡り、アジアに進出したのである。グラニコス河畔でペルシアの前哨部隊と戦った大王は、ペルシア側の海上での反撃を警戒しながら東方に進出していった。キリキアの関門を越えた大王は、前三三三年にシリア北部のイッソス河畔においてダレイオス三世自ら率いるペルシア本国軍と戦いこれを破るのに成功している。その後アレクサンドロスはシリアの海岸に沿って南下し、テュロスやガザなどでの激しい抵抗を排除してエジプトに入り、ペルシアの手から地中海沿岸で最大の穀倉地帯を奪い取ったのである。有名なアレクサンドリア市の建設はこのエジプト滞在中に開始された。

ダレイオス三世からの講和の提案を拒否したアレクサンドロスはアジアの内陸部に向けて進撃をはじめ、ガウガメラ・アルベラの戦いにおいて再度ペルシア軍を破り、ペルシアの命運を掌中に納めた。バビロンなどメソポタミア地方を制圧したアレクサンドロスはイラン高原に進出し、スーサなどのペルシアの諸都市を占領していった。その間にアレクサンドロスはペルセポリスの王宮の焼き討ち事件を引き起こしたり住民の虐殺事件を起こしたりしている。ダレイオス三世はエクバタナからさらに東方に逃れたが前三三一年部下によって暗殺され、ここにアケメネス朝ペルシアは滅亡してしまった。

コリントス同盟から従軍していたギリシア人部隊の動員を解除したアレクサンドロスは、軍を再編しさらに東方への遠征に着手したのである。遠征軍はインダス川流域に進出し、地元の諸勢力と激しい戦闘を繰り返した。遠征に厭きた将兵は、アレクサンドロスの命令に従わなくなってしまった。アレクサンドロスは遠征の継続を断念し、軍を二つに分けてメソポタミアへ撤退していった。自らは歩兵部隊を率いて灼熱のゲドロシアの砂漠を越え、ネアルコスには艦隊を率いて海路引き上げるように命じたのである。ネアルコスの艦隊は季節風に阻まれて出航が遅れ、一時はその安否が危惧されたが無事アレクサンドロスとの合流に成功した。しかしその直後にアレクサンドロスは病を得て亡くなっている。

ヘレニズム諸国家の抗争

アレクサンドロスが亡くなった時点で、その目指した帝国と方向は様々な点で未完成な状態であった。後継者はいまだその母の腹の中におり、兄は統治能力を欠いていた。その肉親たちがあいついで殺されるとともに、アレクサンドロスの広大な帝国は分裂してしまった。最終的にはマケドニア本国にはアンティゴノス朝が安定した王権を確立し、南のギリシアやエーゲ海域に大きな影響力を及ぼしていた。アクロコリントスなど戦略上の要衝に守備隊を設置して、ギリシア諸都市や諸同盟を監視したのである。シリアを中心にメソポタミアからイランにかけての広大な東方世界に王国を築いたのはセレウコス朝であった。都は最初バビロン近くに建設したセレウキアに置いていたが、後にシリア北部にアンティオキアを築き首都とした。セレウコス朝は東方のインド世界とも接触し、成立直後のグプタ朝の都パータリプトラに使節を派遣して友好関係の樹立を図っている。このセレウコス朝と小アジアおよびパレスティナの地をめぐって対立したのがプトレマイオス朝であった。とりわけ初期においてプトレマイオス朝は強大な海軍力を誇り、エーゲ海の制海権を掌握しギリシア本土に大きな影響力を行使したのである。

図１－12　イッソスの戦い（ナポリ国立博物館）
出典：筆者撮影。

このようなヘレニズム列強にはさまれて小アジアのペルガモン王国やロドス、アカイア同盟やアイトリア同盟は自国の独立を図った。シケリア（シチリア）のシュラクサイには僭主のヒエロン二世がおり、前二七五年から前二一六年までの半世紀以上にわたって君臨し、その宮廷にはアルキメデスや田園詩で有名なテオクリトスなどが訪れている。ロドスは商業国として栄え、その艦隊は東地中海の航行の安全を確保するために多大の寄与をなしている。アカイア同盟はアラトスやフィロポイメンなどの指導者の下でマケドニアやスパルタに対抗してペロポネソスにおける同盟の影響力の拡大に努めている。

このヘレニズム世界は東方におけるバクトリアやパルティアの独立、西方におけるローマの台頭と東地中海への進出、諸外国の干渉と国内での親ローマ派と反ローマ派、寡頭派と民主派の対立、王朝の内紛という混乱した状況のなかで終焉することになる。しかし、ローマにせよパルティアにせよ、政治的にはヘレニズム諸国と対立したが、文化的には完全にヘレニズムの申し子であった。前三〇年におけるクレオパトラ七世の自殺とプトレマイオス朝の滅亡はヘレニズム時代の名目上の終焉を画する事件ではあるが、実態的にはそれほど大きな変化を意味するものではない。ギリシア文化はそれぞれの地域で受け入れられやすい形に変えられて浸透していったし、東方の伝統文化もギリシア文化と融合したりあるいはマケドニア人やギリシア人に浸透したりして多文化的状況が生み出されていたのである。

第2章

古代ローマの歴史

中井義明

コロッセオ（筆者撮影）

概要

歴史家が時代と社会の産物であるとするなら、歴史家がもつ関心と学説に時代と社会の特性と限界を背負っているのは当然であろう。ヨーロッパにおけるEUの発展と多文化状況の出現、経済活動のグローバル化は従来の民族史観の修正を迫ってきたし、考古学による知見の増大は文献史料を中心に組み立てられてきた歴史像を大きく変えてきた。これはローマ史においても当てはまる。

共和政の歴史過程をローマ市民共同体の変質と元老院貴族を頂点とするクリエンテーラ関係の再編と特徴づけてきた伝統的学説は、現在では批判を浴びている。戦争と奴隷制経済による富裕者と無産者への市民団の分化、という理解も単純化しすぎであるし、古代経済に対する過剰な近代的解釈も慎まねばならない。今や古代ローマの歴史についてローマやイタリア半島を中心に語れる時代ではない。ローマ世界の広がりはギリシア世界の広がり以上に広範囲に及んでいるし、帝政期になると属州出身の皇帝や元老院議員が輩出されるようになる。古代ローマ史はこのような広がりのなかでとらえなおす必要がある。北アフリカやスペイン、シリアなどをローマの征服の対象として評価するだけではもはや十分ではないし、ローマ化や都市化という基準で語り尽くせるものでもない。近年の考古学研究の著しい進展はそれぞれの地域の特性に研究者の目を向けさせている。それらの地域から見たローマ帝国を語ることが求められているのだろう。

さらに大きな転換を迫られているのが古代末期である。近年、古代末期は衰退でなく活気に満ちた時代であると主張されるようになってきている。

前七五三？	ローマ建国
前五七五頃	フォルムの整備
前五〇九	共和政成立
前三七六	リキニウス・セクスティウス法
前二七二	タレントゥム攻略
前二一八	第二次ポエニ戦争（～前二〇一）
前一三三	グラックス兄弟の改革（および前一二三～前一二一）
前二七	帝政の開始
九六	五賢帝時代（～一八〇）
二三五	軍人皇帝時代（～二八四）
四七六	ロムスル＝アウグストゥルス帝の退位

1　ローマの起源

建国神話

最もよく知られている伝承によると、ローマはロムルスとレムスの双子の兄弟によってティベリス川河畔に建国されたことになっている。しかしこれには多分にギリシア人の影響が影を落としていると思われる。しかしギリシア人の神話伝承にはかなり多くの違った話があり、決して統一されていたわけではなかった。ローマ人がギリシアの英雄の子孫だという伝承もギリシア人はさまざまに語り継いでいる。トロイの英雄アイネイアスの子孫がロムルスとレムスであり、彼ら双子の兄弟がアルバ＝ロンガの人々を率いてローマを建設したというのはギリシア人が創作し伝えてきた数ある伝承の一つでしかない。しかもロムルスという建国者の名前も後世の創作と思われる。ロムルスの名前が初めて言及されるのは前四世紀のアルキモスによってである。

図2-1　ダヴィッド，サビニ人の略奪（ルーブル美術館）
出典：筆者撮影。

ローマ人自身が自らの歴史を初めて著したのが、前二〇〇年頃のファビウス＝ピクトルである。しかしローマ人最初のローマ史がギリシア語によって著されたという事実はいかにギリシア人の影響が強かったか、ということをよく表しているように思われる。ローマ人がローマの歴史を著すようになるのは、ギリシア人の強い文化的影響の下においてであった。

考古学が示す王政時代のローマ（前七五三～前五一〇年）

王政時代のローマについては考古学的知見が格段に増加してきているとはいえ、伝承の世界のヴェールに厚く被われている。しかし、王政時代に関して考

図2－2　フォルム，ユリウスのバシリカ
出典：筆者撮影。

古学から得られる知見は伝承が伝えようとする歴史像と大きく乖離している。各丘陵間の統合と都市化への最初の動きは、前六世紀に入らないと現れてこない、というのもその例である。

前八世紀のローマはパラティヌスの丘やエスクィリヌスの丘、クィリナリスの丘など若干の丘陵部に人びとが小屋型の住居を築いて居住していた。丘と丘の間に横たわる谷間に人びとは居住しておらず、墓地ですら丘陵上の頂と頂の間の部分を利用していたにすぎない。丘陵ごとに土葬や火葬など埋葬様式の特徴が異なり、強力な統合力が機能していたとは考えられない。

前七世紀に入ると、人びとはこれまで利用されることのなかった谷間の部分へ居住地を拡大し、同世紀後半には後にフォルムとして利用される谷間部分が排水されるようになる。この傾向は前六世紀に入るといっそう強まる。しかし政治的中心地を確定できないことと明確な都市化の証拠を提示できないことから、強力な政治権力の存在と権力者による都市化への意思を確認することはできない。

前五七五年頃にフォルムを貫くウィア＝サクラ（聖道）が舗装され、フォルムにレギア（王宮）とウェスタの神殿が建立され、少し遅れて従来の網代格子の塗り壁をもつ小屋型住居に替わり日干し煉瓦による壁面をもつ矩形の家屋型住居が現れる。そして前六世紀後半にはカピトリヌスの丘のユピテル神殿が完成し、周辺の丘陵にもユピテル神殿の影響を受けた神殿が建設され、前五世紀に入ると都市全体を囲む城壁が構築される。

2　共和政期のローマ

初期の共和政の歴史（前五〇九〜前二七二年）

伝承では最後の王タルクィニウス＝スペルブスの暴虐に対してタルクィニウス＝コラティヌスとユニウス＝ブルトゥスの二人を中心とする貴族が反乱を起こし、王を追放して王政を廃止し共和政を樹立したといわれている。その後共和政ローマは、復権を企てるタルクィニウスとタルクィニウスを支援するエトルリア人との間で、その存続をかけて激しい戦いを繰り広げた。

王政の廃止と共和政の成立が、エトルリア人に対するローマ人の民族的反感に根差していると見るのは間違いであろう。というのは初期の共和政時代には多くのエトルリア系の名前をもった貴族がいたし、何よりもタルクィニウス王を追放したコラティヌスにタルクィニウスという名前がともなわれていることに注意を払うべきであろう。

共和政初期の歴史は、ラテン人やエトルリア人などとの争いとパトリキと呼ばれる門閥貴族とプレブスと呼ばれる平民間のいわゆる「身分闘争」で彩られる。ローマは前四世紀初頭にウェイイの町を攻略してエトルリア人との戦いに決定的な優位を確保したが、その直後ローマは北方より侵入したガリア人の攻撃を受け、町を破壊されたといわれている。しかし破壊は限定的であり、町を占拠していたガリア人を撃退するのに成功している。前四世紀後半には反乱を起こしたラティウム諸都市を平定し、これらの都市に従軍義務を課したのである。

ラティウム平定と同時に、ローマは中部イタリアの山岳部に住む勇猛なサムニウム人との苦しい戦いを繰り広げる。とりわけサムニウム人が山岳戦を展開し、北のガリア人やエトルリア人と同盟を結んで戦ったことがローマを苦しめた。しかしサムニウム人との戦いも、前三世紀のはじめにはローマの勝利のうちに幕を閉じた。サムニウム人を制圧すると、ローマは南部イタリアのギリシア人諸都市を圧迫するようになる。苦境に立たされたタレントゥム（タラス）はエペイロス王ピュッロスの支援を要請したが、戦争の流れを変えることはできず前二七二年ローマに降伏するにいたった。このようにしてローマはイタリアを統一するのに成功したのである。

ローマがイタリア半島を統一していく過程はローマ国内のパトリキ貴族と平民との間の身分闘争の歴史と重なり合っている。王政時代の有力者がそのままパトリキ貴族として共和政ローマの政治社会を独占的に支配し続けたこと、さらに深刻な負債問題に平民の不満は高まっていた。前五世紀初頭には平民が退去して聖山に立てこもるという事件が起こり、平民会と護民官の創設という譲歩を貴族の側から引き出している。前五世紀中頃に制定されたいわゆる『十二表法』はローマ最初の成文法として名高いが、そこには貴族と平民の通婚を禁止する条項が見られ平民の不満を掻き立てていた。この通婚禁止は前四四五年のカヌレイウス法によって撤回された。

前四世紀に入ると市民の貧困化の問題はより深刻となり、前三七六年護民官のリキニウスとセクスティウスは支払い済みの利子を元本から差し引くという負債の軽減、公有地の占有を一人最高五〇〇ユゲラ（約一二五ヘクタール）に制限し、二名のコンスルを復活させてそのうち一名は平民身分から選出するという法案を提出した。この法案をめぐってローマでは一〇年間に及ぶ闘争が貴族と平民の間で繰り広げられ、前三六七年にようやく法律として成立したのである。このリキニウス・セクスティウス法と連動してプラエトル職がコンスルを補佐する政務官として創設され、按察官が貴族に開放されたのである。

法案の提出者の一人であるセクスティウスをはじめとして、平民身分の出身者からコンスルに就任するものが出てくるようになり、彼らはやがて伝統的なパトリキ貴族と融合してノビレス貴族層を形成するようになる。ノビレス貴族とはその祖先にコンスルやディクタトルなどの政務官を経歴したものをもつ名門貴族のことである。

最終的には前二八七年のホルテンシウス法によって平民会の決議に元老院の承認が要求されなくなり、その決議は平民のみならず貴族を含む全ローマ市民を拘束する法的有効性を与えられることになった。この結果、手続きの複雑なケントゥリア会に替わりトリブス会が民会として大きな役割を果たすようになる。

共和政の政治制度

国家としてのローマの正式名称は「セナトゥス・ポプルスクエ・ロマヌス（元老院ならびにローマの人民）」であり、その略号であるＳＰＱＲが軍団旗にも貨幣にも、そして現在のローマ市のバスや電車の切符やマンホールの蓋にも用いられている。その名称のはじめに元老院の名前が挙げられていることに注意する必要があるだろう。

王政時代以来の重要な諮問機関として存続し、コンスル（執政官）などの政務官は重要な決断をするときに元老院を召集してその意見を求めたのである。

重要案件の最終的な決定は民会でおこなわれるが、宣戦布告や講和については元老院の承認がまず求められた。外国へ使節を派遣したり外国からの使節を接受したりして外交交渉をおこなうのは元老院においてであった。軍司令官の任命や属州総督の指名、凱旋式の承認、属州法の制定、貨幣の鋳造なども元老院の専管領域であった。

民会はコミティアと呼ばれるが、ギリシアとは違ってローマには複数の民会があった。そのなかで一番歴史の古いのがクリア会で、有力な氏族を中心に構成されていた。

コンスルやプラエトルなどの重要な政務官は、ケントゥリア会（兵員会）で選出された。投票は個々人がおこなうのではなく、個々のローマ市民が登録されているケントゥリアごとに投票されていたのである。最上位は騎士級のケントゥリアで、一八のケントゥリアが割り当てられていた。次いで重装歩兵のケントゥリアが来る。重装歩兵のケントゥリアは五つのクラッシスに分かれており、完全な装備を用意できる第一クラッシスから十分な装備を用意できない第五クラッシスまであった。ローマ市民は戸口調査の折に財産の所有高に応じてこれらいずれかのケントゥリアに登録されたのである。注目すべきは、最上位の騎士級と重装歩兵級の第一クラッシスで全体の過半数を占めるようになっているという点にある。

この他に一般的に平民会と呼ばれるトリブス会（区民会）がある。もともとは平民身分のものだけの集会であったが、前二八七年のホルテンシウス法以降民会に昇格し、按察官や護民官、財務官など下位の政務官を選出したのである。市内に四つのトリブス、郊外の農村地区に三一のトリブスが設定されていた。後に市民権が属州民にも拡大されると彼らは市内の四トリブスに登録されることになり、トリブス間の不均衡は大きなものとなっていった。投票はトリブス単位でおこなわれ、決してアテナイの民会のように出席者の単純過半数で決議が成立するわけではなかった。

ローマには民会で選出されるコンスルなどの政務官があった。そのうちコンスルなど上級の政務官には国家の主権ともいえるインペリウム（命令権）が与えられていた。独裁官を除いていずれも二名以上の同僚を有し、任期を一年と限定されて独裁者が出るのを防ごうと工夫されていた。

通常の政務官で最高位にあるのがコンスルである。コンスルは執政官とも統領とも訳されるローマ共和政最高の政務官である。二名の同僚制によって、その権力が独裁化するのを防止しようと工夫されていた。任期は一年で重任は禁止され、再任されるには最低一〇年の期間を設けなければならなかった。王政が廃止されたとき、王がもつ権力のうち宗教にかかわる領域を除く強大な権力をコンスルは手にしたといわれている。コンスルはインペリウム（命令権）と呼ばれる絶対的な権力をもち、戦時には軍団を指揮し、元老院やケントゥリア会を召集する権限を有していた。

プラエトルは法務官とも国務長官とも訳され、ローマではコンスルに次いで重要な権力を有する政務官である。任期は一年。コンスルと同じくケントゥリア会で選出された。本来の職務はコンスルを補佐し、コンスル不在の時にはその職務を代行することが求められた。それゆえコンスルと同じくインペリウムを与えられており、軍を率いて戦場に赴いたりしたが、司法関係の職務をも担い、裁判を執り行った。

トリブヌス＝プレビス（護民官）は、グラックス兄弟をはじめ、共和政末期に活躍した護民官たちによってその重要性・特異性がよく知られている政務官である。その権限はローマ市内に限定されるが、平民身分の利益擁護という立場から絶大な影響力を与えられていた。護民官はもともとパトリキ貴族の専横に対して平民身分の権利を擁護するために設けられた役職であり、その身体は不可侵とされ政務官の命令や元老院の決議、民会での法の制定などにおいて拒否権を行使する権限を有していた。

アエディリスは、按察官とも造営官とも訳される政務官で、本来は護民官を補佐する役職であった。街路の整備や水道の管理、市場の監督、穀物などの生活必要物資の安定供給など、今日でいう公共サービスの分野を担当した。野心的な政治家はこの職に在任している間に私財を投じて大規模な建築をおこなったり、剣闘士の試合を興行したりして民衆の歓心を買おうとしたのである。

クアエストル（財務官）は、もともとコンスルの補佐役として導入された政務官である。トリブス会で選出され、任期は一年。政治家がその経歴の最初に選ばれる政務官であった。この役職を勤めると元老院議員に迎えられる資格を得たのである。平民に開放されるとともに二名から四名に増員され、国庫を管理するようになる。ローマの発展とともに増員が繰り返され、ローマの支配下にあるイタリア諸都市や属州に派遣され、財務やその他の多方面な職務を上級政務官代行として担当するようになった。

ディクタトル（独裁官）は、非常事態が生じ、通常の方法では制御できなくなったときに元老院によって指名された。独裁官は同僚をもたず、他の政務官や護民官の制約を一切受けず、絶大な権力を独占したので、その独裁化を防ぐために任期は半年とされた。

ケンソルは、戸口調査官とも監察官とも訳される。非常に名誉ある役職で、コンスル経験者のなかから選ばれた。四年に一度、後には五年に一度選出され、任期は一年半であった。二名の同僚制をとり、市民の財産調査を含む戸口調査をおこない、市民の風紀を糺し非行のおこないのある元老院議員を元老院から追放したのである。また鉱山の貸し出しや徴税の請負などの契約はケンソルがおこなった。

共和政の性格

ローマにおいて元老院が絶対的な影響力をもち、貴族が庇護関係を利用して民会においてもその意思を貫徹していたのかどうかという問題がある。ゲルツァー以来の定説では庇護関係を介して貴族支配が非常に強固であり、民衆の意見が貴族に影響を及ぼすことはなかった、とされてきた。しかしゲルツァー説に対する批判が現れ、共和政ローマに民主政的要素が見られるという意見が出されるようになってきている。

近年、民会に先立って召集されるコンティオと呼ばれる市民集会が注目されている。コンティオはコンスルら政務官のほか元老院議員やまったくの私人によっても招集された。提案された法案について賛否両論の立場から激しい議論が戦わされたのはコンティオにおいてであった。コンティオは決議という行為をともなわないが、さまざまな議論とそれに対する聴衆の反応から提案者は自己の法案の修正や撤回、あるいは説得の道を探ったのである。社会的エリートである元老院議員を含む貴族に対して民衆が自らの意思を表明し、場合によっては自らの意思を強制していく、そのような側面も共和政にはあった。

地中海世界の制覇

前二七二年のタレントゥム攻略とイタリア半島の統一の達成は、ローマを新たな戦いの渦の中に巻き込んでいく。ピュッロス王との戦いにおいて同盟関係にあったローマとカルタゴは一〇年も経たない間に熾烈なポエニ戦争を戦うことになるのである。結局、カルタゴとの戦いは三次に及び、地中海世界全体の運命に決定的な影響を及ぼすこととなった。

第一次ポエニ戦争（前二六四〜前二四一年）はシキリア（シチリア）島北東部にあるメッシナの町の帰属をめぐるローマとカルタゴの紛争から生じた。カルタゴは圧倒的な海軍力を誇り、豊富な資金で傭兵を雇い入れて陸上においても侮ることのできない戦力を有していたのに対して、ローマは無敵の陸軍を擁し、長年にわたってカルタゴと対立してきた南イタリアやシキリア島のギリシア人の支持を受けていた。

ローマは巨大な艦隊を建造してカルタゴ海軍を圧倒し、カルタゴは傭兵を主体に陸上においてゲリラ戦を展開してローマを苦しめたのである。最終的にはアエガステ沖の海戦でローマがカルタゴ艦隊を打ち破って、カルタゴ側の抗戦意志を打ち砕いたのである。この戦争の結果、ローマは歴史上初めて海外の属州をシキリア島に獲得することになった。

カルタゴは第一次ポエニ戦争でシキリア島を、戦争直後の混乱の最中にサルディニア島を失ったが、新天地をイベリア半島に求め、第一次ポエニ戦争でローマを苦しめたハミルカル＝バルカが植民団を率いて積極的に勢力の拡大に努めた。そしてハミルカルの事業は大きな成果を収め、その子ハンニバルの時代には巨大な植民地帝国を築き上げていた。このようなカルタゴの発展に脅威を感じたローマは、サグントゥムと同盟条約を結んで対抗しようとした。ハンニバルがこのサグントゥムを攻略したことから第二次ポエニ戦争（前二一八〜前二〇一年）が勃発したのである。

戦争がはじまるとローマはイベリア半島に遠征軍を送り込んで戦争を戦う計画を立てていたが、ハンニバルは機先を制し、精鋭部隊を率いてアルプスを越え、イタリア半島に侵攻するのに成功した。イタリア各地でローマはハンニバル軍と戦ったがいずれも手痛い敗北を被り、前二一六年には南イタリアのカンナエにおいて大敗北を喫したのである。しかしハンニバルは一連の勝利を政治的に拡大することはできなかった。

ハンニバルがイタリア半島で釘付けになっている間にローマはイベリア半島に進出してこれを奪い、さらには北アフリカに進出してカルタゴ自身を脅かすようになった。カルタゴ本国の命令でイタリアから撤退したハンニバルは、前二〇二年ザマにおいて大スキピオ率いるローマ軍と戦って敗れている。翌年カルタゴはローマに降伏し第二次ポエニ戦争は終わった。

第二次ポエニ戦争の結果、ローマはカルタゴのすべての海外領土を没収するとともに、莫大な賠償金を課し、ローマの承認を得ない戦争を禁止した。さらに長年にわたってカルタゴの騎兵戦力の一翼を担っていたヌミディアをカルタゴから独立させ、ヌミディアによる一連のカ

図2-3　ピュッロス
（ローマ文明博物館）
出典：筆者撮影。

ルタゴ侵略を黙認した。それにもかかわらずカルタゴの戦後復興には目覚しいものがあった。このようなカルタゴの急速な戦後復興はローマの警戒心を掻き立てた。

ローマはヌミディアとの紛争でカルタゴがローマの許可を得ることなく兵を動員したのを口実に第三次ポエニ戦争（前一四九〜前一四六年）をはじめた。カルタゴはまったく孤立した状況で抗戦を続け、最終的には食料がつきるまで戦ったのである。多くのカルタゴ人が市街戦のなかで殺戮され、燃え盛る炎の中で自殺を企てた。捕虜のうち成人男性は処刑され、婦女子は奴隷として売却され、町は徹底的に破壊された。

ローマは古くからギリシア世界に関心をもっていたし、ギリシア世界と何らかの関係を結んできてもいた。第二次ポエニ戦争の最中にマケドニア王のフィリッポス五世がハンニバルと同盟条約を結んだことが、ローマによるヘレニズム世界への進出のきっかけになった。

第二次ポエニ戦争後、ローマはフィリッポスに対して第二次マケドニア戦争（前二〇〇〜前一九七年）をはじめ、キュノスケファライの戦いでローマはマケドニアの長槍隊から成るファランクスを打ち破り、ギリシアをマケドニアのくびきから解放したのである。続いてローマは、アレクサンドロス大王の再来といわれたアンティオコス三世のシリアとシリア戦争（前一九二〜前一八八年）を戦う。この戦いに勝利したローマはシリアの勢力をタウロス山脈の彼方に追い払った。このようにして東方のヘレニズム世界ももはやローマの存在を無視することはできなくなってしまった。

アレクサンドロス大王の帝国の後継国家のなかで最初に滅ぼされたのは、ヘレニズム世界でもその精強さで知られていたアンティゴノス朝のマケドニア王国であった。前一六八年にはマケドニア王国は滅ぼされ、最後のマケドニア王ペルセウスは凱旋式に引き出された後、殺されたのである。

セレウコス朝のシリア王国も絶えずローマの干渉を受け、東方のパルティアと南のプトレマイオス朝エジプトとの抗争のなかで衰滅し、前六四年にポンペイウスの手で滅ぼされてしまった。プトレマイオス朝のエジプト王国はセレウコス朝との対立から終始ローマの歓心を買うことでその存続を図ったが、クレオパトラ七世がアントニウスとオクタウィ

コラムⅡ

グラディアトール
――剣闘士の名声と悲哀――

中井義明

古代ローマ人が剣闘士の試合に夢中だったことはよく知られている。その証拠に帝国各地に数多くの剣闘技場がつくられている。その熱狂ぶりは、ポンペイの壁に書き残された落書きに見ることができよう。人間を剣闘士として戦わせるというのは遠く王政時代にまでさかのぼる。貴族の葬儀の際にその墓前で敵の捕虜同士を戦わせて死者の霊に供えたのが起源とされている。剣闘士の多くは奴隷で、主人によって剣闘技学校で訓練を受け、剣闘技場で闘わされたのである。解放されるまで生き残る確立はきわめて低かったが、解放されたあとも剣闘士として戦う人もいた。大英博物館には女性の剣闘士もいたことを示すテラコッタが展示されている。強い剣闘士には熱狂的なファンがおり、人気者としてもてはやされた。剣闘士となる自由人もいた。なかにはコンモドゥスのように剣闘技場に降り立って戦う皇帝も出たほどである。

図Ⅱ-１　剣闘士の兜（大英博物館）
出典：筆者撮影。

剣闘士には馬にのって戦うものもあれば、戦車にのって戦うものもあり、三叉の矛と投げ網を持って戦うもの、動物を相手に戦うものなどがあった。彼らは通常ファミリアと呼ばれる一座を組み、ラニスタと呼ばれる座長に率いられて町から町へ巡業し、しばしば地方の興行主に貸し出された。ちなみに、一人の剣闘士が一年間に戦う回数は通常三回程度であったといわれる。

剣闘士についてショッキングなニュースが伝えられている。小アジアで大量の剣闘士の遺骸が発掘され、その多くが頭蓋骨を打ち砕かれていたのである。このことは多くの敗れた剣闘士が剣や槍によって戦いの最中に殺されたのではなく、重傷者として収容されたあとハンマーのような鈍器によって止めを刺されたということを物語っている。剣闘士の父のために墓を築き、その悲しみを訴える娘の言葉が残されているが、多くの剣闘士は墓に葬られることもなかった。

アヌスとの内戦に巻き込まれ前三〇年に自殺するに及んで滅亡した。

このような政治過程をローマからの視点でなく、その相手側の視点からとらえ直す重要性を本章のはじめで触れた。それでギリシアを一例として取り上げてみよう。

ローマがギリシア世界に本格的に姿を現したのは、第二次マケドニア戦争の時である。ギリシア人たちは、ヘレニズム諸王国がギリシア本土で覇権を争い合った時と同じように新来のローマを迎えた。マケドニアと対立していたアイトリア同盟やアカイア同盟は、ローマを同盟者として歓迎したのである。しかしこれらギリシア諸国とローマの思惑の違いが新たな対立を生み出していく。約束されていたナウパクトスを与えられなかったことからアイトリア同盟はローマに背を向けるようになる。最初、ローマはフラミニヌスの宣言に見られるように恒久的にギリシアに介在するのを避けようとしていた。ギリシアにおける放置しがたい混乱とシリアやマケドニアなどの進出が、介入をやむを得ないものにしてしまった。

ギリシア諸都市のなかでは、民主派と寡頭派が激しい闘争を演じていた。党派の対立抗争がローマの介入の誘い水となった。ローマはかつてマケドニアが果たしていた役割を引き受けるのである。ローマは寡頭派を支援して民主派を抑圧する。寡頭派はローマの支援を要請し、民主派はそれに対抗してマケドニアやシリア、あるいはミトリダテスと結びついたのである。ギリシア人は自らの伝統的なルールのなかでローマという外来者を利用し、ローマもそのルールを利用しつつ自らのルールを展開していった。

経済という視点から見るとローマがギリシアに進出し、属州化した時代は小農民経営の行き詰まりと大土地経営による粗放農業の発展という経済局面に相当する。経済効率の低い農地は放棄され、都市経済は衰退していた。このような状況が大きく変化するのが帝政の後半である。ギリシアに留まらず東地中海全域で都市と経済は著しい発展を見せ、人びとの経済活動は辺境にまで拡大していった。この活況はビザンツ時代まで継続する。このような側面は共和政時代末期から帝政前半をローマ帝国の繁栄期とし、帝政後半から古代末期を衰退期ととらえる概説的なローマ史観とは一致しない。

属州統治

プロウィンキアを我々は属州と訳している。本来は政務官の管轄領域を意味していた言葉であるが、後にシキリア（シチリア）やアフリカ、ガリアやヒスパニア、アカイアやアシアといった属州を指すようになる。属州を制定する際に、ローマは委員団を派遣して属州法を制定した。基本的には属州化以前の体制や慣習が踏襲され、属州化によって旧来の諸都市の利害が大きく損なわれることは避けられた。

属州にはコンスル格あるいはプラエトル格の総督が派遣され、属州の治安維持や属州内の紛争の調停や裁判、徴税の支援などをおこなった。円滑に属州を統治するには、地元の有力者たちと友好的な関係を取りもつことが大事であった。というのは属州には総督を除くとローマの役人は財務官くらいしかおらず、属僚を個人的に雇い入れたり使用したりしたとしてもその人数は非常に限られたものであり、都市当局や在地の有力者の協力がなければ総督一人ではとても広大な属州を統治することはできなかったからである。

図２－４　ヘロデス＝アッティクスのオディオン（アテネ）
出典：筆者撮影。

属州はローマに対して税を納める義務を有していたが、これも非常に複雑で属州によってさまざまであった。属州にある都市のなかで免税の特権を与えられている都市もあれば、生産物の一〇分の一を税として収める義務を有している都市もあったし、属州によっては一〇分の一税ではなく関税や通行税などを現金で納めるところもあって一様ではなかった。しかもローマには今日の税務署に相当する組織はなく、徴税業務はすべて民間の業者への委託によっておこなわれたのである。民間業者は競争入札によって国家と契約を結び、手代を通して税を都市から取り立てたのである。

ローマ社会の変質

ローマの対外的発展は同時に深刻な社会問題を引き起こしていた。ハンニバルとの戦争や一連の海外戦争は多くの犠牲をローマ市民や同盟諸国民に強いていた。戦争は確かに一方では数多くの戦利品や巨額の賠償金、それに多数の奴隷をローマにもたらしたが、同時に平均八年間もの海外での従軍を無給で強いられた農民層に多大の負担を負わせたのである。数多くの市民が戦争で命を落とし、負傷兵として帰国したことも忘れてはならないだろう。プルタルコスが伝えるティベリウス＝グラックスの演説には明らかに修辞上の誇張が見られるが、ラティフンディウムと歴史家が呼ぶ奴隷を用いた経営規模の大きな農場がイタリアに発展していたのである。

しかしラティフンディウムは、決して経営規模の小さな農民経営と対立するものではない。カトーなどの農事家が言及しているように、ラティフンディウムの経営には奴隷だけではなく、自由人の季節労働者も必要としていた。収穫期など短期的に多くの人手を必要とする時期には、季節労働者は農場近辺の農民から調達されることが期待されていた。つまりラティフンディウムは経営規模の零細な農民を駆逐するものではなく、むしろ近隣に生活する農民の存在を当てにしていたのである。逆に農民にとっては、近隣で営まれる経営規模の大きなラティフンディウムは臨時の現金収入をもたらす貴重な収入源ともなっていた。

また都市近郊におけるラティフンディウムの発展が都市市場から農民を駆逐したと考える必要性はないように思われる。確かに農民は自己の畑でオリーブや葡萄を栽培し、それを加工してオリーブ油や葡萄酒を近郊の都市市場に出荷していただろう。しかし農民たちの主たる作物はオリーブや葡萄ではなく、日々の糧である小麦を中心とする穀類であった。それに対してラティフンディウムでの主たる作物は商品価値の高いオリーブや葡萄であり、粗放な農業に適さない小麦などの穀類ではなかった。

エジプトやシキリア（シチリア）、北アフリカから安価で大量の穀物がイタリアに搬送されたが、それは首都ローマを主に目指していたし、必ずしも十分な量であったとはいえない。まして小さな地方都市となると、輸送の経費や効率を考えると、穀物の供給を海外からの輸入品に大きく頼ることはできず、都市周辺の農場から出荷される穀物や農産物に依存せざるを得なかったであろう。この意味で共和政中期から後期にかけての時期にイタリアにおける農民経営が、海外からの安価な輸入品とラティフンディウムで大量に生産される農産物との競争に敗れて衰退していったと考えるのは行きすぎである。

ラティフンディウムを「奴隷制大農場」と訳すことで、たくさんの奴隷がきわめて広大な農場で使役され、圧倒的な生産力と価格競争力をもって零細な農民経営を駆逐したと想定するのには明らかに誇張がある。つまり、今議論している時代のイタリアにはまだまだ数多くの小規模な農民経営が営まれていて、さまざまな規模のラティフンディウムと共存あるいは並存していたのである。

グラックス兄弟の改革（前一三三〜前一二一年）

グラックス兄弟はローマでも名門の貴族に属し、その母方の血筋はポエニ戦争で活躍したスキピオ家に連なる。父は兄弟が幼い頃に亡くなったが、母コルネリアの手でしっかり育てられた。前一三三年、護民官に選出されたティベリウス＝グラックスは人々に無視されていた古い法律、リキニウス法をもち出し、この法の制限を越えて公有地を占有している富裕者たちに返還を求め、返還される土地を貧しい市民に分配する法案を提案したのである。もちろん、リキニウス法の制限を修正し、五〇〇ユゲラ（約一二五ヘクタール）の制限面積に二五〇ユゲラの追加分を足しての上限設定ではあったが、ティベリウスの提案は激しい議論を巻き起こした。法案は成立したが、ティベリウスは翌年反対派によって殺害されてしまった。

その一〇年後、弟のガイウスが兄と同じく護民官に選出された。ガイウスは兄の改革を継承するだけではなく、より大規模に改革を推進しようとした。ガイウスは常設法廷の審判人を元老院議員から騎士身分に変更させ、ローマの住民に安価で穀物を提供する法を提案し、同盟市の人びとにローマ市民権を与え、北アフリカなどに植民市を建設して貧しい人びとを入植させることなどを企てたのである。ガイウスの改革は兄以上に激しい論争を掻き立て、イタリア各地からローマでの議論を見守るために多くの人びとが集まった。それだけにガイウスが前一二一年に自殺に追い込まれると、改革に期待を寄せていた人びとを深い失望に追いやることとなってしまった。

内乱の一世紀（前一二一～前三〇年）

グラックス兄弟の改革の挫折はローマが直面していた問題の終わりではなく、はじまりであった。改革の挫折の後ローマは大変混乱した時代に入っていく。そして最終的にオクタウィアヌスによる内乱の収拾によってローマは新しい時代を迎えるのである。この時代、ローマの有力者たちはポプラレスとオプティマテスに分かれて対立抗争を繰り返した。

ポプラレスとは伝統的な政治の手法に抗して護民官と手を組み、民会を利用して、民衆の側にスタンスを置きながら政治的影響力を行使しようとする政治家たちであり、オプティマテスとは元老院の伝統的権威に依拠し、できる限り伝統的手法の枠組みのなかでことを処理しようとする政治家たちであった。

兄弟の改革が挫折して一〇年も経たないうちにヌミディア王のユグルタとの戦争（前一一一～前一〇五年）が勃発し、ガリアの地にはキンブリとテウトニのゲルマンの部族が侵入し（前一一三～前一〇一年）、コンスル率いるローマ軍を打ち破り、カンナエ以来の大敗北をローマに負わしたのである。もはや従来の方法ではこの危機的状況に対応できないことを知ったマリウスは貧しい志願兵を武装させ、給与を支給するという方法を導入することによってこの危機に対処しようとした。これをマリウスの兵制改革と呼んでいる。これ以降、自らの軍隊をもつ政治家がローマの政界において大きな影響力を行使していくのである。

前一世紀に入ると危機はますます深刻になっていった。小アジアにおける属州民の不満を利用して、ポントス王のミトリダテスは八万人に上るローマ人虐殺を演出して三次にわたるミトリダテス戦争（前八九～前六三年）をはじめたし、このミトリダテス戦争をきっかけにマリウスとスッラの対立は決定的となった。イタリア半島では、同盟市民へのローマ市民権付与を提案した護民官殺害に抗して同盟諸都市が反乱を起こした（前九一～前八七年）。同盟市戦争はローマの手で鎮圧されたが、同盟市民にローマ市民権が付与される法案が通り、イタリアの全自由民がローマ市民に編入されたのである。

終身の独裁官に就いたスッラはマリウス派を徹底的に弾圧してその根絶を図り、元老院議員の定数改革など一連の政治体制の改革にも着手している。

奴隷戦争や大規模な奴隷反乱もシキリア（シチリア）やイタリア、ギリシアで起こり、スパルタクスの乱（前七三～前七一年）はそのなかで最も有名なものである。イベリア半島ではマリウス派のセルトリウスがローマを苦しめ、海上では海賊が横行し、ローマへの食糧供給すら脅かされるという深刻な事態に発展していった。この危機のなかで頭角を現したのがポンペイウスであった。ポンペイウスは海賊討伐のための非常大権を与えられ、これを一掃するのに成功した。しかしポンペイウスが強大化するのを恐れた元老院が退役兵の植民を拒否したことが、ポンペイウスをクラッススやカエサルに接近させることとなった。

前六〇年、ポンペイウス、クラッスス、カエサルは談合し、いわゆる第一回三頭政治がはじまった。カエサルは翌五九年に二人の協力を得てコンスルに選出され、前五八年からガリアに総督として派遣されたのである。ガリアでのカエサルの活動は足掛け八年に及んでいる。この間、カエサルは毎年その戦闘報告をローマに書き送り、その簡潔な文体は人々を魅了し評判となっていた。これが後に『ガリア戦記』としてまとめられたのである。

クラッススのパルティア遠征での敗死は、カエサルとポンペイウスとの関係を険悪化させた。カエサルに軍隊の放棄を迫る元老院ならびにポンペイウスの要求は内戦を誘発したのである。前四九年一月一〇日、カエサルは国法を犯して

図２－５　アウグストゥス（ローマ文明博物館）
出典：筆者撮影。

軍隊を率いてルビコン川を渡りイタリアに進攻した。ギリシアに逃れたポンペイウスはファルサロスで敗れ、エジプトで暗殺される。カエサルはその後もポンペイウス派と戦い、小アジア、北アフリカ、スペインと転戦して前四五年にローマに凱旋した。カエサルは元老院議員の定数増員、植民市の建設、太陽暦の採用など短い間に次々と改革を推し進めていく。前四四年に終身の独裁官に任命されたが、カエサルが王政を望んでいるのではないかと危惧したブルトゥスやカッシウスらによって暗殺されてしまった。

カエサルの甥のオクタウィアヌス、部下であったアントニウスとレピドゥスは翌四三年第二回三頭政治をはじめ、キケロをはじめ共和派の政治家たちを粛清し、前四二年にギリシアのフィリッピでブルトゥスやカッシウスを破ってカエサル暗殺の復讐を遂げたのである。レピドゥスは早くから失脚し、オクタウィアヌスとアントニウスの間の対立は深刻化していった。ついに両者は前三一年ギリシア北西部のアクティウムで雌雄を決することとなり、アントニウスは敗れてクレオパトラとともにエジプトに逃れた。オクタウィアヌスの軍がエジプトに入ると、アントニウスとクレオパトラは敵の手を逃れるために自殺を遂げたのである。ここに長く続いたローマの内乱は終わりを迎えた。そしてオクタウィアヌスは前二七年に元老院から与えられていた非常大権を返還し、これに対して元老院はオクタウィアヌスにアウグストゥスという尊称を付与したのである。

3　帝政期のローマ

ユリウス・クラウディウス朝（前二七〜後六九年）

アウグストゥスは、イタリア以外の帝国の領土を元老院管轄の属州と皇帝管轄の属州に分けた。シキリア（シチリア）やアカイア、アシアなどの比較的治安の安定している地が元老院に割り当てられ、シリアやゲルマニアなどの辺境に位置し軍隊による治安維持の必要な地を自らに当てたのである。エジプトは特に重視され、元老院議員は特別な許可がない限りその立ち入りを許されず、統治も騎士身分から補任されるプラエフェクトゥス級の属州長官に委ねたのである。軍はイタリアに駐屯する近衛軍を除き、すべて辺境地帯に配備された。軍はもはや一般招集兵ではなく、志願兵からなる常備軍であり、給与は国庫からではなく皇帝の金庫から支給された。

形の上では共和政の諸制度を尊重し、コンスルの命令権とプロ＝コンスルの上級命令権、護民官の職権を手に収め、積極的に元老院議員を登用して帝国の運営に当たったのである。このような統治形態を元首政と呼んでいる。ちなみに帝国の全住民の人口は推定約六〇〇〇万人。これを統治する帝国官僚はたったの三〇〇人程度であった。基本的にローマは、広大な帝国を築いても、その体制は都市国家時代の体制のまま帝国統治に臨んだのである。ユリウス・クラウディウス朝では巨大化する皇帝財政を支えるために、奴隷や解放奴隷からなる皇帝官房が大きな役割を果たした。

図２－６　ネロ（ローマ文明博物館）
出典：筆者撮影。

フラウィウス朝（六九〜九六年）

ユリウス・クラウディウス朝はネロの自殺によって幕を閉じる。ユリウス・クラウディウス朝断絶後の短い混乱を克服したのは、シリア総督をしていたウェスパシアヌスであった。ウェスパシアヌスはイタリアの一地方の出身で、騎士身分出身の最初の皇帝であった。その子ティトゥスの時代にウェスウィウス（ヴェスヴィオ）火山が噴火したり、ローマが大火で焼失するという天災が重なった。しかし彼は被災者の援助と町の復興に力を注ぎ、名君の誉れの高い皇帝である。その弟のドミティアヌスは有能な人材を積極的に登用し改革を推し進めていったが、同時に恐怖政治を敷き、暗殺されてしまう。フラウィウス朝の歴代の皇帝は属州出身者、とりわけ西方の出身者を積極的に登用し、その成果が五賢帝時代に現れるのである。

五賢帝時代（九六〜一八〇年）

ネルウァにはじまりマルクス＝アウレリウスにいたる五賢帝の時代は、ローマ帝国の最盛期といわれている。帝国は二代目のトラヤヌスのときに最大版図に達した。トラヤヌスはスペイン出身で、シリア駐屯軍の司令官や上ゲルマニア総督を歴任していた。皇帝は自ら軍を率いてドナウ川を越えダキアに遠征し、ティグリス・ユーフラテス川に沿ってメソポタミアに遠征したのである。同じスペイン出身のハドリアヌスについてはその即位に伴って疑わしい事件が起き、そのために同時代の人びとに嫌われ、その死後には危うく悪帝の宣告を受け記憶の抹殺の処分を受けるところであった。ハドリアヌスの功績は先帝が獲得した領土の多くを放棄し帝国の基本を防衛に転じたことである。

ハドリアヌスが亡くなった後帝位に就いたのは、ガリア南部出身のアントニヌス＝ピウスであった。アントニヌス＝ピウスには軍歴がなく、典型的な名門出の元老院貴族の経歴を歩んでいる。帝の時代、帝国は誠に平穏な時代を迎え、その頂点を極めたのである。最後の皇帝マルクス＝アウレリウスの時代は逆に多難な時代であり、パルティアとの戦いは疫病をローマにもたらし多くの人命を奪った。これはペストとも天然痘ともいわれ、共同統治帝ルキウス＝ウェルスの遠征軍がパルティアに遠征したときに軍とともにローマにもち帰った。ルキウス帝が脳溢血で亡くなった後、帝自身マルコマンニ人をはじめとするゲルマン人との戦いに翻弄され、ついにウィーンで帰らぬ人となってしまった。

五賢帝時代を担ったのは前のフラフィウス朝時代に新しく登用された西方の属州出身者たちであった。その五賢帝時代を通じて騎士身分出身者が帝国の行政部門に積極的に登用されるようになり、帝国行政のさまざまな部門に進出するようになる。そして続く三世紀、これらの人びとが帝国の運命を担っていくのである。

図２－７　アントニヌス＝ピウス帝（大英博物館）

出典：筆者撮影。

図２－８　セプティミウス＝セウェルス帝（大英博物館）

出典：筆者撮影。

セウェルス朝（一九三〜二三五年）

マルクスの不肖の息子コンモドゥスは剣闘士の試合に熱狂した挙句暗殺されてしまう。その後、皇帝位をめぐって激しい抗争が演じられ、この権力闘争に勝ち残ったのはパンノニア総督をしていた北アフリカ出身のセプティミウス＝セウェルスであった。帝はブリタンニアの防衛のために軍を率いて親征し、病を得て亡くなっている。その跡を継いだカラカッラは、二一二年に帝国の全自由民にローマ市民権を付与するアントニヌス勅令を公布した。その結果、もはやローマ市民権は特権を意味することはなくなってしまった。しかしその狙いは、相続税や奴隷解放税を確保することにあったといわれている。このセウェルス朝もアレクサンデル＝セウェルス帝が二三五年に暗殺されると断絶し、帝国は軍人皇帝の混乱した時代に入っていく。

軍人皇帝時代（二三五～二八四年）

アレクサンデル＝セウェルス帝の暗殺からディオクレティアヌス帝の即位までの約五〇年間は、一般に軍人皇帝時代と呼ばれている。このわずか五〇年ほどの間に元老院によって正式に承認された皇帝だけでも二六人を数え、僭称者を含めるとかなりの数の皇帝たちが軍隊に擁立されて争ったのである。

軍人皇帝時代のローマを苦しめたのは内戦だけではなかった。北方からはゲルマン人が国境をしばしば脅かし、東方からは新興のササン朝ペルシアがローマの領土を侵略するようになっていた。二六〇年にはウァレリアヌス帝がシャープール一世のササン朝軍の捕虜となり、帝国は未曾有の危機に立たされた。しかし帝国はこの危機から見事に立ち直っていく。ウァレリアヌスの子ガリエヌスは軍事改革を断行して機動騎兵軍を創設し、有能な軍人であるクラウディウスを後継者に指名した。そして帝国の再建は、クラウディウス二世にはじまる諸皇帝によって成し遂げられるのである。

クラウディウス二世（二六八～二七〇年）は黒海から大船団を仕立てて地中海に侵入したゴート人を撃退するのに成功し、ゴート人との戦いの最中シルミウムで病のために亡くなっている。アウレリアヌス（二七〇～二七五年）は、わずか四年九カ月の治世の間に多くの業績を成し遂げている。彼はゴート戦争を終わらせ、僭称者テトリクスからガリアやイスパニア、ブリタンニアを奪い返し、北イタリアに侵入したアラマン人を破り、シリアを中心に強大な勢力を拡大していたパルミュラを滅し、半世紀以上帝国から分離していたガリア帝国を滅ぼして帝国を再統一するのに成功した。他方で彼はローマの町を今日も残る非常に堅固な城壁で囲む工事をはじめたのである。

軍人皇帝時代を含む三世紀は、ローマの大きな転換点となっている。例えば、ギリシアを含む地中海東部世界は農業が発展し、これまで利用されなかったような僻地にまで開墾が進み、このような農業の発展を背景に都市も繁栄への道を歩んでいくのである。しかし西方では都市経済は衰退し、都市のスラム化が進行する。富裕者たちは農村に広大な邸宅を構えて暮らすようになる。奴隷を用いて農場を直接経営するよりも、小作人を利用する農場経営が普及するようになっていった。東方起源の神秘宗教が古来の宗教に代わって流行するようになり、イシスやミトラ信仰に混じってキリスト教も着実に信者を増やしていったのはこの時代である。

後期ローマ帝国（二八四～四七六年）

二八四年、軍隊の推戴を受けて即位したディオクレティアヌスは帝国の再建に乗り出した。帝国の置かれている危機的状況に迅速に対応できるように、即位の翌年にはマクシミアヌスを第二正帝に任命し、その八年後にはいわゆる四分治制を開始したのである。このようにして柔軟かつ迅速に帝国の危機に対応できるよう体制を整えたのであった。

ディオクレティアヌスは皇帝権を理念的にも強化する方策を採り、自らをユピテル神の化身と見なし皇帝崇拝を強制した。このことがキリスト教に対する大迫害につながっていったとされてきた。しかし近年、伝統的学説の史料解釈に対する批判があいついで出され、帝国側の意図や徹底性について疑問視されてきている。

ディオクレティアヌスは病を得たこともあって三〇五年に退位した。ディオクレティアヌス退位後の混乱のなかから台頭してきたのがコンスタンティヌスであった。彼はリキニウス帝と組んで三一二年にマクセンティウス帝を破り、三二四年にリキニウス帝を破って帝国を再び統一したのである。そしてこれまで迫害されてきたキリスト教を三一三年のミラノ勅令によって公認し、帝国の政策を大きく転換させた。帝国の防衛も大きく修正された。辺境地帯に配備され警備と初期の防衛を担当する辺境防衛軍と、帝国の内部に配備され騎兵を中心とする野戦機動軍の二段構えによって、帝国の防衛を強化しようとしたのである。

図2-9　四皇帝（ヴェネチア，サン＝マルコ広場）

出典：筆者撮影。

他方で、小作人は地主への隷属の度合いを強めていく。共和政期には自由契約に基づく短期の小作が主流であったのに対して、帝政期には長期契約が浸透するようになり、小作人の地主への隷属の度

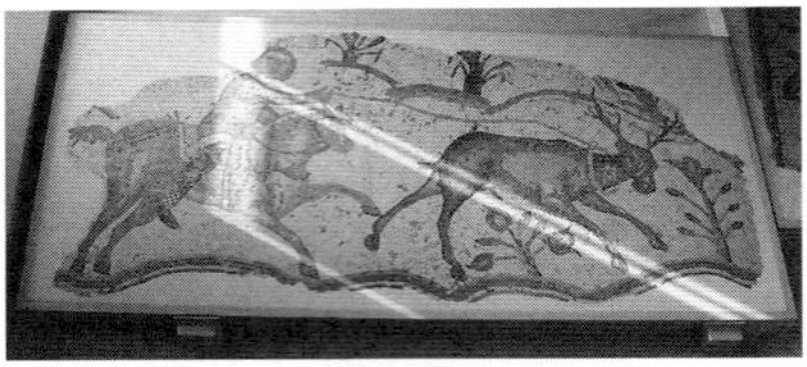

図2－10　ヴァンダル貴族（大英博物館）
出典：筆者撮影。

合いは時代とともに強まっていく傾向にあった。後期帝政期に入ると、政府の側の統制強化という視点も絡んで小作期間の時効年限が設定されるようになる。そしてこの時効年限を越えて小作関係にあった農民は土地に緊縛され、移動と職業選択の自由を奪われるようになる。このような小作人をコロヌスと呼ぶ。もちろん、これは法律上の文面からの解釈であって、実態を正確に反映しているものではない。

　ゲルマン人が帝国の様々な分野に進出し、帝国のゲルマン化が進行したことがローマ帝国滅亡の原因だと論じる説がある。しかしこれはゲルマン人に対するローマ人貴族の差別的嫌悪感に根差した偏見であり、個々の事件をとらえて全体の印象を語っているにすぎない。

　帝国滅亡の原因を特定するのは非常に困難である。古来様々な説が出されてきてはいるが、どれも決め手に欠いている。四七六年に傭兵隊長のオドアケルが少年皇帝のロムルス＝アウグストゥルスを廃位したことで、ローマ帝国は滅亡したと一般的には説明されている。しかしロムルス帝は簒奪皇帝であり、東ローマ皇帝が承認している西ローマ皇帝はラヴェンナにいたのである。ローマ人のなかに、アジア出身者が増えたことに滅亡の原因を求める説やマラリアの流行に求める説もあれば、奴隷制度の行き詰まりや都市の衰退に滅亡の原因を求める説、さらには気候変動に原因を求める説もある。しかし本当は何がローマ帝国を滅ぼした原因なのかはいまだにはっきりと説明することはできない。

　ただ次のことは指摘できるだろう。同時代の人も、そして後世の人もローマ帝国が滅亡したという認識をしていなかったということ。それにもかかわらず西の帝国では国家機構を支えることができなくなってしまっていたこと。それを象徴するのが、ブリタンニアに駐屯する軍隊に給料が支給されなくなってしまったという事件である。国家から見放された兵士らは任地を離れ、家族とともに駐屯地近くに土地を手に入れ農夫として落ち着くようになり、軍隊という国家機構のなかで最も堅固な部分が消滅してしまったのである。

第Ⅱ部

ヨーロッパ中世

第3章

ラテン・キリスト教世界の成立

佐藤専次

ボニファティウスの殉教（11世紀フルダ）

概　要

五世紀、西ローマ帝国はゲルマン人の侵入による混乱のなかで滅亡した。これに対し東ローマ帝国は、政治・社会が安定し都市の繁栄も続いたが、七世紀のイスラーム勢力など異民族の侵攻によって、領土を大幅に失いギリシア人主体のビザンツ帝国に変身する一方で、東方正教世界を形成した。

西方世界では、クローヴィスの始めたフランク王国が、カロリング朝のカール大帝のとき西ヨーロッパを統合した。彼は、八〇〇年に教皇レオ三世によりローマ皇帝の帝冠を授けられ、西ローマ帝国を復興させた。カールの目指したのはキリスト教帝国の建設であった。その理念からカロリング゠ルネサンスがおこり、学校の開設と教育の普及がはかられた。彼は内政を整備するとともに、軍制としての封建制を全国に広めた。またこの時代に、農奴身分が形成されフランク王権主導のもとで古典荘園が成立した。カールの死後、第二次民族移動が始まり、その混乱のなかでカロリング帝国は解体した。東フランク王国を継承したドイツ王はオットー朝のもとで国内を統一し、一〇世紀神聖ローマ帝国を成立せしめカールの帝国を復興させた。他方、西フランク王国を継承したフランスのカペー朝は王権が弱体であった。

大ブリテン島では、五世紀に侵入したアングロ・サクソン人が七王国を形成し、一〇世紀にはイングランド王国を樹立した。デーン人の支配を経て一〇六六年のノルマン・コンクェストによりノルマン朝が成立し混乱が終結した。

三七五	ゲルマン人の移動の開始
三九五	東西ローマの分裂
四七六	西ローマ帝国の滅亡
七五一	カロリング朝の成立
八〇〇	カールの戴冠
八四三	ヴェルダン条約
八六七	マケドニア朝の成立
八七〇	メルセン条約
九六二	神聖ローマ帝国の成立
九八七	カペー朝の成立
一〇六六	ノルマン・コンクェスト

1　ゲルマン人と部族王国

ケルト人の世界

アルプス以北のヨーロッパには、前一五〇〇年頃までインド＝ヨーロッパ語族のケルト人が定着していた。彼らは、前五世紀から前四世紀になるとギリシア・小アジアやイタリア半島に進出し、ギリシア人にはケルトイ、ローマ人にはガリ人と呼ばれた。ヨーロッパの鉄器時代後半期を特徴づけるラ＝テーヌ文化（前五世紀〜前一世紀）の担い手であったと考えられ、城塞都市を建設し渦巻き文様を用いる装飾品を製作した。彼らは動物・植物の姿をとる神々を崇拝し、泉や森を神聖なものと見なした。しかし、ガリ人の土地であるガリア（現在のフランス・ベルギー）が、前一世紀にカエサルによりローマ帝国に編入され、またゲルマニア（ライン川からヴィスワ川の間）もゲルマン人の南下で大陸での活動は著しく制限されることになった。現在、ヨーロッパにおいて、ケルト系住民は島嶼部のアイルランド、ウェールズ、スコットランドの一部に、そして大陸においてはフランスのブルターニュ地方に分布するのにとどまる。

ゲルマン人の登場

前一世紀、カエサルが『ガリア戦記』において、ケルト人と言語的にも種族的にも異なった民族として識別したのが、同じインド＝ヨーロッパ語族のゲルマン人であった。彼らは、原住地であるスカンディナヴィア半島南部、デンマーク、北ドイツから南下し、前二〇〇年頃には、その一派は黒海に達した。ローマとは前二世紀末以降接触したが、後九年のトイトブルク森の戦いでローマが敗北してから、ローマとゲルマンの境界線はほぼライン川とドナウ川になった。

後一世紀末のタキトゥスによれば、ゲルマニアには小部族国家が五〇余りあり、そこに一人の王あるいは数人の首長がいた。重要事項は、武装能力のある成年男子自由民からなる民会で決められた。身分は、貴族を含む自由民と奴隷に分かれ、民会では貴族の権限が強かったようだ。彼らは都市の生活を知らず、森におおわれ沼沢が散在するところで暮らした。その一部は、すでに民族移動の開始以前に、ローマ帝国に個別的・平和的に移住して傭兵・コロヌスなどになった。その中には、西ローマ帝国の最高軍指揮官となったスティリコや西ローマを滅ぼす傭兵隊長オドアケルがいた。

民族移動と部族王国

二世紀から四世紀には、ゲルマン人の小部族国家は戦争や移動とともに消滅し、部族は離合集散を繰り返しながらより大きな集団を形成した。民族移動期には、部族は軍隊指導者の王の下で統率された軍事集団としての性格をもつようになった。四世紀には、ゲルマン人の全体は、大きく分けて東ゲルマン、西ゲルマン、北ゲルマンの三つに分類されることになる。東ゲルマンに属するのは、東ゴート、西ゴート、ヴァンダル、ブルグント、ランゴバルト等、西ゲルマンはフランク、ザクセン、フリーゼン、アレマン、バイエルン、北ゲルマンはこの時期は移動せず、八世紀末になってノルマン人（ヴァイキング）と呼ばれて移動する。

三七五年、西進した北アジアの騎馬民族フン族によって、黒海北岸にあった東ゴート族が征服され、続いてその西方にあった西ゴート族が、翌三七六年ローマ帝国に移住を求めて大挙ドナウ川を渡った。これをきっかけに、ゲルマン諸部族が相次いで移動を始めローマ帝国領に侵入し、いわゆる民族大移動が始まった。この移動は六世紀末ランゴバルト族の北イタリア侵入まで、およそ二〇〇年続いた。

西ゴート族は、ドナウ川を越えたのちトラキア（現在のブルガリア）へ定住が認められたが、たちまちローマに反旗を翻し、三七八年アドリアノープルの戦いで皇帝ウァレンス率いるローマ軍を全滅させた。その後、アラリック王の下でギリシアやイタリア半島に侵入し、四一〇年ローマ市を略奪した。アラリックの死後、南ガリアに定着し、四一八年トゥールーズを都として王国を樹立した。その後、六世紀初め、クローヴィスのフランク族に敗れ、王国をイベリア半島に移動させトレドを都とした。またヴァンダル族は、シュレジエンにいたシリンガ族とカルパティア山脈のハスティ

図３－１　ゲルマンの部族王国（６世紀前半）
出典：F. W. Putzger, Historischer Weltatlas, Berlin, 1974, S. 39.

ンガ族から構成され、四〇六年ライン川を渡りローマ帝国に侵入しイベリア半島に進み、四二九年ガイセリックに率いられてジブラルタル海峡を渡りカルタゴを占領して王国を建設した。しばらくフン族の支配に服していた東ゴート族は、その支配から脱したのち、テオドリック大王のとき、東ローマ皇帝との協定によりオドアケルを打倒するためにイタリア半島に侵入し、四九三年これを破ってラヴェンナを都とする王国を建設した。大王の下で東ゴート王国は婚姻政策を通してゲルマン諸王国の中で指導的な役割を果たした。

これら西ゴート、ヴァンダル、東ゴート、ブルグントなど、東ゲルマンは定住地から遠く離れてローマ帝国領に深く侵入して建国し、部族的な伝統を早くに失い、概して短命に終わった。一方、西ゲルマンのフランク族は、後述するようにこれとは違って故地の近くに移動して部族的伝統を維持しつつ漸次、国家を形成した。

ローマ・カトリック教会の拡大

三一三年にミラノ勅令で公認されたキリスト教は、三九二年にはローマの国家宗教になった。この間、司教が各地のキリスト教徒を指導する体制ができあがった。司教は、ローマ帝国の最小の行政区（キウィタス）ごとに置かれ、その中心都市に設置された司教座から小教区の教会と司祭を監督した。ローマ司教は、すでに三世紀からペテロの後継者としてキリスト教会の首位を主張し教皇（パパ）と呼ばれるようになった。西ローマ帝国が滅亡すると東ローマ皇帝の保護をうけたが、教皇はイタリアなど西方世界の精神的な支柱であった。

多くのゲルマン人が最初受け入れたのは、四世紀のニカイア公会議で異端となったアリウス派のキリスト教であった。西ゴート・東ゴート・ヴァンダル・ブルグント・ランゴバルトの東ゲルマン諸族はこれを奉じたため、アリウス派は一時西方世界に大きな広がりをもったが、ゲルマン諸国家の滅亡やカトリックへの改宗によってアリウス派の勢力は失われていった。ローマ・カトリック教会によるゲルマン人への宣教は、六世紀の教皇グレゴリウス一世の時代から進展した。彼はアングロ・サクソン人への布教のため修道士アウグスティヌスを大ブリテン島に派遣した。七王国の一つケント王国の保護をうけて布教は成功し、六六三年、それまで有力であったアイルランド系の教会にかわってローマ教会がイングランドにおける教会として統一された。七世紀末以降、アングロ・サクソンの修道士は大陸に渡ってキリスト教の布教活動を活発に進めた。とりわけ著名なのは、八世紀初めからライン川以東のゲルマン人への宣教にあたったボニファティウスであり、彼はカロリング家の保護をうけて、布教と同時に正しい信仰への指導、教会の組織化に尽力した。王家となるカロリング家とローマ教皇を提携させたのもボニファティウスであった。それまで西方世界では、各地に独自の地方教会が発展していたが、ボニファティウスらのアングロ・サクソン宣教師の活動で、フランク王国・イングランド・イタリアが、ローマ教皇の下に包摂され、それによって西方において教会の統一意識が生まれたことは注目に値する。

2　地中海世界の動向と東ローマ帝国

東ローマ帝国の地中海統一

地中海世界の分裂傾向はすでに三世紀以降、顕著になっていた。西方においては全体的に都市が衰退していくのに対して、東方ではアレクサンドリア、アンティオキア、さらに四世紀前半以降首都となったコンスタンティノープルなどの大都市は繁栄を続けた。ディオクレティアヌスがテトラルキア（四分統治）を始めたのも、この分裂傾向に対処するためであった。三九五年にローマ帝国が東西に分かれたのち、西ローマはゲルマン人の侵入の中で四七六年に滅亡したが、東ローマ帝国は政治・経済ともに安定した状況が続いた。ゲルマン人は東ローマを通過するだけで王国を建てることはなく、その移動の影響はほとんどなかった。ディオクレティアヌスやコンスタンティヌスによってつくられた後期帝政の体制、つまり強い皇帝権をもち官僚制が整備された体制はなお維持されていた。穀倉地帯のエジプトをもち皇帝がキリスト教教会を監督する体制も受け継がれた。地中海世界の東部は古代のローマと本質的に変わるところはなかった。

西ローマが滅亡したのち、東ローマ皇帝は西方が再び帝国の支配下に入ったと見なし、ゲルマン諸王国に東ローマの宗主権を認めさせた。六世紀のユスティニアヌス一世の時代になると、ローマの地中海統一が現実になった。彼は、将軍ベリサリオスやナルセスを送って、五三四年アフリカのヴァンダル王国、五五四年イタリア半島の東ゴート王国を滅ぼし、西ゴート王国からスペイン南部を奪って地中海沿岸地域を征服し、地中海世界を再統一した。文化においても古代ローマの復興を目指し、ローマ法を集大成した『ローマ法大全』を編纂させた。そしてキリスト教皇帝として、ビザンツ建築の典型といわれるハギア・ソフィアを建立した。ユスティニアヌスの六世紀までの東ローマは、後期帝政のローマ帝国の延長上にあるといえる。

イスラームの地中海進出と東ローマ帝国の危機

この状況の転機となったのは、六世紀後半から七世紀にかけての周辺諸民族の侵入であった。イタリア半島にはランゴバルト族が侵入して王国を樹立し、スペインの征服地も再び西ゴート王国に奪われ、バルカン半島では北方からスラヴ人が南下して定住するようになった。東方ではササン朝の進出があったが、それ以上に大きな脅威となったのはイスラームのアラブ人であった。アラブ人はシリア・エジプトを経て北アフリカを征服して地中海の制海権も一時掌握し、七世紀後半と八世紀初め二度にわたってコンスタンティノープルを包囲した。イスラームに領土を奪われ、帝国の支配域はほぼ小アジア・バルカン半島に限られた。長期にわたる戦乱は、都市の衰退を招くとともに学問・芸術活動にも打撃を与え、連綿として受け継がれてきたギリシア・ローマ文化の伝統はすっかり衰えた。アラブ人の侵入は、東ローマ帝国が担ってきた古代的都市文明を最終的に崩壊させ、と同時に東ローマから西方世界をつなぎとめる余力を奪い取った。ユスティニアヌスのときに政治的に統一された地中海世界は、これ以後二度と統一されることはなかった。すでに三世紀から始まっていた地中海世界の東西の分裂はこれによって決定的になったのである。

東ローマ帝国の再建と東方正教世界の完成

七世紀の危機を切り抜けた帝国は、東ローマ帝国という名称とローマの帝国理念を受け継ぐが、かつてとは異なる新しい体制をもつ国家として再生した。中世東ローマ帝国ともいえるビザンツ帝国の成立である。領土の縮小により帝国は民族的にギリシア人主体の国家となり、その結果、公用語はラテン語からギリシア語へと変わった。そして何よりも重要なのはテマ（軍管区）制が導入されたことである。これまでの軍政と民政を分離させる統治体制を放棄して、属州の軍司令官ストラテゴスに民政も担当させる軍民一致の体制がテマ制である。これはイスラームの侵入に対処するため、七世紀後半小アジアから徐々に広がったと考えられている。このテマ制を軍事・地方行政制度として帝国全域に広げたマケドニア朝（八六七〜一〇五六年）の時代がビザンツ帝国の全盛期であった。この時代には、バルカン半島のブルガリアやセルビアも支配下におきシリア・アルメニアの一部をイスラームから奪取するなど、東南ヨーロッパ・東地中海における強国として復活した。そして衰えた古代ギリシア・ローマ文化の復興もはかられ「マケドニア朝ルネサンス」が開花した。また九世紀後半から、スラヴ人への布教が本格化しビザンツ教会の監督下にある東方正教世界が拡大した。九世紀に南スラヴのセルビア人やブルガリア人が正教に改宗し、一〇世紀末にはキエフ公ウラジーミル一世が洗礼をうけて東スラヴ地域もキリスト教世界に入り、これによって正教世界が完成した。

3　フランク王国とメロヴィング朝

メロヴィング朝の成立

フランク族は、一人の軍指導者に統率された部族ではなくライン川東岸のいくつかの小部族のまとまりを指した。そのうちライン下流にはサリ族、中流にはリブアリ族がいた。サリ族は、三五七年ローマ領に侵入したのちローマの同盟者としてトクサンドリア（ベルギー北西部）に定着が認められた。五世紀には今日のベルギー全域に拡大し、西ゴート・ローマ軍と協力してアッティラ率いるフン族をカタラウヌムの戦いで破った。王チルデリヒ（キルデリクス）の死後、四八一年頃に王位を継いだのがその子クローヴィスであった。彼が登場してからサリ族ばかりかフランク族に大きな転機が訪れた。まず四八六年ローマ人シアグリウスの支配下の北ガリアを征服し、四九六年にはライン上流にあったゲルマンのアレマン族も征服した。またリブアリ族の王を倒すなど、他のフランク諸族を服属させて王国を形成していった。彼の開いた王朝を祖父メローヴィスにちなみメロヴィング朝という。この間、彼は従者三〇〇〇名とともにローマ＝カトリックに改宗した。これ以後、教会やローマ人貴族の支持をえることが可能になり、五〇七年には南方に進出してブイエの戦いで西ゴートを破りアキタニア（フランス南西部）を獲得し、晩年には、パリを本拠地とする王国の支配域は、西はガロンヌ川から東はライン下流・ドナウ上流に及び、ほぼガリア全域を支配下におく勢力となった。ところが彼の死後、フランクの慣習であった分割相続により王国は四人の息子により分割され、その後王国は分裂と統一を繰り返した。六世紀中頃には、王国内部に北西部のネウストリア、北東部のアウストラシア、それに中東部のブルグントの三つの分国が形成された。

カロリング家の台頭

七世紀初め、アウストラシアの宮宰であった大ピピン（一世）の血統からカロリング家が生まれた。宮宰職はもともと王室の家政の長であったが、王領地の管理・従士団の指揮もおこない、事実上の分国の最高実力者であった。その孫にあたる中ピピンは、六八七年三つの分国の宮宰職を独占し王国の事実上の支配者となった。その庶子カール＝マルテルは、ライン以東の王国東部に遠征して、これらの地域を制圧し、先述したボニファティウスの布教活動を助けた。他方で、王国西部では、イベリア半島から侵入してきたウマイヤ朝のイスラーム勢力を、七三二年トゥール＝ポワティエ間の戦いで破った。彼はイスラームの攻撃からキリスト教世界を救ったことで、カロリング家の名声を不動のものにした。この戦いで指揮官を失ったイスラーム勢力は撤退したとはいえ、なおナルボンヌを拠点に活動し続けた。

カール＝マルテルの子小ピピン（三世）は、ローマ教皇ザカリアヌスの支持をうけて七五一年北フランスのソワッソンの会議で国王に選出され王位についた。そのさい教皇特使としてボニファティウスがピピンに塗油をほどこしたといわれている。塗油とは『旧約聖書』に出てくる、王を聖別する古代イスラエルの儀式であり、すでに西ゴート王国でおこなわれていた。この儀式は、神の恩寵として王に俗人にはない超越的な力を与えるものであった。これによって、メロヴィングの血統は否定され、ピピンの王位は初めて正統化された。聖職者による塗油の儀式は、これ以後カロリング朝ばかりか、フランク王国の崩壊後はヨーロッパ諸国の国王即位式において重要な要素となる。

ピピンは、その後、ランゴバルトに圧迫された教皇にイタリア遠征を要請された。当時ランゴバルト王がビザンツのラヴェンナ総督府を制圧し、ローマを圧迫していたからであった。ピピンはこれを受けて、ラヴェンナ総督区とペンタポリスと呼ばれるイタリア北西一帯をランゴバルトから奪取して教皇に献上した。これがピピンの寄進といわれる出来事であり、一九世紀にまで存続する教皇領の起源となった。またこの出来事は、フランク国王がビザンツ皇帝に代わって教皇の保護者となるきっかけとなった。

4　カール大帝とキリスト教帝国

征服戦争

小ピピンが七六八年に亡くなると、長子カールと次子カールマンの二人の兄弟が王国を継承したが、まもなくカールマンが亡くなりカールが単独で全国を統治した。彼はその四六年にわたる在位期間のほとんどを戦争に費やした。最初にカールの征服下に入ったのはランゴバルト王国であった。王デシデリウスが、カールマンの子の王位継承を支持し、かつローマ教皇ハドリアヌス一世を圧迫したからである。教皇の要請をえたカールは、七七三年に遠征し都パヴィアを落として王国を滅ぼし、自ら「ランゴバルト人の王」と称した。そのさい、教皇ハドリアヌス一世によって、父ピピンが固辞した「ローマ人の貴族《パトロキウス・ロマノールム》」の称号を授けられ、教皇領の保護者となった。

小ピピンがセプティマニア（フランス南西部）からピレネー山脈の向こう側に撃退したイスラーム勢力に対しては、カールは七七八年から遠征を始めた。第一回の遠征は失敗に終わり、そのしんがりの部隊がバスク人の襲撃によってピレネー山中で壊滅的な打撃を受け、ブルターニュ辺境伯ローランなど重臣が戦死した。この戦いは当時の人びとに大きな衝撃を与え、幾世代にもわたって語り継がれ一二世紀になって中世騎士道文学の傑作『ローランの歌』を生み出すことになった。最初の遠征は惨憺たる結果だったが、遠征は続けられ、八〇一年にバルセロナを占領し、八〇三年にスペイン辺境区（スペイン・マルク）を設置し、遠征は終わった。

東方においては、半ば独立していた南ドイツのバイエルン族に対して、七八八年に遠征し、バイエルン大公タシロを

図3-2　キリスト教に屈するイルミン神

十字架の下の折れ曲がった樹が「イルミンの柱」といわれている。

戦わずして屈服させ、バイエルンをフランク領に編入した。ところがこれによってアジア系騎馬民族アヴァール人の侵入を受けるようになった。そこでカールは、七九一年、七九七年の二度にわたって軍隊を派遣し、ドナウ川とタイス川一帯の彼らの定住地を制圧しタイス川の東へと退けた。

カールの征服戦争で最も長期にわたり凄惨な遠征となったのが、ザクセン人に対する戦争であった。ザクセン（サクソン）人はフランクと同じ西ゲルマンの一派であり、五世紀その一部はアングル族とともにブリタニアに進出していた。彼らはエムス川からエルベ川にいたる北西ドイツに勢力をもち、軍神イルミンを信仰していた。その社会は厳格な身分制度が維持され身分間の通婚は禁じられた。彼らは王をもたず、ヴェーゼル川沿岸のマルクローに部族集会を開いていた。すでにメロヴィング朝の時代から境界をめぐってフランクとの争いが絶えず、度々ザクセン人がフランク領に侵入していた。七七二年フランクの侵入から始まったこの戦争は、フランク側がザクセン人の神聖なシンボル「イルミンの柱」を破壊したことからもわかるように、宗教戦争という要素もあった。数度の外征ののちカールはザクセン人貴族を服従させ、キリスト教に改宗させた。しかし、ザクセンの自由人は伝来の信仰と慣習を守るために、ヴィトキントの指導の下で激しく抵抗し、七八二年には侵入してきたフランク軍を全滅させた。カールはただちにザクセン貴族と合同してザクセン人を制圧し、報復として捕らえたザクセン人四五〇〇名をフェルデンでわずか一日で斬首した（「フェルデンの血の沐浴」）。ザクセン戦争の転機は、七八五年指導者ヴィトキントの服従と改宗であった。これによりザクセンはフランク王国に編入され、各地に司教座や修道院が建設された。ザクセン人は強制的にキリスト教に改宗させられた。これ以後は大規模な反乱はなくなったが、なお散発的・局地的な抵抗が続いた。カールが最後にとった措置は強制移住であった。現在も、南ドイツ各地にザクセンの名のつけられた村、例えばヴァルトザクセン（ザクセンの森）村やザクセンハウゼン（ザクセンの家）村にその痕跡を窺うことができる。八〇四年の最後の蜂起が鎮圧されて、三〇年に及んだ戦争が終結した。

カールの戴冠

征服戦争で、フランク王国はピレネー山脈南のエブロ川からドイツのエルベ川までの広範囲の領域を支配下におくことになった。カールの征服戦争がほぼ完了した時、ヨーロッパ史のうえで画期となる出来事がおこった。それはカールの戴冠である。八〇〇年の一二月二五日、クリスマスに、ローマ市に滞在していたカールは、サン・ピエトロ大聖堂において教皇レオ三世の手でローマ皇帝に戴冠された。

西方世界において、およそ三〇〇年ぶりにローマ皇帝が現れ、フランク国王がローマ皇帝となる西ローマ帝国が復活した。これによってビザンツ帝国に対して、政治理念的にフランク王国は対等な地位にたった。カールの戴冠は、フランク王国による西方世界の統合という長い歴史的なプロセスの到達点を示す象徴的な出来事であった。ローマ皇帝とローマ教皇という、互いに自立しているが同時に依存しあっている二つの権威をいただく世界がここに誕生した。この世界は西ヨーロッパ世界と呼ばれるが、ビザンツ帝国を中心とする東方正教世界に対して、ローマ教皇を中心とするラテン＝キリスト教世界ともいうことができる。なおカールの戴冠には不詳な点が多い。カールは当時東ローマの女帝であったイレーネから帝冠を譲渡される手筈になっていたという説もあり、当時東西のデリケートな国際関係があったことはほぼ確実である。いずれにせよ、中世に書かれる歴史叙述においては、はやくから帝冠はギリシア人から譲渡されたとして伝えられた。

カールが復興させ理想として追求した帝国は、一口に言うと「キリスト教帝国」であった。彼は、すでに戴冠以前「ローマ人の貴族《パトリキウス・ロマノールム》」の称号を受けてから、キリスト教世界の保護者という考えをもち、『旧約聖書』のダヴィデにならって自らを「あらゆるキリスト教徒の王であり司祭」と称した。司教の叙任をおこなうとともに多くの教会会議を召集し

コラムⅢ

ゲルマン人の宗教とキリスト教

佐藤専次

ゲルマン人の宗教はケルト人の影響があったといわれるが、ゲルマンにはケルトのような特権的な神官身分は存在しなかった。その宗教儀礼で最も重要なのは供儀祭であった。一世紀末のタキトゥスが伝えるところによれば、それはヴォータン（オーディン）、トール、テュールといった神像が祀られた、森林の中の神域で執りおこなわれた。神像は人間の容貌とまったく似ていないものであり、トールやテュールには家畜が、最高神であるヴォータンには人間が生贄として捧げられた。

中世アイスランドの伝承文学『サガ』（「ハーコン善王のサガ」）に、この供犠祭がヴィヴィッドに描かれている。祭儀にはすべての参集者はビールを持参することになっていた。人びとが神殿に集まると、祭儀の主宰者は、祭壇のうえで家畜を殺し、その血を器に集めてから、「生贄の枝」に浸たした「生贄の血」を、祭壇、神殿の壁、続いて参集した人たちにふりかける。この血染めの儀式は、宗教学では神と人間のコミュニケーションという意味があるらしい。この後、殺された家畜の肉は神殿中央にある大きな鍋で煮られた。祭儀の主宰者はこの肉とビールを祝福して神々に捧げる。第一の杯を戦争の勝利と王の力のためにオーディンに捧げ、第二・第三の杯を豊穣と平和のためにニョルズとフレイに捧げて乾杯して飲み干す。これに続いて人びとも乾杯しビールを飲んだ。そのさい「思い出の杯」と呼ばれる物故した血縁者のための乾杯もなされた。捧げられた肉は全員にふるまわれた。この供儀祭は、年三回、秋・冬・初夏に催され、それぞれ豊作、平安、戦さの勝利が祈願された。キリスト教がゲルマン人に入ってきても、神や死者に献酒・乾杯し生贄の動物を全員で食するという儀礼は続くことになる。

四世紀以来、ゲルマン人はキリスト教化されていったが、彼らの日常生活には古来の信仰、つまり異教の儀礼が色濃く残っていた。キリスト教の宣教師は、初期においてはこれを完全には禁圧しなかった。六〇七年、教皇グレゴリウス一世はアングロ・サクソン人に布教をおこなっていたアウグスティヌスに書簡を送っている。そこでグレゴリウスは、異教の神殿そのものを破壊するのではなく、その中に安置されている神像を撤去し、キリスト教の聖人の遺品（聖遺物）を奉納した祭壇をもうけるようにと助言した。また彼は、生贄が捧げられる祭儀の宴も全面的に禁止するのではなく、聖人の祝日にあわせてキリスト教的な祝宴に置き換えられるべきとしている。

その結果、宴の献酒（乾杯）は、これまでのオーディン

図Ⅲ-1　オーディン像（18世紀）

などゲルマンの神にかわってキリスト教の諸聖人に対してなされるようになる。八世紀の南ドイツのバイエルン族はゲルマンの神の杯とキリスト教の神の杯を交互に飲んだという記録があり、同じく八世紀、宣教師ボニファティウスは、キリスト教に改宗した者たちが生贄として神に捧げた動物の肉に十字を切って食していたことを伝えている。キリスト教の司祭でさえも牡牛や牡山羊を生贄として神に捧げ、その肉を死者のために食した者がいたといわれている。

カール大帝の時代のフランク王国では、人びとはギルドと呼ばれる相互扶助団体をつくり、聖人を祝して宴会を開き酩酊したことが知られている。カールの時代のキリスト教徒の多くは、キリスト教の福音からなお遠い「異教的な」世界に暮らしていたのである。教会が信徒に対してより内面的な教化に乗り出すのは、グレゴリウス改革以降のことである。

教義や典礼についての争いに裁決を下して、教会に指導的な役割を果たした。戴冠後の八〇二年、この政治計画をさらに発展させ、自分の「最大の任務は、教会を異教徒の攻撃から守りキリスト教の信仰を強化することだ」と明確に述べた。この政治信条はヨーロッパの皇帝理念として長く受け継がれていくことになるであろう。

カロリング・ルネサンス

このような政治信条から、カールは教育の復興や民衆の教化に力を入れ、いわゆる「カロリング・ルネサンス」と呼ばれる文化の復興運動を生み出した。滅亡したランゴバルト王国や西ゴート王国から、パウルス・ディアコヌスやテオドゥルフなど著名な学者を招いた。その中でイングランドから招聘したアルクィンは、この文化運動の中心的人物となりカールの文教政策全般のブレーンとなった。彼はアーヘンの宮廷学校の校長となり、ラテン語の文法・算術・天文学・神学などを教え、聖書の解釈や典礼・教義など神学関係の著作を書いた。カールの文教政策で注目すべきは、王族・貴族の子弟ばかりか王国のすべての子どもたちに教育を授けようとしたことであった。ゲルマン民族の移動以来、学校教育が衰退し識字率は極端に低下していたが、その中にあって彼は自由民・非自由民の区別なく子どもの教育のために教会に学校を開くように命じた。学校では教区の司祭が無償で子どもたちに文字と重要な祈禱（主禱文と使徒信経）を教えることになっていた。教育にあたる司祭の多くがラテン語を理解できなかった事実からして、この命令はあまりに非現実的であったが、彼の高邁な理念は評価すべきであろう。ともあれ、アーヘンの他にトゥール・フルダ・コルビー・リヨン・オルレアンなど王国各地の修道院や司教座に学校が開設されたことは確かであり、限定的ではあったが教育の普及がはかられた。このような活動から、俗語化したラテン語が純化されるとともに古代の著作が筆写され、衰退していた古代ローマ人の教養科目である自由七科（文法・修辞・弁証法・算術・幾何・天文・音楽）の教育・研究が復興した。

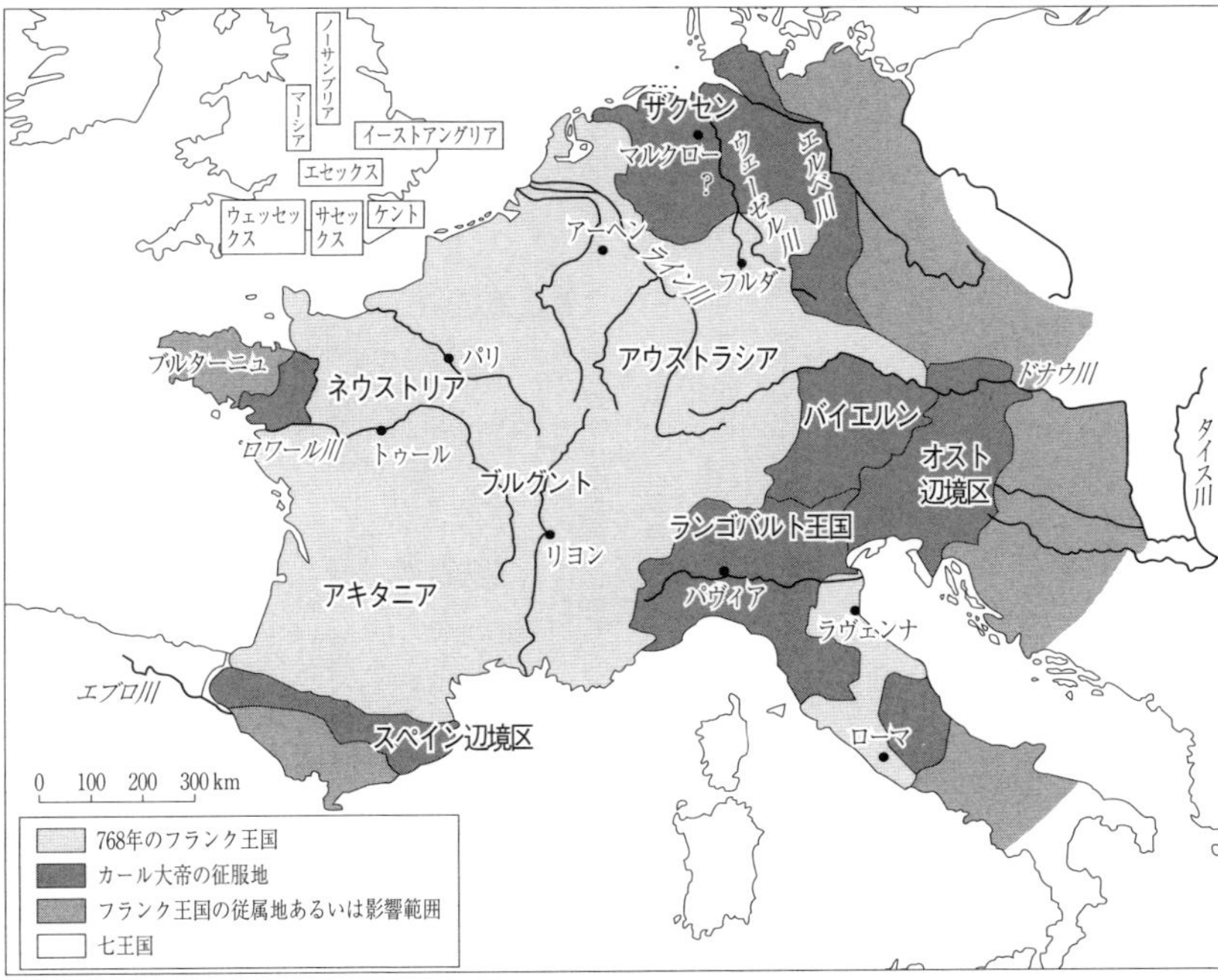

図３-３　800頃のヨーロッパ

出典：F. W. Putzger, Historischer Weltatlas, Berlin, 1974, S. 42f.

カロリング朝の国制と軍制

フランク王国では現在のような首都は存在せず、中央行政は王国各地にある王宮でおこなわれた。王は側近を引きつれて王宮から王宮へと転々と移動しながら統治をおこなった。カロリング・ルネサンスの中心となったアーヘンは、カールが最も好んだ王宮の所在地であった。王宮にいる宮廷司祭は、王家や宮廷にかかわる聖務の他、王国全般の行政にもたずさわり、聖職者というよりむしろ官僚に近い存在であった。彼らの長であった首席宮廷司祭は国王の最高政治顧問であり、国王の政策決定に大きな影響を与えた。

地方の統治において最も重要なのが、俗人の貴族から選ばれた伯と呼ばれる地方官である。伯の制度はメロヴィング朝のそれを引き継いだものであった。カールの時代、数百の伯管区が設定され、各管区の伯は王の勅令の公布、貢租の徴収、軍隊の召集をおこない、さらに裁判官として裁判を主宰した。伯に国王の勅令を伝え

図3－4　カロリング朝のフランク騎兵（9世紀）

たり伯を監督したりしたのが国王巡察使であった。巡察使は、高位聖職者と俗人貴族の各一名からなり、全権を委任された国王の代理人として毎年派遣され、巡察使裁判を開いて地方住民の苦情をきいた。この他、国境の守備のためにマルク（辺境区）が置かれた。カールは、イスラーム教徒に対してスペイン・マルク、アヴァール人・スラヴ人との国境地帯にはオスト・マルクを設置した。この辺境区を指揮した辺境伯は、軍事権など特別に全権が与えられた。カールは、このような統治体制を強固にするために、王国に住むすべての一二歳以上の自由人に、自らの保護を受け、自らと敵対した者と手を結ばないように誓約させた。この一般臣民宣誓を、七八九年、七九四年、八〇二年の三度おこなわせた。カールは、この誓約を通して王国の全臣民を自らに結びつけたのである。

フランク族の軍隊は本来歩兵が主力であった。トゥール＝ポワティエ間の戦いでも、イスラームは騎兵であったのに対してフランク側は歩兵が中心であったといわれている。メロヴィング朝末期からカロリング朝にかけて、フランク王国の宮宰や国王は、国内において半ば独立していたアレマンネン、バイエルン、アキテーヌ、プロヴァンスを制圧し、近隣のフリーゼン人・ザクセン人、さらに進入してきたイスラーム勢力に対処するため、これまでになく高速で各地を転戦できる軍事力の増強が必要となった。その結果、多数の騎兵が創設された。宮宰カール・マルテルは、騎兵の装備に必要となる土地を家臣に給付した。そのさい教会・修道院領の一部を収公し、これを彼らに恩貸地《ベネフィキウム》として与えた。こうして始まった家臣に対する恩貸地の給付はやがて慣例化し、カール大帝の時代には国家的な制度としてフランク王国全体に普及した。家臣は恩貸地を受ける代わりに、主君に対して誠実の宣誓をおこない助言と助力が義務づけられた。

この助力とは本質的に軍事勤務を意味した。このようにして、八世紀に恩貸地を媒介とする主君と家臣の主従関係、つまり封建制（レーエン制）が形成された。カール大帝の時代、一二マンス（一マンスはほぼ一二ヘクタール）の土地を恩貸地として給付された家臣は、重装騎兵として軍役の義務があった。カールの時代、連年の征服戦争が可能となった背景には、大量に創出された騎兵の家臣団の活躍があった。封建制は、この時代はまだ国制の中核とはなっていないが、王国解体後はヨーロッパ各国の国制において重要な機能をもつようになる。

カロリング時代の農業経営

カール大帝の時代、新しい農業経営組織がはっきりと姿を現した。すなわち古典荘園である。これが誕生したのは、主にロワール川とライン川にはさまれた地域でありカロリング王権の支配が根づいたところであった。古典荘園の特徴は、所領が領主直営地と農民保有地に二分され、かつ保有農（農民保有地を貸与された農民）の賦役労働で領主直営地が耕作され、直営地と保有地が有機的に結合している点にある。直営地の賦役は週に三日間とされた。

成立の背景には、労働力である保有農、つまり農奴身分の形成があった。古典荘園成立以前の所領には、直営地で労働を義務づけられたマンキピアと呼ばれる奴隷に近い非自由人が多数おり、また他方で領主から借り受けた土地を耕作するコロニと呼ばれる自由身分の農民もいた。七世紀後半から所領の内部構造が変質し、直営地の労働力であったマンキピアは一筆の耕地を貸与されるようになった。そうなると週のうち三日間直営地での労役が免除され、その日を貸与された保有地の耕作にあてるようになり、その結果、直営地の賦役日数が週三日になった（当時は労働日は六日間、日曜は安息日）。これを週賦役という。他方で自由身分の保有農であるコロニは、領主への隷属関係に入り、マンキピアとおなじ週三日の賦役が義務づけられた。さらには、所領の外にあり独立した小土地所有者である自由人も、その下層は常に没落状態にあり、大修道院や貴族のような大領主に併呑されていった。彼らは有力な大修道院や貴族の保護下に入り、領主に隷属化していき荘園の農奴になっていった。奴隷的非自由人の社会的上昇とならんで、自由保有農や独立した小土地所有の自由人の隷属化によって、統一した農民層、すなわち農奴身分が形成された。

統一した農民層の形成に重要な役割を果たしたのがマンス制であった。保有地を含む農民の経営単位がマンスと呼ばれる。原則として一家族に一マンスの土地が割り当てられた。この制度は、フランク王権が農民、特に奴隷的非自由人の農業経営に必要な土地を保証するために創始したと考えられている。これを王国全土に拡大させたのが、八世紀末のカール大帝であったようだ。これを通して安定した貢租と賦役労働の確保をはかり、財源を強固にしようとしたのだ。マンス制の導入により起源が異なる農民たちは保有農として統一され、その労働をとおして直営地と農民保有地を有機的に結びつけた荘園、つまり古典荘園が誕生した。

このようにフランク王権のイニシアティヴの下で普及した古典荘園制は、当時としては最も先進的な農業経営形態であった。後述するように農業技術の革新もあって、この時代は農村経済が新たな進展をみる時期であった。荘園は「自給自足的な現物経済が支配的」といわれることが多いが、近年の研究はこのイメージを否定している。この時期は、イベリア半島のイスラーム世界から銀が流入しディナリウス銀貨の鋳造が進み、また大きな修道院では市場が開設された。これを背景にして、家畜での貢納を貨幣に代え農民に貨幣貢納を課している荘園もみられた。多くの農民たちは、近隣の市場に赴いて余剰生産物を売却して銀貨を手に入れていたと考えられ、カロリング期の農村ではすでに貨幣経済が浸透していた。

5　カロリング帝国の解体とイングランド王国の形成

カロリング帝国の解体

カールの後継者は息子ルートヴィヒ敬虔帝であった。八一七年、分割相続の慣習にもとづきルートヴィヒは帝国整備令をだして、息子たちの分割相続を認めつつも帝国の統一をはかろうとした。しかしその後に生まれたシャルル（二世、禿頭王）にいかなる地位を与えるかをめぐって父と息子たちの間で対立がおき、ルートヴィヒの没後は内紛となった。八四二年、長男ロタール（一世）に対抗して二人の弟ルートヴィヒ（二世、ドイツ王）とシャルルが同盟を結んだので、翌八四三年三者の間でヴェルダン条約が成立した。この条約で、ロタールは皇帝の位とイタリアを含む中部王国を相続し、ルートヴィヒは東フランク王国、シャルルは西フランク王国を獲得した。ロタールが没すると息子ロタール二世はアルプス以北の中部王国を相続した。その死後、八七〇年のメルセン条約により東フランクのルートヴィヒと西フランクのシャルルは、ロタール二世の国を東西に分けそれぞれを獲得した。これ以後皇帝の位はますます名目的になり各国

①ヴェルダン条約

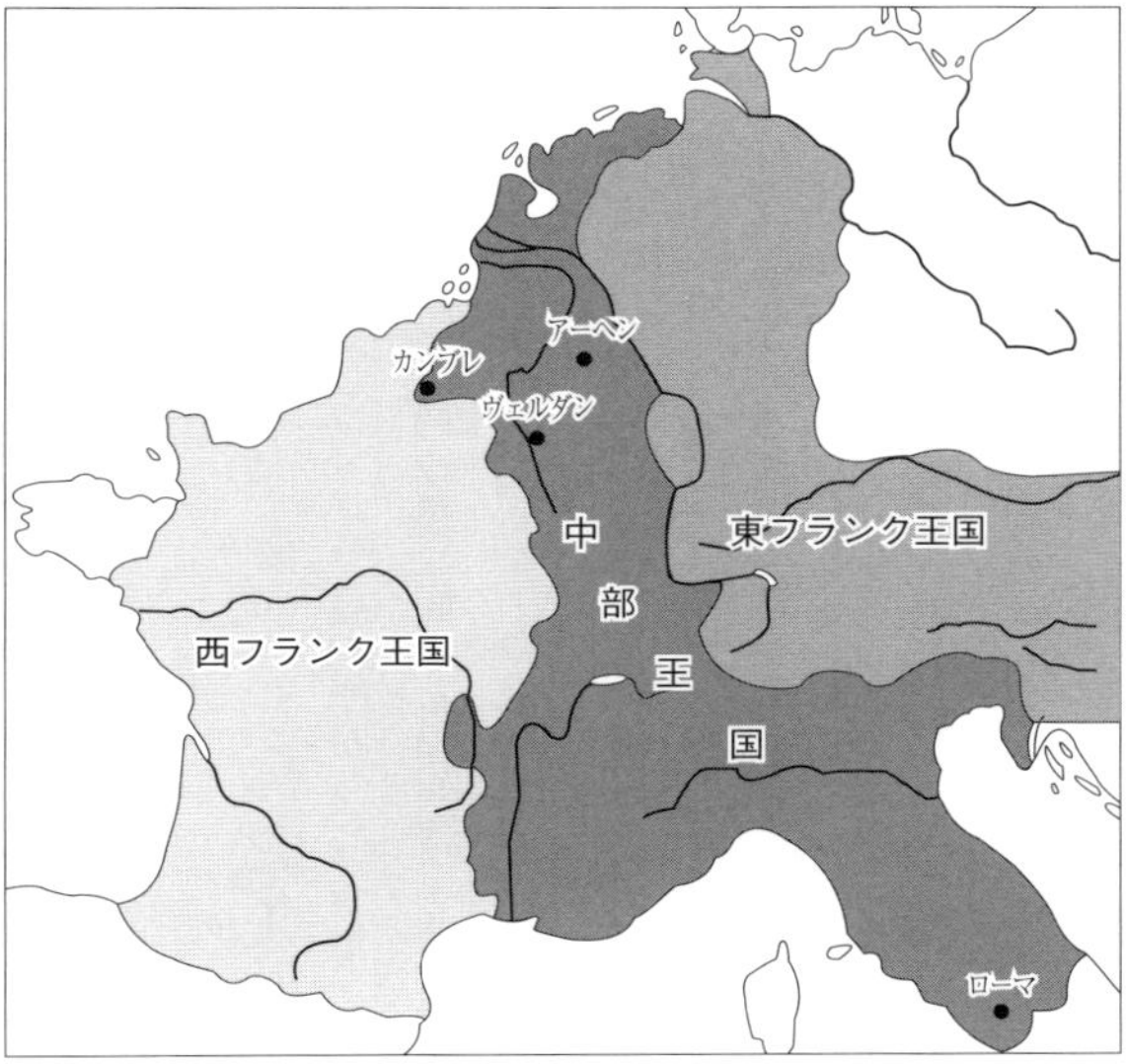

②メルセン条約

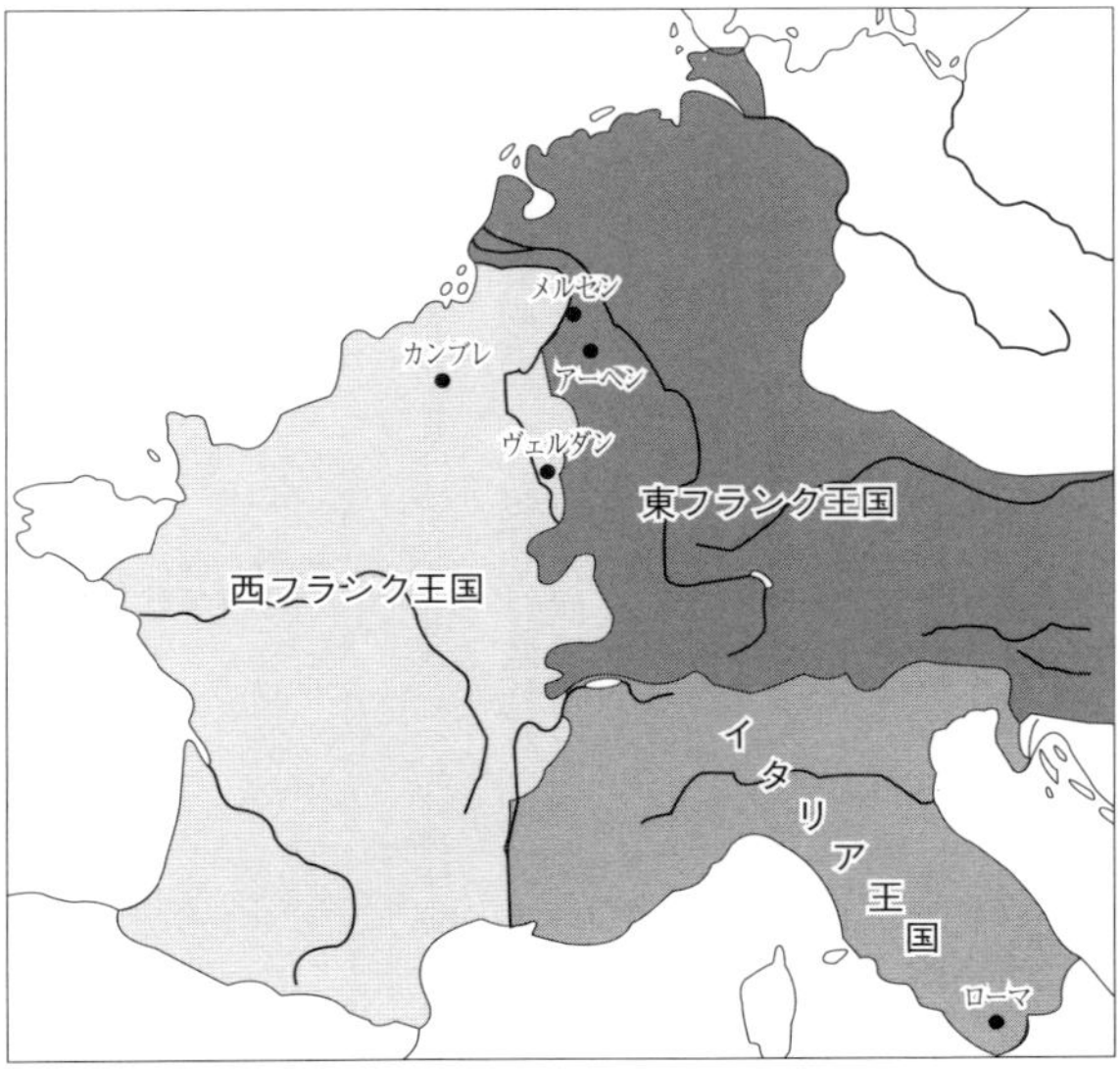

図3－5　フランク王国の分裂

出典：H.K. Schulze, Vom Reich der Franken zum Land der Deutschen, Berlin, 1987, S. 329 u. 334.

の王権は著しく弱体化していった。

第二次民族移動

帝国の解体を早めたのは、九世紀中頃から顕著になる外民族の侵入であった。イスラーム教徒は、南方からイタリアや南フランスを襲撃しシチリア島を征服した。東方からはアジア系騎馬民族のマジャール人が侵入した。九世紀末、南ドイツのバイエルンへの攻撃に始まるマジャール人の侵攻は、ドイツを中心に北はブレーメン、西はオルレアンに及んだ。しかし九五五年レヒフェルトの戦いでドイツ王オットー一世に完敗してから、彼らは騎馬生活をやめ定住して農耕民に転身し、一〇世紀末にハンガリー王国を建設した。

この時期の外民族の侵入でヨーロッパ世界に大きな足跡を残すことになるのは、ノルマン人（ヴァイキング）であった。彼らは現在の北欧三国を原住地とする北ゲルマンであり、八世紀末から活動を始め、特にヴェルダン条約以後、西欧への侵入は激しさを増した。彼らは吃水《きっすい》の浅い船を利用して、北海・大西洋に注ぐライン・マース・スヘルデ・セーヌ・ロワール川など河川をはるか上流まで遡り、沿岸の都市や修道院への略奪をほしいままにした。カロリング時代に北海貿易で栄えたライン河口のドーレシュタットや北海に面したカントヴィクといった商業集落は、徹底的に破壊され集落そのものが消滅してしまうほどであった。東フランクのカール肥満王など当時のフランク国王は、ノルマン人に貢納金を納めて略奪を免れる以外に打つ手はなかった。

九世紀末からノルマン人は、ロワール川とセーヌ川の間に定着するようになった。西フランクのシャルル単純王は、九一一年族長ロロにその征服したセーヌ河口域を封（レーエン）として付与し、これと引き換えに洗礼と国土防衛を義務づけ自らの家臣とした。ノルマン人の西ヨーロッパへの侵攻はなお続くが、これ以後は散発的になった。ロロが封として認められた地域は、やがてノルマンディ公領になり、そのノルマン人はまもなくフランス語・フランスの法慣習を受容してフランス化していった。

イングランド王国の形成

さて眼を大陸から島嶼部に移そう。北部を除く今日のイギリスは、ローマ時代、属州ブリタニアと呼ばれローマ人がケルト系のブリトン人を支配していた。四四九年、大ブリテン島南東のケントへの侵攻を皮切りに、西ゲルマンの一派アングロ・サクソン人の侵入が始まった。アングロ・サクソン人は、ユトランド半島を原住地とするジュート人、その付け根のシュレスヴィヒにいたアングル人、さらにその南のホルシュタインからヴェーゼル川流域にいたサクソン人（カールの時代のザクセン人はその子孫）の総称で、彼らは言語・慣習において互いに類似していた。ブリタニアに侵入した彼らは、ブリトン人を西部に追いやりつつ定住した。最初二〇ばかりの小さな部族国家を形成したが、それらは六世紀末までに七つの王国に統合された。それが、北東のノーサンブリア、東部のイースト・アングリア、その南のエセックス、南東のケント、その西のサセックス、さらに西のウェセックス、そして中部のマーシアである（図３‐３参照）。

図３‐６　イングランド王国

八〇二年に王位についたウェセックス王エグバートは、強敵マーシアを破り、ノーサンブリア、ケント、エセックスなどを支配下においてイングランドをほぼ制圧した。しかし、この頃からデーン人（イングランドでは侵入したノルマン人をまとめてデーン人と呼ぶ）の侵攻が顕著になり、エグバート以後、ウェセックス王はイングランド防衛のためにデーン人と戦い統一王国の形成に尽力した。その転機になったのは、九世紀後半に出たアルフレッド大王であった。彼はデーン人を破り、八八六年デーン人の王グスルムと休戦協定を結び、ロンドンからチェスタを結ぶヴォトリング街道を境に、その北をデーン人の法慣習がおこなわれるデーンロー地域とし、ロンドンを含む南はウェセックスの支配地域とした。アルフレッドは種々の改革をおこない、デーン人に対する防衛体制を整備して戦士層や自由農民に対する軍事義務を定め水軍を創設し、地方行政制度である州制度を設けた。さらに彼は国の内外から著名な学者を招いて宮廷学校を開き、学問の復興に力を尽くしただけでなく、自らもヴェーダの『教会史』などラテン語文献の英訳にも参加した。彼はフランクのカール大帝と比較できる点が多く、「大王」の名にふさわしい王であった。一〇世紀前半に入り、アルフレッドの孫にあたるアゼルスタンはデーンロー地域への征服を進め、初めて、その発布した公文書において「イングランド王」「全ブリタニアの王」と称して、イングランドの統一王国がようやく姿を現した。

ノルマン・コンクェスト

ところが一〇世紀末になるとデーン人の二度目の大侵攻が始まる。このたびの来襲は、北欧における統一国家の形成に連動し、以前よりもいっそう組織的かつ大規模であった。デンマーク王スヴェン一世が、一〇一三年に侵入しデーンロー地域の住民を従えた後、マーシア、ウェセックスも征服した結果、イングランド王エゼルレッドはノルマンディ公領に亡命した。翌年スヴェンが亡くなると、その子カヌートが全イングランドを統一して、一〇一六年イングランド王位につきデーン朝が成立した。その後、カヌートはデンマーク王であった兄ハーラルの死去ののちデンマーク王位を兼ね、続いてノルウェーを征服しノルウェー王ともなり、一時期的ではあるがイングランド・デンマーク・ノルウェーを支配する海上帝国を樹立した。彼の治世は、イングランドに平和が回復し国内商業のみならず北海の商業も急速に拡大した。また彼は敬虔なキリスト教徒として、デーン人のキリスト教化にも力を注いだ。

デーン朝が二〇年余りで幕を閉じたのち、一〇四二年イングランド王についたのは、ウェセックスの王族エドワード証聖王（懺悔王）であった。長く亡命先のノルマンディで暮らしていた彼は、ノルマン・フレンチ化しノルマンディの慣習を重んじノルマン人を重用した。彼が死ぬと、その従兄弟で、かねてから王位を約束されていたノルマンディ公ギヨーム（ウィリアム征服王）が、王位継承権を主張してイギリス海峡を渡った。一〇六六年、彼は王家の外戚で王国第一の実力者ゴドウィン家のハロルドをヘースティングズの戦いで破り、イングランド王に即位した。こうして北フランスのノルマン人による王朝すなわちノルマン朝が始まった。これをノルマン・コンクェストと呼ぶ。これによってイングランドはフランスのノルマンディ公家の支配領域になったが、これはイングランド史においてきわめて重要な意味をもっている。古くからのアングロ・サクソン系の貴族は政治の表舞台から退き、移住してきたノルマン系フランス人貴族がこれに代わり支配層が大幅に交替した。これにともなってイングランド王国の公用語はフランス語になり古英語は被支配層の言葉となった。また、すでに主従関係の形成で封建化が進んでいたイングランドにおいて、大陸の政治制度である封建制が導入された。そして、これまでイングランドは北欧との強いつながりの中にあったが、これ以後、西欧とりわけフランスとの関係の中でその歴史が展開されていくことになる。

6　フランク王国の後継国とその周辺の動向

フランス王国とドイツ王国

西フランク王国では、カロリング王権がノルマン人の来襲に対して何ら有効な対策をとらず、急速に威信は失われていった。この中にあってロベール家のパリ伯ウードはノルマン人の攻略からパリを防衛し、八八八年国王に選出された。ウードが亡くなるとカロリングの王統が復活し、それから九〇年ほどロベール家とカロリング家の角逐が続いたが、ついに九八七年ロベール一門のユーグ・カペーが国王に即位してカペー朝が成立した。カペー朝の初期は王権がすこぶる弱体であり、国王が事実上影響力を行使できたのは、ほぼパリ周辺地域に限られる状況であった。これに対して有力貴族は貨幣鋳造権など本来国王に属していた権限を行使し自らの支配領域（領邦《プランシポーテ》）を形成した。

ドイツ王国は、ルートヴィヒ・ドイツ王（二世）が相続した東フランク王国の後継国家として始まった。九一一年、カロリング家の断絶後、コンラート一世の短い治世を経て、九一九年ザクセン大公であったハインリヒ一世が国王に選出され、オットー朝（ザクセン朝）が開かれた。彼は侵入してきたスラヴ人やマジャール人を撃退して、東部の境界に城砦を建設し、ドイツ王国の基礎を築いた。その子オットー一世（大帝）は、司教や修道院に伯権・市場開設権などを与えて地方統治を委ね（帝国教会政策）、これを効果的に用いて大貴族を抑えた。対外的には、九五五年マジャール人をアウクスブルク近郊のレヒフェルトで決定的に打ち破り、王権を確固たるものにした。彼は教皇ヨハネス一二世の要請を受けイタリアに遠征し、教皇より九六二年に帝冠を授けられた。九二四年イタリア王ベレンガール一世の死去後、約四〇年間空位になっていた皇帝位が復活し、理念的にカール大帝のローマ帝国は復興した。この帝国はドイツ王国、イタリア王国、そしてのちにブルグント王国を加えた三王国から構成され、一三世紀中頃になってから神聖ローマ帝国と呼ばれた。オットー朝ならびに次のザリアー朝初期までは、歴代のドイツ王はカールの皇帝理念の継承者として、ラテン・キリスト教世界において指導的な役割を演じた。この結果、ドイツ王位と皇帝位は分かちがたく結びつく伝統が生まれることになった。

北欧と東欧

九世紀以来、ノルマン人の居住地である北欧に対しては、北ドイツのブレーメンを拠点にキリスト教の布教が始められていたが、一一世紀前半になると、北海に海上帝国を樹立したカヌートの下で、デンマークやノルウェーのキリスト教化が進捗《しんちょく》した。北欧では、キリスト教化と並行して王国の形成・王権の強化が進み、一一世紀には、カトリックが定着しデンマーク、ノルウェー、スウェーデンの三王国が確立した。

エルベ川以東には、ゲルマン人の移動ののちスラヴ人が移住していた。西スラヴのチェコ人は、九世紀後半以降プシェミスル家の下で国家形成とローマ・カトリックへの改宗が進んだが、一〇世紀にはドイツ王国の宗主下に入った。一方、オーデル川以東では西スラヴのポーランド人が、一〇世紀半ばミェシュコ一世の下でカトリックを受け入れるとともに統一国家を形成した。先述したレヒフェルトで大敗を喫したマジャール人は、一〇世紀後半からカトリックを受容し、ヴァイクの下でハンガリー王国を形成した。一〇〇〇年、彼はローマ教皇から王号と洗礼名ステファーヌスを与えられた。このように、一〇世紀から一一世紀には、北欧のノルマン人、西スラヴのチェコ人・ポーランド人、アジア系のマジャール人がラテン・キリスト教世界の一員となった。

第4章

ラテン・キリスト教世界の成熟と膨張

佐藤専次

フライブルク・イム・ブライスガウのシュヴァーベン門
(筆者撮影)

概要

一一世紀になると社会は安定し、水車が各種産業に取り入れられるなど産業技術の革新が普及して経済が成長した。そして人口が急速に増大し、イベリア半島のレコンキスタ、中近東への十字軍運動、エルベ川以東の東方植民にみられるようにラテン・キリスト教世界が外に向かって拡大した。これによって接触が密になったイスラーム世界やビザンツ帝国から最新の文化が入り、一二世紀ルネサンスと呼ばれる古代ギリシアの哲学・科学の復興運動がおきた。これを背景に新しい教育機関として大学が誕生し、この新しい学問を発達させた。これによって西欧は知的水準においても近隣世界と肩を並べるようになった。

また教皇の権威は、一一世紀中頃から始まるグレゴリウス改革・叙任権闘争を機に高まり、皇帝・国王などの世俗権力をおさえてヨーロッパ世界の指導的地位を主張できるまでになった。教会の教えは信徒の日常生活にまで深く入り込むようになる。他方で、教会はヨーロッパ内部の異教徒であるユダヤ人に対して公式にキリスト教徒と区分するようになった。

農村においてはバン領主と呼ばれる領域権力が生まれ、これに対応して農民たちは村落共同体を形成し、時としてコミューンを結成することもあった。またこの時代からヨーロッパ各地に都市が急速に成長し都市共同体が形成され、イタリアやドイツでは都市同盟がつくられた。この都市社会から新しい文化が育まれていった。

九一〇	クリュニー修道院創建
九八九	「神の平和」運動が始まる
一〇八五	カスティーリャ王国によるトレド占領
一〇七七	カノッサの屈辱
一〇九五	クレルモン宗教会議
一〇九六	ケルン・マインツでユダヤ人迫害
一〇九九	イェルサレム王国の成立
一一二二	ヴォルムス協約
一二〇九	パリの教師団が教皇により承認
一二一五	第四ラテラノ公会議
一二九一	原スイス永久同盟
一三四八	黒死病の流行

1　技術革新と人口の増大

技術革新

ノルマン人などの外民族の侵入がおさまった一一世紀から、一三世紀までのほぼ三〇〇年間は、ヨーロッパの歴史のなかでも特筆すべき経済成長と人口増大の時代であった。経済発展の要因の一つとして考えられるのは、農業を中心とする産業技術の革新であった。技術革新は中世前期のカロリング朝時代から始まっていたが、広く普及するのは一一世紀以降の中世盛期に入ってからであった。その革新において何よりも重要なのは水車の広範な利用である。古代ローマでも水車は知られていたが、奴隷が生産活動の主体であった古代では使用はもとより限定されていた。六世紀、特に七、八世紀以降、水車は地中海沿岸から北方に広がり、フランク王国では比較的大きな修道院に設置された。この時代はほとんど専ら製粉用に使われ、水車の導入で農民は製粉の重労働から解放された。水車の数が飛躍的に増大するのは、一一世紀以降であった。例えばパリ南東にあるオーブ県に相当する地方では、一一世紀には一四台であったが、一二世紀には六〇台、一三世紀には二〇〇台以上にも達している。

水車の利用を拡大させたのは、水車の軸にカムをとりつけ回転運動を往復運動にかえたことにある。これによって水車は各種の手工業に応用できるようになり、麦芽の粉砕、縮絨《しゅくじゅう》（布地を叩き収縮させること）、皮なめしなどに広く使われるようになった。また水車の活用は冶金業の発展にもつながった。空気を送り込むための鞴《ふいご》を動かしたり鉄を鍛造したりするときに水車が用いられ、鉄の増産が可能になった。水車を備えた鍛冶屋では、鋤や犂などの農具の刃、のこぎり、斧、さらに馬具の蹄鉄がつくられ、農民の手に鉄が広く普及するようになった。農具の革新においてとりわけ重要なのは、鉄の刃のついたカルッカと呼ばれる重量有輪犂が登場したことである。これまで使用されてきた無輪犂は、地中海沿岸の軽い土壌に適しており土の表面を耕すものであった。しかし、アルプス以北の重い土壌を深く耕すのには、この犂は適さなかった。重量有輪犂は早くに知られていたようであるが、一〇世紀まではきわめてまれであったようで、一一世紀以降からヨーロッパ諸地域に普及した。土を垂直に切り裂く鉄製の犂刀、土を草の根元から水平に砕く鉄の犂頭《すきさき》、そして土くれをひっくり返し片側にはねる撥土板が備え付けられ、土壌を余すところなく粉砕できた。カルッカの普及とともに畑（耕圃）の形が長方形になり、その内部が短冊形の細長い地条に分けられることになった。その地条が各農民の保有地となる。

馬は古来から広く利用されてきたが、強い牽引力をもつ馬の力を利用できるようになったのは、ヨーロッパでは中世になってからであった。古代ローマでは、例えば二頭立ての馬車は、〇・五トン以上のものを運搬できなかったといわれ、農作業には使われなかった。中世になって馬を荷車などとつなげる方法、つまり繋駕法《けいがほう》が大幅に改良された。これまでの馬の首に直接革ひもを取り付ける方法をやめて、馬の呼吸をさまたげないように堅い芯の入ったマット状の頸環《けいかん》を肩にあてるように改良された。そして馬力の効率をさらに高めたのは蹄鉄であった。新しい繋駕法と蹄鉄はともにアジア起源で八・九世紀の西欧に伝えられたが、広く普及するのはやはり一一・一二世紀頃であった。一三世紀には、二頭立ての馬車は五トンの積荷を輸送することが可能となり、馬の牽引力はローマ時代の一〇倍になったのである。このように牽引力が高められて馬が農耕に用いられるようになった。馬は牽引力自体では牛とほぼ等しいが、馬のほうが一・五倍速度が速いために作業能率がすぐれていた。一三世紀に三圃制の完成により馬の飼料となる燕麦の増産が可能になったこととあいまって、この時期から農村で馬耕がおこなわれるようになった。北フランス・フランドル地方では、一三世紀初めに牛から馬へ転換された。牛が完全に消えることはないが、これ以降馬が農耕で活躍するようになる。

八世紀頃から三圃制が始まる。耕地をほぼ同じ面積の三種類の農地に分け、一〇月から翌年の七月まで使用される冬畑（秋畑）では小麦・ライ麦が作付けされる。この畑は、次年度、夏畑（春畑）になり五月から八月半ばまで使用し、大麦・燕麦・えんどう・カラス麦がつくられる。燕麦は馬の飼料、大麦はオートミールのような粥やビールの原料となる。三年目は地力の回復のために休閑地となり家畜が放牧され、その糞により施肥がなされる。そして四年目にはもとにもどる。それまでおこなわれた二圃制にくらべ、より大きな耕地の利用が可能になり、そのうえ一年の異なる時期に収穫を二度おこなうので天候不順という不慮の事態にも備えることができ、また年間を通じての農業労働の配分も改善された。三圃制は中世前期の大所領において始まったが、当時は領主直営地のみか、あるいは領主直営地と農民保有地が別個におこなわれたようである。村の農地全体を三つの種類の耕区に分けて三年輪作をおこなう、本来の三圃制が普及するのは、やはり一一世紀から一三世紀にかけてであり、その背景には、集村化や領主直営地の減少・消滅があった。

農業生産の向上と人口の増大

この技術革新によって農業生産が向上した。カロリング期の収穫率（播種量に対する収穫量の割合）は、論者によってかなり意見が分かれるところであるが三倍程度であったようである。中世盛期になるとこれが確実に上昇した。例えば

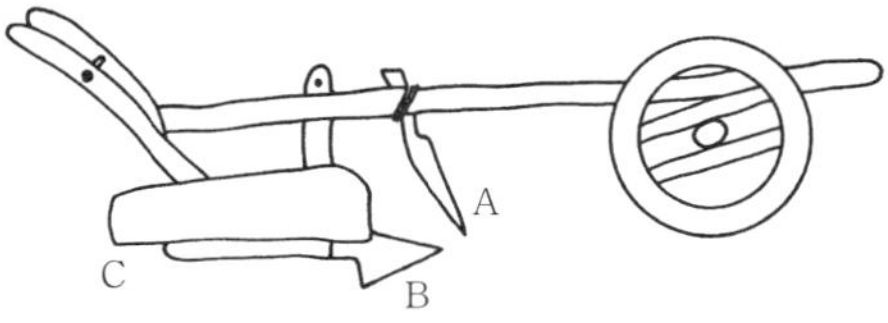

A：犂刀　B：犂頭　C：撥土板

図4-1　カルッカ

出典：W. Rösener, Bauern im Mittelalter, München, 1985, S. 121.

図4-2　馬耕（14世紀フランス）

出典：Bibliothèque royale Albert Ier, Bruxelles, Manuscript 11. 201-202, fol. 363v.

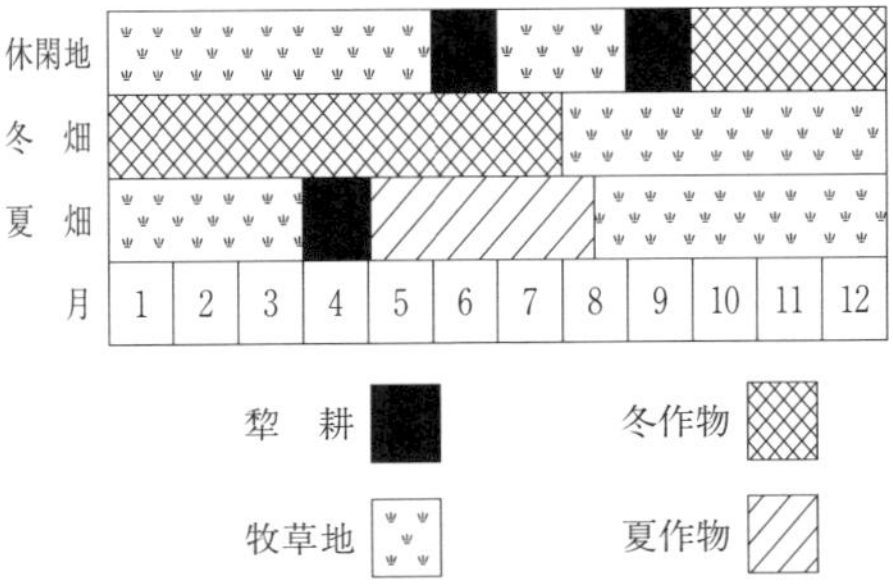

図4-3　三圃制

出典：K. Brunner, Landherr, Bauer, Ackerknecht, Wien/Köln/Graz, 1985, S. 64.

北東フランスのアルトワ地方などの穀倉地帯では、一四世紀初め小麦の平均的な収穫率は八・六倍といわれ、一〇倍以上にのぼる地域もあった。しかし地域において偏差が大きく、全体からすれば四から五倍程度の数字が穏当なところであろう。小麦の平均的収穫率が三〇倍といわれている現在にくらべ、これはさほど大きな増産とはいえないかもしれないが、重要なのは農民の手元に常に余剰生産物が残るようになったことであり、彼らの生活に余裕が生まれた。

この農業生産力の上昇にともなって人口の著しい増大があった。イベリア半島・イタリアを除く西欧では、一〇〇〇年に一一四〇万人であった人口が黒死病が流行する直前の一三四〇年には三五七〇万となり、およそ三倍の激増をみた。これに対して同時期の南欧・東欧では増加の勢いは弱く、南欧では約一・五倍にとどまったと推定されている。この時代の人口激増地域は、ピレネーからエルベ川にかけてのアルプス以北の西欧であり、近代ヨーロッパの中核となる地域であったことは注目に値する。そしてこの時期に、すでにカロリング期に始まっていた開墾が西欧各地で本格化した。一一世紀中頃から一三世紀末までの時代は「大開墾時代」とも呼ばれている。最初は村落の内部やその周辺から始まり、森林地帯や荒蕪《こうぶ》地の開墾が続いた。この点で特に注目されるのは、シトー派修道院である。一二世紀に西欧に広まったシトー会の修道院は、人里離れたところに創建され修道士たちは積極的に開墾に従事した。

2　修道院改革とグレゴリウス改革

修道院改革と俗人の宗教的覚醒

フランク王国が解体する九・一〇世紀は、教会が世俗化し腐敗する時代であった。その何よりも大きな要因は、教会を創建した貴族がその教会を自らの私有財産とする私有教会制の慣習にあり、その結果、シモニア（聖職売買）やニコライティズム（聖職者の妻帯）の悪弊が蔓延した。教皇座はローマの貴族たちの政争にまきこまれ、教会の道徳的な堕落はローマ教皇座にも及ぶありさまであり、教皇の権威は低落した。

一〇世紀前半以降、教会に道徳的な刷新の新しい息吹を吹き込んだのが、東フランスのクリュニー修道院、ロートリンゲン（モーゼル川・マース川流域一帯）のブローニュ修道院・ゴルツェ修道院であった。クリュニーは典礼と祈禱を修道士の主要な勤めとする独特の聖務日課を整備し、他の修道院に大きな影響を与え、自らに従う修道院を傘下に入れて集権的な修道院連合、つまり修道会を西欧で最初につくりあげた。一二世紀前半には、その連合体はフランスを中心に西欧全域に拡大し、傘下の修道院は一五〇〇に及んだといわれている。ほぼ同時期に創建されたブローニュとゴルツェは、原始キリスト教・原始修道制への復帰を目指し、クリュニーより遥かに禁欲的であり聖職者の腐敗に批判的であった。貴族層の支持をうけ貴族的な性格が強かったクリュニーに対して、こちらはより民衆に近かった。この二つのロートリンゲンの修道院は修道会をつくることはなかったが、フランドルやドイツの修道院に影響を与えただけでなく、より重要なのはローマ教皇による改革、つまりグレゴリウス改革に直接影響を及ぼしたことである。

一〇世紀以降、修道院改革の動きや隠修士の活動に触発されて、民衆を巻き込んだ俗人の新たな宗教的な覚醒があった。聖遺物崇拝と巡礼運動の高まりにそれをみることができる。古代末期からキリスト教徒は、聖人の遺物に神の力が宿り聖遺物は病気の治癒など様々な奇蹟をおこすと信じていた。カトリック教会において今日まで続くこの聖遺物崇拝（崇敬）が真に大衆化したのが一〇世紀であり、次の一一世紀以降各地でおびただしい数の聖遺物が発見されたり、東方から流入したとする話が伝えられるようになる。大聖堂や修道院は数々の聖遺物を秘蔵していることを誇り、著名な聖遺物を持っている教会や修道院には多くの人が訪れ巡礼の中心になった。例えば、東フランスのヴェズレーの修道院には、一一世紀にマグダラのマリア（「罪ある女」であったが改心し、復活したキリストが最初に姿を現したとされる）の遺骸があることで大変有名になり、フランスの巡礼の中心地になった。また聖ヤコブの遺骨があるスペインの北西端のサンティアゴ・デ・コンポステラは、ローマにならぶ一大巡礼地になった。聖遺物崇拝と巡礼運動から、この時代になってキリスト教がヨーロッパ社会に深く浸透したことがわかる。

「神の平和」

民衆的な聖遺物崇拝熱を背景に、「神の平和」と呼ばれる平和運動が一〇世紀末南西フランスから始まった。これは、教会が民衆を動員しておこした運動であり、クリュニー修道院がこれを積極的に支持した。アキテーヌなどの南西フランスでは、激しい貴族の抗争（フェーデ）が頻発し教会や農民がその犠牲になった。このようななかで、九八九年シャルーの教会会議において、聖職者・農民への攻撃者を破門する決議がおこなわれた。これが「神の平和」運動の始まりである。これを皮切りに平和運動はフランス各地で司教の指導の下で広がり、一〇三〇年代になると最高潮に達した。一〇三六／三七年、大司教アイモの召集したブールジュ教会会議では、司教区に住む一五歳以上の全住民が平和の侵害者と戦うことを誓約し、農民や司祭からなる平和のための軍隊がつくられた。この軍隊は平和を乱す貴族を一時破りその城を破壊したが、最後は敗れて壊滅した。やがて、この運動から、ある一定期間に限った平和の確保をめざす「神の休戦」が生まれた。たいてい一週間のうち水曜日の夕方から月曜日の早朝までが、武力行使の全面禁止期間となった。一一世紀末から一二世紀になるとローマ教皇が、この平和運動を積極的に支持するようになり、その最高の責任者たる地位を主張した。一〇九五年十字軍の提唱で有名なクレルモン教会会議において、ウルバヌス二世は、全教会人と女性に対する平和、木曜日から日曜日の四日間のフェーデの禁止を決議している。この平和運動では、平和の決議にさいして著名な聖遺物が持ち込まれ、教会は民衆の聖遺物崇拝熱を巧みに利用して彼らを動員したようである。またこのとき、参加者全員が平和のための宣誓をおこない、誓約団体が結成された。一一世紀末になるとこの運動はドイツにも入り、ケルンの教会会議で神の休戦が決議された。ドイツでは民衆的・宗教的要素は著しく薄れ、国王主導の平和運動（ラントフリーデ）へと移っていった。平和のための誓約団体の運動は、一一世紀後半から農村や都市のコミューン運動に直接的に影響を及ぼしている。

グレゴリウス改革と叙任権闘争

混乱が続いたローマ教皇座に修道院改革の精神を導入したのは、改革運動の支持者であった神聖ローマ皇帝ハインリヒ三世であった。一〇四九年、彼は教皇にロートリンゲンにおける改革運動の指導者トゥール司教ブルーノをつけた。彼はレオ九世と名のり、ロートリンゲンの改革運動を教皇座に導入し、教皇主導の教会改革運動、つまりグレゴリウス改革を始めた。そのさいロートリンゲンと同じように民衆の支持をえようとしているが、これ以後、教皇は、南西ドイツのヒルサウ修道院やミラノのパタリア運動にみられるように民衆を積極的に動員して改革を進めるようになる。当初、教皇は改革にあたって皇帝の協力が必要との立場をとったが、ハインリヒ三世の死後、教皇庁は急進化し、俗人叙任（俗人による聖職者の任命）をシモニアと見なして批判し、教会の世俗権力からの解放、さらには俗権（世俗君主の権限）に対する教権（教皇の権限）の優越までも主張するようになった。この改革プランを現実に移そうとしたのが教皇グレゴリウス七世であった。

これまでヨーロッパ諸国において指導的な役割を果たし教会にも大きな影響力をもっていた神聖ローマ皇帝は、俗権に対する優越を主張する教皇と早晩対立せざるをえなかった。しかもオットー一世以来、歴代の皇帝は、帝国教会政策を実施し、聖職叙任権の掌握はその統治の根幹にかかわることであったから、皇帝にとって教皇による叙任権の否定はどうしても認めがたいことであった。一〇七五年、ミラノ大司教の叙任をめぐる対立を契機に叙任権闘争が勃発した。翌年グレゴリウスは皇帝ハインリヒ四世を破門して廃位しただけでなく、ドイツ諸侯にハインリヒに対する忠誠義務を解除するように命じた。これに応じた諸侯は、一年以内にハインリヒの破門が解かれぬ場合、廃位することを決定した。窮地に追いやられたハインリヒは、一〇七七年グレゴリウスが逗留していた北イタリアのカノッサ城の門前で三日間謝罪し、破門は解除された。これが「カノッサの屈辱」と呼ばれる出来事である。こうした対立は、ドイツだけでなくイングランドやフランスでもおきたが、これらの国では王権がドイツのように教会に依存していなかったので、比較的簡単に解決をみた。ドイツでは、始まってほぼ半世紀たった一一二二年、ヴォルムス協約でようやく妥協が成立した。教皇はその要求を全面的に認めさせたわけではなかったが、事実上この闘争の勝利者となり、以後急速にその権威を高めていった。他方で皇帝は、ドイツ司教の任命に介入する権限を留保したとはいえ、司教との関係はそれまでの無制約の家産的関係から封建法にもとづく関係に移り、その扱いは世俗諸侯と同じ封建家臣に転化した。これまでドイツの統治体制の基盤であった帝国教会制はこれ以後崩壊していった。

叙任権闘争の過程で教皇庁は様々な改革を進め、教会法の整備・教皇庁の組織化をおこなうとともに教皇を頂点とする教会の階層序列を確立させた。教皇は今や聖俗のカトリック世界全体において指導的な役割を発揮できるようになった。国内を統一しえぬ各国君主は教皇の権威に従わざるをえなかった。一三世紀初め、教皇権の全盛期を現出したインノケンティウス三世は、神聖ローマ皇帝オットー四世を破門して新たにフリードリヒ二世を帝位につけ、離婚問題をおこしたフランス王フィリップ二世を屈服させ、カンタベリ大司教の任命問題でイングランドのジョン欠地王を破門して自らに服従せしめたほか、東はポーランド王、西はポルトガル王に対してそれぞれ臣従の礼をとらせ自らの家臣とした。一二一五年に彼の召集した第四ラテラノ公会議は、高位聖職者・各国君主の代理・諸侯などが参加して総勢一五〇〇名を数え、これまでにない規模の公会議となり、彼の威信を全ヨーロッパにしめした。ここでは教義、異端、聖職者・信徒の義務、ユダヤ人など広範な事項が決議された。その中で、信徒に対して一年に一回の告解と聖体拝領の義務が定められ、教会はますます人びとの日常生活に深く介入するようになった。他方で、ヨーロッパ内部の異教徒、つまりユダヤ人に対しては、衣服に印をつけて視覚的にキリスト教徒と区別するように決定された。これは、いうまでもなく以後のユダヤ人迫害の歴史に大きな影響を与えることになるであろう。

3　ラテン・キリスト教世界の拡大

十字軍

一一世紀から一三世紀を中心に西ヨーロッパでは、人口の増大にともなって騎士・聖職者・農民・手工業者が、故郷を離れエルベ川以東の地域やピレネー山脈の南のイベリア半島、さらにはパレスチナなどの東地中海沿岸へと移住し彼らの世界を広げた。この移住・征服・膨張にはローマ教皇が積極的にかかわっている。

ヨーロッパの膨張運動の表れとして、まずあげられるべきは十字軍運動である。キリスト教徒が聖地イェルサレムをイスラームから奪取する軍事行動がおきた背景には、巡礼運動にもみられる俗人の宗教的な高揚とともに、教皇がキリスト教世界においてローマの首位権を主張し東方教会を統合しようとしたことがある。これに加え人口増加により所領を相続できない騎士の二・三男の領土獲得熱もあった。十字軍の直接的契機は、セルジューク゠トルコにより小アジアを奪われたビザンツ皇帝アレクシオス一世の援軍要請である。これを受けて教皇ウルバヌス二世は、一〇九五年クレルモン宗教会議で十字軍を提唱した。十字軍提唱として有名な演説そのものは、会議においてではなくクレルモン郊外で民衆を前にしておこなったもので、ウルバヌスの予想を超えて大きな反響を呼びおこした。反響の大きさは、正規の十字軍の前に出発した隠者ピエールの率いる民衆十字軍にみることができる。中部フランスでは、十字軍勧説師《かんぜいし》ピエールの説教によって多数の民衆が聖地をめざして参集し、彼らは北フランスからドイツに入り、ライン沿岸のケルン、マインツなどでユダヤ人を虐殺してからドナウ川を下ってコンスタンティノープルに入った。正規の十字軍が到着する前に小アジアに渡り、彼らはその直後トルコ軍の攻撃をうけて全滅した。ここに民衆の宗教的熱狂がみてとれるが、この熱狂からユダヤ人迫害がおきている。この出来事が西欧におけるユダヤ人迫害の初期の事例であった。

正規の十字軍は、ル・ピュイ司教アデマールを総司令官としてフランス・フランドル・南イタリアの諸侯・騎士から構成され、コンスタンティノープルに集結した。それから小アジアに渡りシリアのアンティオキア、エデッサを征服した後、一〇九九年七月にイェルサレムを落とし、下ロレーヌ（ロートリンゲン）公ゴドフロワを国王とするイェルサレム王国が誕生した。このイェルサレム攻略のさい、イスラーム教徒・ユダヤ人に対する大虐殺がおこなわれた。殺されずにすんだ者はイェルサレムから追放された。その結果、イェルサレムにはキリスト教徒の居住区しかなくなり、かつて異教徒が住んでいた地区は無人状態になったといわれている。異教徒との共存という発想は彼らには初めから存在しなかった。

第一回十字軍の成功は、この地域のイスラーム勢力の分裂によるところが大きかった。しかし、やがてエジプトのサラディン（サラーフ・アッディーン）が現れ、イスラーム勢力を統一した。十字軍は、一一八七年ハッティンの戦いでサラディンに大敗を被り、翌年イェルサレムは陥落した。それから一三世紀になって、皇帝フリードリヒ二世が平和的にカイロのスルタンと交渉してイェルサレムを一時回復したが持続せず、キリスト教徒による奪還は結局失敗に終わった。十字軍運動は、普通、一二九一年シリアにある十字軍最後の拠点アッコンが陥落して終結するとされているが、近年の研究は、十字軍をローマ教皇が提唱した異教徒に対する軍事行動と見なし、この広い意味での十字軍は例えばオスマン帝国に対する軍事行動など、のちにまで続けられたとしている。また、ここで注意したいのは、十字軍が異教徒との戦いを正当化する聖戦思想を作り上げ、そして、この思想がヨーロッパ世界の膨張運動を正当化するイデオロギーになったことである。

東部への拡大

エルベ川以東には、一二世紀以降、ドイツの農民・商工業者たちが騎士の指導の下で大量に移住した。これを東方植民と呼ぶ。その広がりはカトリック圏のボヘミア、ポーランドだけでなく北方はフィン湾、東は黒海沿岸の非キリスト教・非カトリック世界にまで及んだ。彼らは各地に村落や都市を建設し、地域の経済発展に貢献した。移住した農民たちはこれまでより有利な条件で定住が認められている。東方植民によってドイツ人定住地は、それまでの三分の一ほど拡大したといわれている。

この移住運動は、多くの場合平和的に進められたが、非キリスト教世界であるエルベ川とオーデル川間の地域、バルト海東南岸のプロイセン、リヴォニア（現在のエストニアの一部とラトヴィア）においては、主にドイツの諸侯・司教やドイツ騎士修道会が征服と宣教を同時に進めた。ローマ教皇は征服活動を積極的に支持し、これに聖地十字軍と同じ資格を認め、参加者に贖宥（罪の償いを免除すること）を与えた。征服されたヴェンデ人やプロイセン人は強制的に改宗させられドイツ化されていった。征服で成立したブランデンブルク辺境伯領やドイツ騎士修道会領はやがてプロイセン王国を形成し近代に入ってドイツ帝国を建設する主体となった。この十字軍は、最後に異教徒リトアニア人に向けられたが、ドイツ騎士修道会が一四一〇年タンネンベルクの戦いでポーランド・リトアニア連合王国に敗北して最終的に終結した。なおリトアニア人は連合王国を結成するさいにカトリックに改宗した。

イベリア半島における拡大

イベリア半島は、八世紀初め以降イスラーム勢力下に入り、一〇世紀にはコルドバに都をおく後ウマイヤ朝が栄えたが、一〇三一年にこの王朝が滅亡してからアル・アンダルス（イベリア半島のイスラーム支配地域）は政治的に分裂した。これとほぼ同じ頃半島北部に成立したキリスト教国のアラゴン王国とカスティーリャ王国は、イスラーム勢力をイベリア半島から退けるレコンキスタ（国土回復運動）を活発に進めた。また一一四三年に成立したポルトガル王国も同じように南下を始めた。この結果、一〇八五年イスラームの拠点トレドがカスティーリャに、一一一八年サラゴサがアラゴンに制圧された。特にトレドが重要な意味をもった。この都市はかつての西ゴート王国の首都であり統一スペインの象徴であった。トレドでは、住民は去留の自由が認められて、残留者には生命・財産・信仰が保証され大幅な自治が保障された。ムデハル（キリスト教国に住んだイスラーム教徒）やユダヤ人は保護され独自の居住区と自治組織をもつことにな

コラムⅣ

中世都市と近代的時間の発見

佐藤専次

今日我々は一日を二十四等分する定時法による時間を用いている。この時間は、機械時計をいち早く導入したヨーロッパ中世都市において定着した。それまでヨーロッパで時刻を計測する装置として最も普及していたのは日時計であり、昼と夜をそれぞれ十二等分する不定時法の時間が用いられた。この時間は、ヨーロッパのような緯度の高いところでは、昼の一時間の長さが季節によって大きく異なるものであったが、労働が日の出から始まり日没で終わる農業社会においては、昼の時間の長短はあまり問題でなかった。ただ中世前期において、正確な時刻が要求されたところは修道院であった。ここでは、祈禱（聖務日課）をおこなう時刻は正確でなければならず、鐘で時刻を知らせる精巧な水時計も開発された。この正確な時刻の必要から、一三世紀末頃に修道院で歯車を用いた機械時計が発明されたと考えられている。

この時計の歯車を動かすのは錘《おもり》の重力である。錘のついたロープをドラム（軸）に巻き付け、錘が下にさがるとドラムが回転する。そのさい回転速度をゆるめ同じ速度で歯車を刻ませる装置が脱進機である。時計が生まれるうえで最も重要な要素が脱進機であるが、その起源は定かではない。ともあれ機械時計の発明で定時法による時間がつくりだされた。

公共のために使用される機械時計は、まず北イタリアの都市で始まった。一三〇〇年から一三五〇年にかけて、ミラノ、ジェノヴァ、フィレンツェなどでは塔や市庁舎に時計が設置された。一三五〇年以降はアルプス以北にも波及し、一三七〇年頃までにドイツではアウクスブルク、ニュルンベルク、ネーデルラントではブリュッセル、ユトレヒト、フランスではパリなどに設置され、これ以後、全ヨーロッパの都市に広く普及することになった。当時の機械時計は時刻を知らせるために鐘を鳴らすことが何よりも大切であったので、打鐘装置だけで文字板や針をもたないものが多かったようだ。

商工業者が主体となる中世の都市社会では、自然のリズムに従う農業社会とは異なり正確な時刻が必要になる。おそらく、それが最も必要とされた場所は都市の心臓ともいえる市場であろう。市場は都市が誕生する以前から特別な平和空間であった。市場では、安全かつ不正なく商取引がおこなわれねばならない。これを実現するためには、商取引の場所と時間を限定する必要があった。市民にとって市場の開催時刻がいかに重要であったかは、ドイツ最古の同職組合であるヴォルムスの魚屋組合（一一〇六年）の特許状に出ている。組合員が魚を独占的に販売できる時刻は一時課（午前八時頃）からであり、これ以後非組合員が販売すると六〇シリングという法外な罰金がかけられた。さらに市場では購買者を時間順に選別しなければならず、そのさい正確な時刻が必要となった。中世都市の市場では、消費者たる一般市民を優先させる原則があり、とりわけ穀物の販売はそうであった。穀物市場で最初に購入できたのは一般市民、続いて小麦を使って生産し販売する者、つまりパン屋、最後に買うことができたのは穀物の卸売り商人や外国の商人であった。市場独特のルールを守るためには正確な時刻の告知が必要であった。

この近代的な時刻は、それまで一般に用いられてきた教会の七つの時刻（朝課、一時課、三時課、六時課、九時課、晩課、終課）を押しのけて、都市民の日常生活全体に浸透し始める。一四世紀末のケルンでは、炭を販売する市場は七時から、大青（染料）の市場は九時から、魚の市場は夏季は六時、冬季は八時から始まった。市場以外の決まりでは外出時刻がある。同じくケルンで外国人や武器を所持する者は夜九時まで、一般の市民は夜一一時までであった。酒宴や賭博も同じく夜一一時までとされた。興味深いのは労働時間の規定である。甲冑工は朝五時から夜九時まで、フェルト帽製造工は朝四時から夜一〇時まで、ベルト製造工も夜一〇時までとされた。労働時間は定時法の導入によって延長される傾向にあったようだ。一四・一五世紀から始まる職人たちの運動でまず問題とされたのは、賃金とならんで労働時間であった。厳格な就労時間にもとづく労働者の規律化は、一八・一九世紀の産業革命期の工場経営者にとって何よりも重要な関心事であったが、その先取りしたものが中世後期の都市に見えるようだ。

図Ⅳ-1　エアフルトの時計塔（15世紀）

一五世紀初め、都市社会のすぐれた観察者でもあった托鉢修道会のある修道士は、都市では市民が時計に従って自らを統治している、と述べている。この時期には市民生活は定時法の近代的な時間によって秩序づけられていたことが窺える。一五世紀のルネサンス人文主義者アルベルティは次のように言う。人間が個人的な財産と呼びうるものは三つある。一つは魂、二つ目は肉体、そして三つ目が時間である。時間は自分の手や眼よりもずっと自分のものであって貴重なものである。この言葉を述べたアルベルティは、時間の貴重さを訴えて「資本主義の精神」の体現者とされる一八世紀のベンジャミン・フランクリンを彷彿させるものがある。そして、また時計の下でせわしなく行動し、いわば時間の奴隷と化した現代人の姿は、中世都市に原点があったのかもしれない。

り、これがこれからの征服のモデルとなった。ムデハルは一五世紀まで追放されることなく暮らすことができた。そして征服活動の進展とともに、ピレネー以北から数多くの騎士、聖職者、商人が征服地に移住した。

他方でトレド陥落で衝撃を受けたアル・アンダルスの人びとは、北アフリカのベルベル人のイスラーム勢力に援助を要請した。これを受けて一〇八六年以降、モロッコを拠点とするムラービト朝、ついでムワヒッド朝がイベリア半島に進出し、一三〇年ほど続くキリスト教徒とイスラームの激しい抗争が始まる。これにさいしてウルバヌス二世以後のローマ教皇は、キリスト教徒の戦士に聖地十字軍と同様の贖宥を与え、レコンキスタを積極的に支持した。とりわけインノケンティウス三世はムワッヒド朝に対する十字軍を提唱し、分裂していたキリスト教勢力を統合させた。その結果、一二一二年、イベリア半島の諸侯・市民・騎士修道会ならびにフランス貴族からなるキリスト教軍は、ムワッヒド朝勢力をラス・ナバス・デ・トロサの戦いで破った。このレコンキスタ史上最大の戦いによって帰趨がほぼ決定した。一三世紀中頃までには、南部にグラナダ王国を残すとはいえ事実上レコンキスタは終了した。

4　一二世紀ルネサンスと知的覚醒

一二世紀ルネサンス

ヨーロッパ社会の激変期である一二世紀は、古い伝統的な価値観が崩れ新しい価値観が求められた時代であり、これまでほとんど関心をもたなかった隣人の文化に人びとはようやく関心を向けるようになった。古代ギリシア・ローマの学問は、西ローマ帝国の崩壊後、西ヨーロッパにはほとんど伝えられず、イスラーム世界・ビザンツ帝国において継承されていた。とりわけイスラーム世界では、ギリシアの哲学・自然科学や算用数字を用いた代数学の研究がさかんであった。この時代になって、ヨーロッパ人はイスラーム世界やビザンツ帝国で保持・研究されてきたアラビア語やギリシア語の文献をラテン語に翻訳して、古代ギリシアやアラビアの学問を積極的に摂取するようになった。こういった学問の復興運動を一二世紀ルネサンスと呼ぶ。

その最大のセンターになったのは先述したイベリア半島のトレドであった。一〇八五年カスティーリャ王国による占領を機に、アラビア語で書かれた学術書の翻訳が始まり、やがて西ヨーロッパ各地から新しい学問を渇望する者たちがこの都市を訪れた。その中で最大の翻訳家となったのはクレモナのゲラルドゥスである。古代の天文学を集大成したプトレマイオスの『アルマゲスト』、アヴィケンナ（イブン・シーナー）の『医学典範』、フワーリズミーの『代数学』、エウクレイデスの『原論』、アリストテレス、アルキメデスやガレノスの作品など数多くのアラビア語文献をラテン語に翻訳した。ギリシア・アラビアの第一級の学術研究のほとんどが、ここから西欧へと紹介された。トレドのほかには、シチリア島のパレルモや北イタリアのヴェネツィアにおいても翻訳活動がおこなわれた。一二世紀の一〇〇年間で、知的に覚醒した人びとの活動を通して、イスラームやビザンツ帝国から先進文化、とりわけギリシアの哲学・科学が流入し、西欧の知的水準は飛躍的に向上した。

シャルトル学派

新学問の流入は北フランスのシャルトルの聖堂付属学校で新たな学派を生み出した。この学派の創始者シャルトルのベルナールは、ギリシア・ローマの古代人を巨人、自分たちを小人にたとえて、小人である自分たちは巨人の肩に乗っているので彼らより多くのもの、遠くのものを見ることができると述べている。この言葉は一二世紀ルネサンスの知的雰囲気をよく言い表している。シャルトル学派は、自由七科の研究を重視し、エウクレイデスの幾何学、プトレマイオスの天文学などギリシア・アラビアの学術を積極的に取り入れて自由七科を発展させ、自然現象の変化を超自然的な解釈によるのではなく合理的な因果関係で説明しようとした。ベルナールの後継者ティエリは、「神は火・空気・水・地の四元素をつくりだしたが、それ以外の生物を含む世界のすべては、四元素の自然法則にもとづく因果関係によってできあがった」と主張した。シャルトル学派における自然研究は、同時代の保守的神学者の批判をうけたが、やがてひとつの伝統をつくり、その後の科学思想に大きな影響を及ぼすことになるであろう。

図４－４　シャルトル大聖堂

正面右側の扉の上に自由七科を象徴する７名の彫像がある。

図４－５　シャルトル大聖堂のプトレマイオスの彫像

大学の誕生

先進文化が流入すると、それを受け入れ普及させるための高等教育機関が必要となる。それまでの教育機関といえば司教座聖堂や修道院の付属学校であったが、一二世紀末以降、これとは違ったスタイルをもつ教育機関が形成される。それが大学である。その代表はパリとボローニャである。パリでは、一二世紀に聖堂付属学校が神学で名声を博し多くの学生が参集するようになると、教師たちも各地から集まり司教座聖堂周辺に多くの学校《スコラ》を開いた。パリの司教や教育長がこれらに統制を加えると、教師《マギスター》たちは反発して自らの規約をもつ誓約団体をつくって結束した。この誓約団体がスコラの連合体としての大学の始まりであった。一方、北イタリアのボローニャでは、一一世紀末以降、法学校が『ローマ法大全』の研究で著名になり、ヨーロッパ各地から学生が参集した。彼らは、市当局に自らの権利を認めさせるために団体（ウニヴェルシタス）を結成したが、これが大学の起源になった。パリもボローニャも、司教や都市当局と対立するとローマ教皇の強い支持をえている。一二〇九年インノケンティウス三世はパリの教師たちの団体結成を許可し、一一二一五年ホノリウス三世はボローニャの学生団体を支持している。ともに一三世紀前半までには自らの規約をもつ自治団体として大学は確立した。これ以後ヨーロッパ各地で大学がつくられていく。当時、自らの要求を貫徹するために、大学はしばしば逃亡という手段を用いた。この逃散によっても大学が生まれた。パリ大学が逃亡してオルレアン大学、ボローニャ大学からはパードヴァ大学、オックスフォード大学からはケンブリッジ大学が誕生した。ドイツでは大学は一般に遅れ、中部ヨーロッパでは一四世紀のプラハ大学がその最初であった。

5　バン領主制と農村コミューン

古典荘園の解体とバン領主制

カロリング期に成立した古典荘園制は、一一世紀になると解体していった。それはまず保有農の賦役の減少・廃止にみられた。農民が最も嫌ったのは賦役労働であった。一二世紀初めアルザスのある修道院長は、農民の「怠慢・無気力・非能率」のために賦役を貨幣地代に代えると宣言した。一般的にいって週三日の賦役は二日、そして一日へと減らされたり、あるいは一年のうち春や秋の農繁期にのみに限定されるようになった。一二・一三世紀には直営地での賦役は年間一〇日を超えることはなかったといわれている。これにともなって領主直営地の縮小・分解がみられた。直営地がただちに農民保有地に転化されるケースはきわめてまれであった。領主の子どもたちに分割されたり、あるいは一括して荘園管理人・市民・富農に貸し出されることが多かったようだ。このようにして直営地が消滅し賦役のない純粋荘園が現れる。これによって農民たちの負担がただちに軽減したわけではなかった。というのも、この時代に新たな領主制が出現したからである。それがバン領主制である。

古典荘園は普通一つの村と一致することがまれで、一つの村に複数の荘園領主の土地が混在した。古典荘園の領主は、村全体を支配することはできず個々の農民を個別的に支配するだけであった。ところが、九・一〇世紀のフランク王国の解体やノルマン人の侵入などの混乱期に、村全体を外敵から守る領主が現れた。彼は村の一部にしか自らの土地をもたなかったが、通例近くの高台に城をかまえ、村のすべての農民を保護するのと同時に、自らの裁判に従わせて彼らを支配下においた。この領主をバン領主と呼び、多くは騎士身分であり、城を中心に一円的な領域支配をおこなった。彼らは、支配領域において実刑を課すことのできる裁判権を行使し、子どもの結婚や戦争などにさいして農民からベーデ（タイユ）と呼ばれる臨時の賦課租を徴収した。また水車やパン焼きかまどの使用を農民に強制して使用料を取り立て、自らの支配領域を通る者に対して通行税を徴収した。このような領主権を多数集積した者が有力な領邦君主（諸侯）になっていったのである。

村落共同体と農村コミューン

一村をまるごと支配するバン領主制が形成されると、農民側はこれに対応して村落共同体を形成するようになった。カロリング期にすでに始まっていた三圃制や集村化はこの時期に完成し、密集村落《ゲヴァンドルフ》が誕生した。農民たちの保有地は三圃制の下で冬畑・夏畑・休閑地の中に混在しているので、犂返し、種まき、刈り取りなどの農作業はすべて村を単位にして共同でおこなわれるようになった。各人は農作業のきまりを厳格に守らねばならなかった。こうした規制力を耕作強制というが、これを行使したのもバン領主であった。バン領主は一方的に農民を支配したわけではなかった。領主裁判の運営・農民の地位・村の自治などについて、村落共同体と取り決めがおこなわれ領主はこれを尊重しなければならなかった。この取り決めはドイツでは判告書、フランスでは慣習特許状という形で残されている。

また一一、一二世紀になると数カ村の村落が連合して自治団体をつくることもあった。すなわち農村のコミューンである。そのさい相互の宣誓がおこなわれた。「神の平和」や大学でみたように、中世の人びとは一定の目的を実現したり平和を確保するために、しばしば相互の宣誓によって集団をつくった。この誓約団体は当時の言葉でコンユラーティオ、コムニオ、ウニヴェルシタスと呼ばれ、聖職者・王侯貴族・農民・都市民など様々な社会層の間で広く結成された。

農村のコミューンの著名な例は、一二世紀前半に始まる北フランスのラン周辺村のそれである。一一七四年、フランス国王ルイ七世はこの一七カ村の村落連合を承認して特許状を与えた。これは、農民に法と平和を保証するとともに、死亡税の廃止・結婚強制の大幅緩和による人格的自由（農奴解放）、コミューン独自の裁判権を認めるものであった。ランの自治的な村落連合は、王権の後ろ盾を失う一二七九年までおよそ一〇〇年以上も続いた。村民の自立的運動は都市とは違って、そのほとんどが一時的に承認されることはあっても、持続することはまれであったが、例外的ともいえる成功をおさめたのが一三世紀末に成立したスイス誓約団体（スイス盟約団）である。

一二〇〇年頃アルプス越えのザンクト・ゴットハルト峠が開通したことにより、内陸スイスがヨーロッパの南北をつなぐ交通の要所として注目されるようになった。すでに皇帝の特許状などで近隣の領主から自立していたウーリ、シュヴィーツ、ニートヴァルデン（のちオプヴァルデンがこれに加わりウンターヴァルデンとなる）の三つの渓谷の住民たちは、一二九一年、平和の確保と相互扶助のために宣誓によって団結した。これが原スイス永久同盟の始まりであり、現在のスイスという国家の始まりでもあった。ドイツ語でスイスの正式国名は「スイス誓約団体」と呼ばれる。従来は、この地域に諸権利を持つハプスブルク家の脅威に対抗するために、この団体が結成されたといわれたが、近年ではドイツ国王ルードルフ一世の出したラントフリーデ（国土平和令）の影響を受けて、この地域の平和秩序の建設がその最大の目的であったとされている。原初三邦はルツェルンやチューリヒなどの都市と個別的に条約を結んで同盟を拡大させるとともに、二〇〇年にわたるハプスブルク家との長い抗争に勝利し、一五世紀末に神聖ローマ帝国から事実上独立した。フランスやイングランドにみられるような国王の中央集権によるのとは違う国家形成の原理を、スイス誓約団体にみることができる。

6　中世都市の成立

中世都市の成立

旧ローマ帝国の版図の内部にあったイタリア半島やフランス、ライン・ドナウ沿岸地方では、ローマ時代につくられた古代都市が、中世に入っても規模を縮小させつつも消滅せずに存続し、その多くは司教座がおかれ司教座都市（キヴィタス）として地域の宗教・経済・行政の中心であり続けた。カロリング期以来の農村経済の発展を背景に、ライン川とセーヌ川の間の北西ヨーロッパでは、キヴィタス・王宮・修道院・城砦の近隣に、市場が開かれ商人が住みついて商人定住地が形成された。この定住地をヴィクス、ポルトゥス、ブルグスと呼ぶ。ライン沿岸のケルンなど早いところではすでに一〇世紀中頃に、普通は一一・一二世紀以降に、商人定住地が城壁で囲まれてキヴィタスなどの旧集落と合体し、一つの集落に統合された。この現象を囲郭化と呼ぶ。この地誌的二元構造の克服によって中世都市が誕生した。都市形成において商人定住地（ブルグス）がいかに重要な要素であったかは、ブルグスの住民を意味するブルゲンシスがフランス語のブルジョワ（市民）の語源になったことからもわかる。しかし、イタリアでは、もともとキヴィタス自体が大きく地誌的二元構造は存在せず、古代都市が連続的に中世都市へと発展した。

一一世紀後半以降になると、都市の住民が自立し自治運動を始める。ライン沿岸の司教座都市では、叙任権闘争に触発され都市民は皇帝ハインリヒ四世を支持し、教皇派の都市領主である司教を都市から締め出すなど激しい行動にでている。マインツでは司教が殺害された。しかし、多くの場合は平和的手段で自治権をえている。フランドルの都市では、都市領主との平和的な交渉で、あるいは買取金の納付で自治権を手に入れている。フランスでは、一〇七〇年のル・マンや一〇七七年のカムブレの蜂起を皮切りに連鎖反応的に都市住民が誓約団体を結成した。しかしここでも激烈な闘争はまれで、「神の平和」運動のさいに結成される平和のための誓約団体（教区コミューン）と同じ性格をもつことが多かった。

一二・一三世紀以降になると、諸侯や国王が商工業者を誘致して数多くの都市を建設した。とりわけライン以東のドイツでは、ほとんどが建設によって都市が成立した。その最初の建設都市フライブルク・イム・ブライスガウは、有力諸侯であったツェーリンゲン家のコンラートが一一二〇年、ケルンなどから大商人を招致し、彼らに遺産相続税（死亡税）・市場税の免除など数々の特権を与えて都市を建設した。ハインリヒは、バルト海沿岸のデンマーク・スウェーデン・ロシアに使節を派遣して、リューベックを建設した。さらに一一五八／五九年にはハインリヒ獅子公がリューベックに赴く外国商人に安全を保障することを約束した。獅子公の目論見どおり、リューベックはまもなくバルト海貿易の一大拠点になっていった。

都市同盟

北イタリアからスイスをへてライン川一帯の地域では、平和破壊に対する防衛や商業路の安全確保を目的にして頻繁に都市同盟が結成された。その初期の最も著名な例は、一一六七年に北イタリアの諸都市が結成したロンバルディア同盟である。これは、神聖ローマ皇帝フリードリヒ一世（バルバロッサ）のイタリア政策に対抗するために結成され、一一七六年レニャーノで皇帝軍を打ち破った。ドイツでは、一二五四年につくられたライン都市同盟がある。ライン中流のマインツ、ヴォルムス、オッペンハイム三都市が不正な関税徴収の撤廃、平和侵害者に対する軍事行動、加盟都市間の係争の調停を約束して結成した。この都市同盟は、翌年には北はリューベック、南はチューリヒに及ぶ六〇以上の都市が参加する大同盟に発展した。しかし、その保護者であったドイツ国王の選出をめぐって同盟内部で対立がおこり、その結果発足わずか三年で同盟は崩壊した。一三七六年には、都市の権利侵害に対してウルムを盟主とするシュヴァーベン都市同盟が結成された。全盛期には四〇の都市が加盟する大勢力となったが、一三八八年にヴュルテンベルク伯らの諸侯連合軍に完敗して崩壊した。これら都市同盟は、都市同士が数年間の期限を設けて誓約を結んで成立し、共通の

表4-1　都市の人口

国　　名	都　　市	人口（統計の時期）
イタリア	ミラノ	100,000（1288年）
	フィレンツェ	95,000（1300年頃）
	ヴェネツィア	90,000（1338年）
	ジェノヴァ	84,000（15世紀）
ベルギー	ヘント（ガン）	60,000（14世紀）
	ブリュージュ	50,000（14世紀）
	イープル	40,000（14世紀）
ドイツ	ケルン	40,000（15世紀）
	リューベック	25,000（1400年頃）
フランス	パ　リ	100,000（15世紀）
	ルーアン	35,000（14世紀末）
イングランド	ロンドン	30,000（15世紀）

出典：F. Irsigler, Städtische Bevölkerung, in : Lexikon des Mittelalters, Stuttgart/Weimar, 2000.

印璽、共通の執行機関、仲裁裁判をもつのが普通であった。この意味で、リューベックを盟主とし北海・バルト海貿易を独占したハンザ同盟は、本来の都市同盟とはいえず都市のゆるやかな連合体というべきであろう。

都市の規模

ヨーロッパの大部分の都市は、周辺地域の経済あるいは政治・軍事の中心地であり、その商工業も一般には周辺地域の需要に応じたものであった。しかし、北イタリア・フランドル・北ドイツにおいては、周辺地域の中心地たる性格を越えて、遠隔地貿易や輸出向けの大工業の拠点となった。北イタリアは地中海貿易、フランドル諸都市は毛織物工業、北ドイツは北海・バルト海貿易の拠点となった。そのため、これらの地域の都市は例外的に人口が多かった。とはいえ、旧ローマ帝国の版図にあった地域において、六世紀のコンスタンティノープルや一〇世紀のコルドバがいずれも五〇万であったのに対して、この時代のヨーロッパ都市で一〇万を超えたのはせいぜいパリ、ミラノぐらいであり一万を超える都市が大都市であった。中世都市の九〇%以上が人口二〇〇〇人以下の都市であった。しかし一五世紀、ヨーロッパ総人口に対して都市民の占める割合は二〇から二五%であり意外と高かった。

7　たそがれる中世世界

危機の兆候・黒死病・人口激減

一三〇〇年頃までヨーロッパは、人口が増大し経済が活況を呈したが、一四世紀に入るといわゆる「危機」の時代を迎えた。一三四八年を中心とする黒死病の大流行、人口の激減、農村経済の疲弊、廃村（村の放棄）、都市・農村での頻繁な暴動がおきた。このような状況は「封建危機」などと呼ばれている。この要因の一つは黒死病ではあるが、それ以前に危機の兆候がすでに表れていた。一三〇〇年頃、ヨーロッパの穀物生産は、増大し続ける人口をまかなうことができなくなっていた。人口の増大によって農民たちが親から相続できる土地が僅かになり、土地の細分化が進んだ。自分の土地だけでは十分な生計を維持できない零細農民も多数生まれた。さらに悪いことには、一三〇七年から一〇年余りにわたってヨーロッパ全域に飢饉が襲った。それはイギリス・フランス・ドイツ・バルト海沿岸・東ヨーロッパに及んだ。この飢饉が天候の不順によるものであったことは、年輪年代学の研究からわかっている。それによれば、一三一〇年代の樹木の年輪が異常に分厚く、この約一〇年間、毎年のように非常に降水量が多かったことが知られる。飢饉によって食糧不足となり穀物価格は高騰し、零細農民や貧民は飢餓に苦しむことになる。

長期にわたる飢饉により人びとの栄養状態が悪化していたところを、黒死病が襲った。黒海のクリミア半島にあるカッファで流行した黒死病は、ジェノヴァ船により一三四七年秋にイタリアにもたらされた。この疫病は、続く三年あまりのあいだに全ヨーロッパで猛威をふるった。地中海沿岸からアルプス以北へ、さらに北欧三国、バルト海地域へと広がり、ヨーロッパの全人口のおおよそ三分の一を奪った。この一度の流行で終われば、人口の回復は比較的容易であったが、一三五〇年代にも再度発生し、それからも間欠的に流行した。そのため一五世紀末まで出生率は死亡率を上回ることはなかった。ヨーロッパの人口は一三四〇年頃が一つの頂点にあたり、七三〇〇万人ほどであったが、一五世紀半ばにはおよそ五〇〇〇万人になったといわれている。わずか一世紀の間で人口は約三分の一減少したのだ。

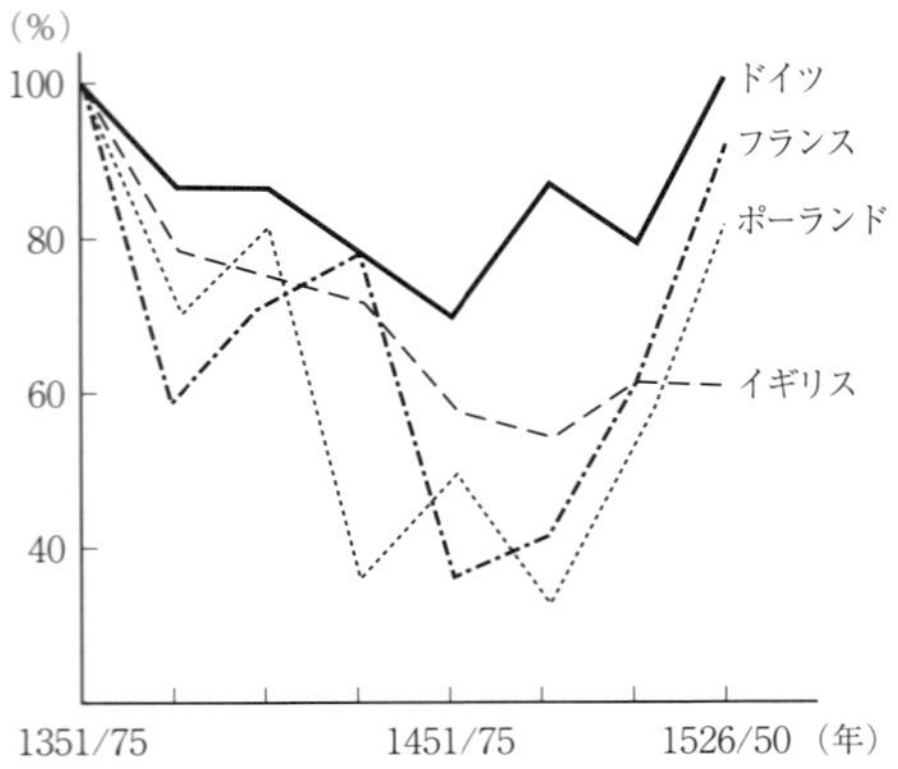

図４－６　穀物価格（1351～1550年）

注：25年平均値，100 kg 当たりのグラム単位の銀，1351～75年＝100

出典：W. アーベル著，寺尾誠訳『農業恐慌と景気循環』未来社，1986年，74頁。

廃村

この人口の減少で廃村という現象がヨーロッパ各地におきた。ドイツでは、全体で村の二六％、つまり約四分の一が消失した。これは特に山岳地帯で多かった。寒冷なデンマーク・ノルウェー・スウェーデンでも多くの村が放棄された。イングランドでは、二〇％以上の村が失われた地域もあったが、五～一〇％にすぎなかったところもあり、地域によってかなり異なっていた。これに比べ、フランスでは一時的に放棄されることはあったが、のちに再建されるケースが多く、永続的な廃村はドイツやイングランドに比べ、かなり少なかったようである。またベルギーやオランダも廃村が少なかったが、これは黒死病の被害が少なかったことと関係している。

しかし、廃村の原因は黒死病による人口減少だけではない。当時の農業危機もその一因であった。つまり穀物価格が一五世紀末まで長期に及んで下落し続けた。これは人口減少により需要が大幅に縮小したことが要因であった。穀物価格の下落は農業経営を悪化させ、土地をもつ農民に打撃を与えた。そのため農民のなかには、故郷の村を捨てより恵まれた生活の送れる場所へと移住する者が少なからずいた。その主たる移住先は、黒死病による人口の激減で実質賃金が上昇した都市であった。やがて彼らがいわゆる浮浪者・貧民となって都市に流入し、中世後期から近世にかけて大きな社会問題となった。

領主経済の危機

領主の経済状態は、黒死病以前から悪化していた。当時は地代が固定化し収益は停滞していたうえに、地代を貨幣に切り替えた領主にあっては、絶えざる貨幣の改悪によって実質的に収益が減少した。黒死病の流行は彼らの生活をさらに悪化させた。黒死病によって深刻な労働力不足に苦しんだ彼らは、農民を自分の所領にとどめておくために大幅な譲歩を強いられた。農民を農奴的な隷属から解放し、終身保有や世襲保有などの有利な土地保有条件を認めざるをえなかった。経済状態が悪化の一途をたどった騎士層などの中小領主層は、所領を都市の市民に売却するようになる。彼らは、国王や領邦君主に仕官して保護をうけるか、あるいは盗賊騎士となって商人や農民から財産を奪って生活していくか、その二つの道しか残されていなかった。

一五世紀後半以降になると、ヨーロッパ各地域に相違はあったものの、領主権力のあらたな再編の動きがみられた。エルベ川以東の東ヨーロッパ・バルト海諸地域においては、一五、一六世紀に騎士たちが農奴制を復活させ、農民の賦役労働による大農場を形成した。グーツヘルシャフトと呼ばれるこの農場は、西ヨーロッパに輸出するために穀物を栽培した。他方で、フランス・イングランドでは、国王を中心に主権国家の形成が強力に押し進められ、ドイツでは帝国の分裂が深まるなかで諸侯の領邦が権力を確実に拡大していくのである。

第Ⅲ部

ヨーロッパ近世

第5章

国際関係としての「ヨーロッパ」の形成

渋谷　聡

大ヨーロッパ戦争舞踏会（1647～48年）

概　要

今日の我々を取り巻いている「資本主義的世界経済」は、一五世紀末にヨーロッパ世界を起点として出現した。この世界規模のシステムは、中核―半周辺―周辺の三つのカテゴリーから成る同心円構造として示される。資本主義的世界経済は、近世の三〇〇年においては、いまだヨーロッパとその関連する諸地域に限定された世界経済にとどまっていた。さらに、このシステムの中核を構成したのは、北西ヨーロッパの諸地域であった。そのために、周辺地域は、政治的かつ経済的に中核地域に従属することを余儀なくされた。

近世ヨーロッパの主権国家体制（諸国家体系）は、国家間が「対等」である、という原則の上に成り立っていたが、その定着には時間を要した。というのも、そもそも主権国家体制を生み出した母胎たる中世および近世初頭のヨーロッパにおいては、「諸国家相互が対等ではない」ことが、自明の前提であったからである。それゆえに、普遍主義勢力としての列強が、個別諸国家の枠を超えてヨーロッパ全般に対する支配を要求し、相互に覇権を競い合うこととなり、ここから戦争が頻発することとなった。

このような状況が終息する契機となったのが、三十年戦争を終結させたウェストファリア講和会議（一六四八年）である。ここにおいて、勢力均衡の原則が採用され、国家間を対等とする原則が表明された。

一三九九	スイスの独立
一四九四	イタリア戦争始まる（〜一五四四）
一五一七	ルターの宗教改革始まる
一五二九	第一次ウィーン包囲
一五五五	アウクスブルクの宗教平和
一五八一	ネーデルラント北部七州の独立
一六一八	三十年戦争始まる
一六四八	ウェストファリア講和条約の締結
一七〇〇	北方戦争始まる（〜二一）
一七五六	七年戦争始まる（〜六三）

1　ヨーロッパを取り巻く国際的条件

近世とは、大まかにいって、一五〇〇年前後から一八〇〇年前後の時代、すなわち一六、一七、一八世紀に及ぶ三〇〇年を指す。現代に生きる我々にとって重要なことの一つは、今日我々が「ヨーロッパ」と呼んでいる地域のまとまりを前提として、その中での国際関係がおおよそこの時代に出来上がったことである。この地域的まとまりを舞台として、主権国家体制、すなわち主権国家（一国の内政・外交に関する最高の権力を掌握した国家）を構成員とした外交関係に基づく国際社会のルールの原型が作られた。いわば国際関係としての「ヨーロッパ」の形成を、この時代に見いだすことができる。その際、新旧二つの国際的条件に留意しなくてはならない。すなわち、この時代に先立つ時代、すなわち中世以来ひきつがれてきたこの地域の構造、ついで、この時代にヨーロッパから発展し、現在は全世界を取り込んでいる「資本主義世界システム」（近代世界システム）、以上の二つがそれである。以下においては、まずこの二つの構造について解説し、それをふまえたうえで、ウェストファリア講和条約（一六四八年）による主権国家体制の成立までを見通すことにしよう。

中世以来の構造

近世ヨーロッパにおける国家世界の形成に際しては、中世以来の構造が大きく関与していた。この中世以来の構造は、二つの中核―周辺構造、すなわち、経済・交易に関する中核―周辺構造（東西軸）とローマ教会を中核とする宗教的な中核―周辺構造（南北軸）から成り立っていた。二つの中核―周辺構造について、まずは見てみることにしよう（図5-1参照）。

中世のヨーロッパ世界には、南は地中海から北へむかってアルプス山脈をこえ、ライン川流域とドナウ川上流域を通

西—東軸　経済・政治組織

都市国家のヨーロッパ

北—南軸　文化・政治組織

	沿岸周辺地域	沿岸帝国国家	西部移行地帯	中心的ベルト	東部移行地帯	内陸軍事列強	内陸緩衝地帯
プロテスタント中心地域			ブルゴーニュ—サヴォイ回廊地帯	多核的構造／早期の領土強化もしくは遅い統一	バイエルン—ボヘミア回廊地帯		
領土が分割されたカトリック国家		単一・単核的領土				単一・単核的領土	
反動宗教改革中心地域		強力な都市勢力基盤				強力な農村勢力基盤	
カトリック周辺地域							

図5－1　中世以来の構造

出典：P. フローラ編，竹岡敬温訳『ヨーロッパ歴史統計・国家・経済・社会　1815-1975〈上巻〉』原書房，1985年，15頁による。

過して、バルト海・北海沿岸にまで及ぶ、交易の中核地帯が存在した。これを「中央貿易地帯」と呼ぶ。この地域には、自治権をもった多くの都市が集中していた。このことから、この地域は「アーバン・ベルト地帯」と呼ばれることもある。例えば、ブリュッヘやヘントを中心とするフランドル（現在のベルギー）の諸都市は、北方のハンザ同盟と南方のイタリア商人とを結ぶ中継貿易の拠点として繁栄した。これに対して、近世以降に飛躍することになる集権的な諸国家は、中央貿易地帯から離れた東西の周辺地域に発生した。東側ではオーストリアやプロイセン、西側ではイングランド、フランスやスペインの君主国がそれにあたる。例えば、フランス王国においては、経済力と自治権を有するライン川左岸地域やブルゴーニュ地方の諸都市を自国の国内市場に引き入れるためにも、集権的な体制が強化された結果、相対的に強力な絶対王政が成立した（絶対王政の内実については、第6章を参照）。

二つめの中核—周辺構造は、文化的差異を生み出す南北の軸である。すなわち、カトリックの総本山であるローマ教会を中核とした南側の諸地域（イタリア、フランス、イベリア半島）では、カトリックの影響力が強い。これに対して、一五一七年にマルティン・ルターによって開始された宗教改革（宗教改革については、第7章を参照）は、ローマから離れた地域（ドイツ、北欧、イングランド）において進展し、国教化され、最終的にはカトリック世界から離脱することになった（「普遍的なカトリック・ヨーロッパ世界」からの離脱）。以上のような、宗教・文化的な南北間の差異については、現代においてもあてはまるところが多い。

さて、中世までのヨーロッパ内の構造に対して、近世以降のそれは、中核―周辺の位置関係とその図柄において大きく変動した。イマニュエル・ウォーラーステインの「近代世界システム論」によれば、一五世紀末にヨーロッパ世界を起点として出現した「資本主義的世界経済」は、中核―半周辺―周辺の三つのカテゴリーから成る同心円構造として示される。同心円構造の内容については後ほど詳しく述べることにするが、ここでは、中世から近世への転換において、中核がどのように移動したのか、について見ておくことにしたい。

近世以降の中核はイングランド、ネーデルラント、北フランスなどの北西ヨーロッパに位置していたとされる。このうちイングランドと北フランスは、中世の構造においては、周辺部に属していた。これに対して、旧来からの中核部であった中央貿易地帯に位置していた諸地域は、ネーデルラントを除けば、ほとんどすべての地域が中核部から転落してしまった。このような中核―周辺構造の転換をもたらした原因は何だったのだろうか。

「新しい構造」への変化をもたらした要因

その解答は、おおむね次の二つの要因にもとめることができるだろう。

第一に、この地域における経済活動の重心が、中央貿易地帯から北西ヨーロッパに移動したことが重要である。その背景には、大航海時代の到来以降、西アフリカ航路ならびに新大陸との結びつきがヨーロッパの経済にもたらした大変動があった。それゆえに、中東世界との東方貿易に依存していたイタリア諸都市は、この頃から長期的に低落しはじめ、中核部からも脱落してしまった。毛織物工業のほか、南北間の中継貿易の拠点として栄えていたフランドル都市は、百年戦争（一三三九～一四五三年）の戦乱とペスト（黒死病）の被害に加えて、イングランド産毛織物の進出により、衰退した。また、北方のバルト海貿易は北ドイツ諸都市を中心とするハンザ同盟の支配下にあったが、大西洋貿易の発展に押され、イングランド商人の進出により、一六世紀にはその覇権を失うことになる。結果として、中世まで周辺部に位置していたイングランドが、環大西洋地域とのつながりから徐々にその重要性を高め、中核国としての地歩を固めるにいたった。

第二に指摘すべきは、中世後期における危機的状況の継続によって中核部が地盤沈下したのに対し、相対的にダメージが少なかった周辺部から、近世につながる新たな動きが生じたことである。ヨーロッパ大陸主要部で展開された百年戦争や度重なるペストの流行は、前述のように中央貿易地帯の商工業に甚大なる被害をもたらした。一方、新たな動向は、中世においては周辺と見なされてきた諸地域から発した。周辺部には都市が少なかったため、集権的国家が拡大する余地が存在した。そうした事例をいくつか見ておこう。

イングランドとフランスの間には、イングランド国王がフランスのギュイエンヌ地方に関してフランス国王の臣下であるという関係があり、これが従来から両国の紛争の元であった。結果的に、こうした関係を清算したのが百年戦争であった。最終的にはイングランドがフランスから撤退し、カレーを除くすべてのフランス領を喪失した。その後、長期にわたる戦争状態を通じて形成された人々の王国に対する帰属意識にも助けられ、両国では集権的な王権が形成された（王権の形成過程については、第7章も参照）。

イベリア半島では、イスラム勢力を駆逐するキリスト教徒によるレコンキスタが進行する途上で、カスティーリャ、アラゴン、ポルトガルが成立した。このうち、カスティーリャ王女イザベラとアラゴン王子フェルナンドの結婚によって両国は合同し、一四七九年に統一スペイン王国が誕生した。「カトリック両王」と呼ばれた二人は、一四九二年にイスラム最後の拠点グラナダを占領し、レコンキスタを完了した。

スカンディナヴィアでは、デンマークの覇権のもと、一三九七年にカルマル連合が組織され、スウェーデンとノルウェーが支配された。一五世紀になると、スウェーデンは連合を事実上離脱し、バルト海を支配する集権的国家の建設に向かった。

近世以降の構造変動に、話をもどすことにしよう。「新しい構造」への変化をもたらした要因としては、先に述べた二つの要因が重要であった。中世以来の構造との関連から、もうひとつ注目しておくべきは、宗教改革の進展以降、カトリックの影響力が低下したことにより、それまでは宗教・文化面で中核の位置をしめていた南ヨーロッパ諸国が衰退しはじめたことである。これに対して、かつては宗教・文化的には周辺に位置していた北西、および北ヨーロッパには、プロテスタント（新教）が普及したことにより、改革をいとわない進取の気風が育まれることになった。このことは、近世以降の構造における中核が北西ヨーロッパに移動したこととも関連している。

近世以降の構造（近代世界システム）

資本主義の本質をごく簡単に述べるとすれば、「資本―賃労働関係に基づく商品生産の体系」（資本家が賃金労働者をやとって市場むけの生産をおこなう制度）ということになろう。ウォーラーステインの「近代世界システム論」によれば、今日の我々の生活を取り巻いている資本主義は、一五世紀（大航海時代）以降のヨーロッパにおいて誕生した。資本主義にのっとった世界経済（資本主義的世界経済）は、中核、半周辺、周辺の三つの構成要素から成る同心円であるとされ、資本主義的世界経済が地球の隅々にまで行き渡っている今日においては、この同心円が地球を覆い尽くしている、とされる。

一五世紀にスタートした資本主義的世界経済は、近世の三〇〇年（一六～一八世紀）においては、いまだヨーロッパとその関連する諸地域に限定された世界経済にとどまっていた。したがって、例えば、中華帝国を中核とした東アジア地域やムガル帝国を中核とした南アジア地域は、この同心円にはいまだ含まれておらず、独自の経済圏であった。

それでは、近世におけるヨーロッパ地域は、どのような構造を成していたのだろうか。先に述べたように、中核を構成したのは、北西ヨーロッパの諸地域（英仏両王国、ネーデルラント）であった。ついでスペイン、ポルトガルの両王国、イタリアの諸都市と君主国などをはじめとする南欧が半周辺にあたる。そしてポーランド、ハンガリーなどの東ヨーロッパ、および新大陸（南北アメリカ）の一部地域（大西洋側）などが周辺に属していた（図５‐２参照）。

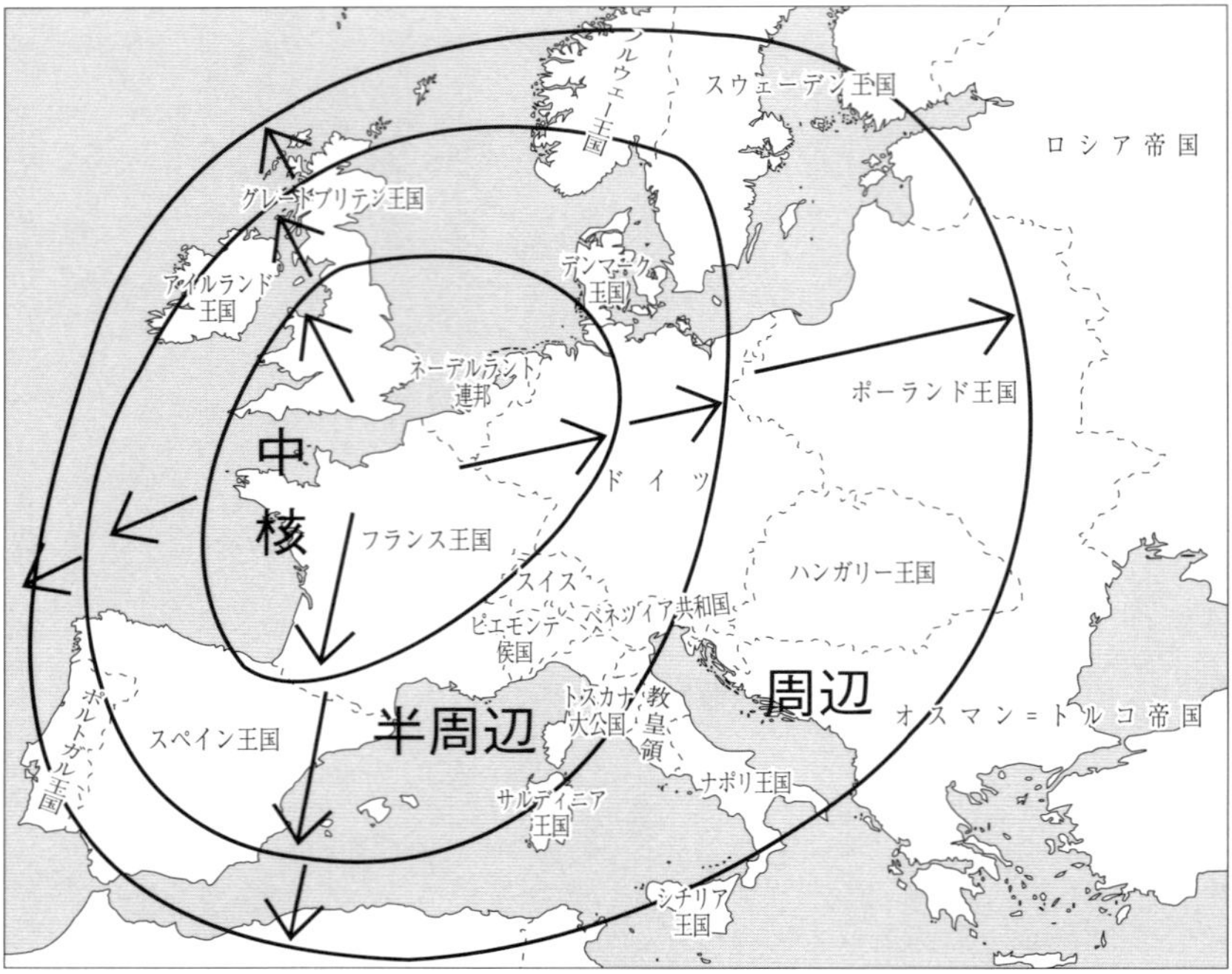

図5－2　近世以降の構造

中核と周辺のあいだには、相互間に分業関係が生まれた。すなわち、中核地域が主として工業生産に従事して、これら工業製品と植民地産品を周辺地域に輸出したのに対して、周辺地域は、労働報酬の低い商品を生産し、中核地域の諸国家群に供給する役割を強制された。例えば、ネーデルラント（中核）とポーランド（周辺）とのあいだでは、ポーランドは穀物の増産とその輸出によって人口増加の著しいネーデルラントへの食糧供給をになうと同時に、船材用の森林資源（木材）の輸出をつうじてネーデルラントの商業（バルト海貿易）を下支えしたのである。このことについては、世界第四位の経済大国である現代日本における食糧供給のうち、ほぼ六割強が発展途上国をはじめとする諸外国からの輸入に依存している状況と比較してもらうと、イメージしやすいであろう。

このような国際的な地域間分業のありように対応して、それぞれに特有の国家形態が生じた。まず中核地域では、集権的な「強い国家」が宗教・文化面をも含めて、自国内の統合をすすめ、国内の資本家（大商人と初期的企業家）を擁護すると同時に、周辺地域を政治的・経済的にコントロールした。これに対して、周辺地域においては、自国内すらまとめきれない「弱い国家」が一般的であるか、ないしは国家そのものが成り立たないこともあった。そのために、周辺地域は、政治的かつ経済的に中核地域に従属することを余儀なくされたのである。

例えば、さきに例示したポーランドにおいては、領主直営地における穀物増産（いわゆる「再版農奴制」）に成功した貴族たちが、議会をつうじて政治的にも主導権を握り、穀物輸出と西欧製品の輸入における免税特権を獲得することにより、自らに有利な体制を作り出した。しかしながら、現地のポーランド商人を排除し、直接にネーデルラント商人と取引した貴族たちは、穀物の先物買い契約をつうじて、中核地域主導のヨーロッパ経済のなかに組み込まれ、つなぎとめられることになったのである。

2　国際関係の成立を阻んだ「普遍主義諸勢力」

前節で確認してきたところからすれば、統合の度合いの強弱（中核地域の「強い国家」と辺境地域の「弱い国家」）こそあれ、近世のヨーロッパが、もはや「一つなるキリスト教共同体」ではなく、「領域的な主権国家群から構成された世界」へと変化したことを読み取ることができるだろう。このような世界から、現代社会に生きる我々にとってなじみの深い「主権国家体制」、すなわち主権国家（一国の内政・外交に関する最高の権力を掌握した国家）を構成員とした外交関係に基づく国際社会のルールの原型が作られることになる。しかしながら、戦乱が相次いだ時代でもあった近世において、主権国家体制への道のりは、必ずしも平坦なものではなかった。本節では、主権国家体制成立の前史として、こうした体制の成立を認めようとしなかった一連の強国（普遍主義諸勢力）の動向を中心に、概観することにしよう。

コラムⅤ

三十年戦争とウェストファリア講和条約

渋谷　聡

一七世紀の一〇〇年間は、戦争に明け、戦争に暮れた時代であった。とりわけこの世紀の前半を埋め尽くしたのが、三十年戦争であった。神聖ローマ帝国（ドイツ）を主たる戦場としてはいたが、ヨーロッパのほとんどすべての地域に影響を及ぼし、また多様な地域の状況が複雑に絡んで生じたこの戦争については、多様な局面からなる複合体としてこれを考えるのが適切である（図Ⅴ-1参照）。ともあれ、ヨーロッパ中を巻き込んだこの戦争の発端は、宗派対立であった。

神聖ローマ帝国では、アウクスブルクの宗教平和（一五五五年）以降、カトリックとプロテスタントの両宗派が並存する状態が続いていた。しかし、一六〇九年にボヘミア王になったハプスブルク家のフェルディナントがこの地のカトリック化を推進しようとした時、情勢は一気に悪化した。フス以来改革派の伝統の強いこの地では、王によるプロテスタント弾圧に対して武装蜂起が起こった。三十年戦争の幕開けであった。帝国諸侯の多くはカトリック、プロテスタントのいずれかについて戦ったが、開戦当初はハプスブルク家（皇帝）を旗頭とするカトリック側が優勢であった。これに応えたのが、まずはデンマーク、次いでスウェーデンのプロテスタント国家であった。両国とも、ドイツ内のプロテスタントの保護を名目として参戦し、皇帝軍のヴァレンシュタイン率いるカトリック勢と戦った。スウェーデンに率いられたプロテスタント側はたびたび勝利して、その強さを見せつけたが、背後から彼らを支えていたのが、ハプスブルク家と対立していたカトリック国のフランスである。フランスはスウェーデンに援助金を与えており、ついに一六三五年にはプロテスタント側にたって参戦した。ここにいたって、三十年戦争は宗教戦争という性格を完全に失い、「最初のヨーロッパ大戦」と呼ぶにふさわしい様相を呈した。

こうした複雑な状況をあえて整理するならば、この戦争は三つのベクトルをはらんでいた。一つは、オーストリアからバルト海へ、ドイツを南北に縦断するベクトルである。戦略的に見れば、北への勢力拡張をはかるハプスブルク家と、これを阻止しようとするバルト海周辺諸国（デンマーク、スウェーデン）の対立である。第二のベクトルは、西ヨーロッパ中央部を東西に横断する。すなわち、ドイツ中西部（ライン・プファルツ）からフランス国境、そしてネーデルラントにいたるベクトルがこれにあたる。このベクトルに沿う形でオランダとスペイン（ハプスブルク家）、フランスとオーストリア（ハプスブルク家）の対立が形成

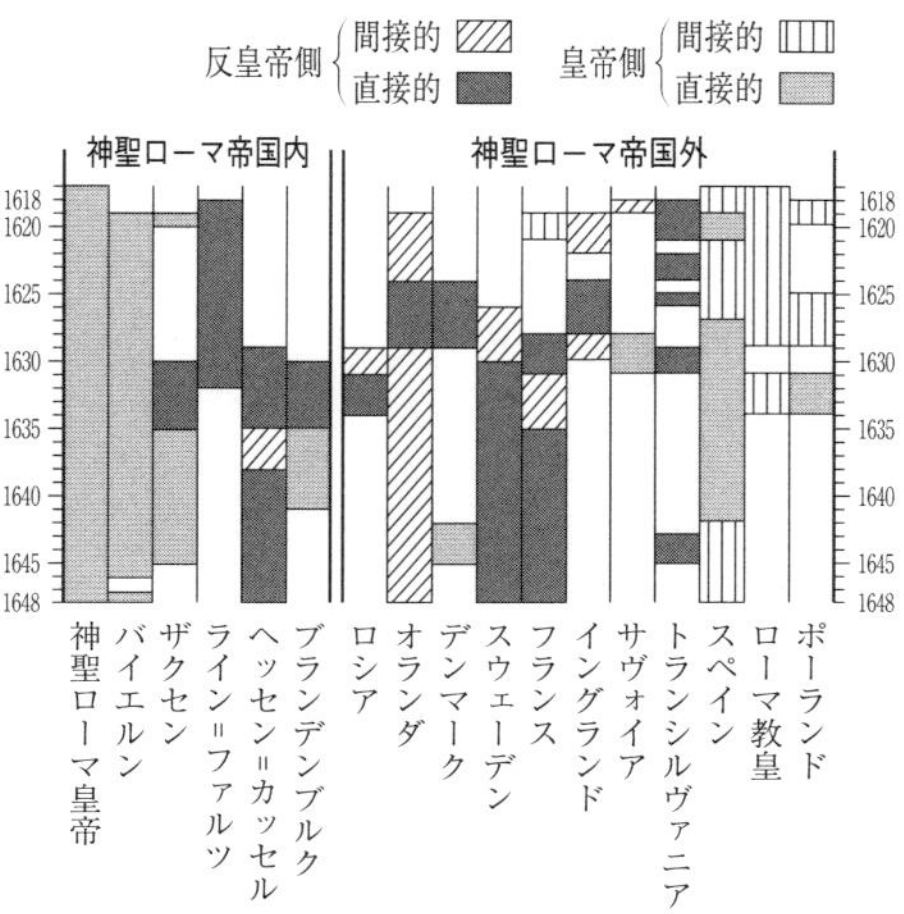

図Ｖ－１　三十年戦争の参戦国

出典：長谷川輝夫・大久保桂子・土肥恒之『世界の歴史17　ヨーロッパ近世の開花』中央公論社，1997年，196頁による。

され、これらの対立が三十年戦争の戦線を西に引き寄せた。第三のベクトルは北イタリアのロンバルディアからフランスとの国境沿いを経て、フランドルに達するそれである。このベクトルは、フランスと神聖ローマ帝国の境界線上を走っており、当時は「スペイン街道」と呼ばれていた。スペインの主要補給路と重なっていた。ここでも同様に、フランスとハプスブルク、ネーデルラントとハプスブルクの対立と闘争が繰り広げられた。こうした三つの状況が絡み合うことにより、この戦争は長期に及ぶことになった。

　戦争が長期化した一方で、和平への交渉も試みられ、一六四四年にはオスナブリュックとミュンスターで講和会議が始められた。スペイン、スイス、ポルトガル、ヴェネツィア、オスマン帝国、ローマ教皇などの使節も参加し、総勢およそ一五〇名の参加を数えたこの会議の結果、一六四八年にウェストファリア講和条約が結ばれた（詳細については、本文も参照）。講和条約によって、アウクスブルクの宗教平和が再確認され、これまで認められていなかったカルヴァン派が第三の宗派として認められた。また、戦争に大きく関与したスウェーデン、フランスの両国は神聖ローマ帝国から領土を獲得した。他方で、以前からハプスブルクの勢力下からの独立闘争を続けてきたスイスとネーデルラントは、その事実上の独立を正式に承認されることとなった（本文も参照）。アウクスブルクの宗教平和があらためて確認されたことにより、ドイツの帝国諸侯にほぼ完全な主権が認められ、神聖ローマ帝国は約三五〇の領邦からなる国家連合へと変質した。

形成途上の主権国家体制

近世ヨーロッパの主権国家体制（諸国家体系）は、「対等」の原則の上に成り立っていた。対等の原則とは、互いに対等であり、同権の相手であると認め合う諸国家が空間的に並存することである。こうした原則に基づく主権国家体制の最初の出発点については、イタリア戦争（イタリアでの覇権をめぐるヴァロワ家とハプスブルク家との戦争）が始まった一四九四年、三十年戦争を終結させたウェストファリア講和条約が結ばれた一六四八年などに求められている。いずれにしても留意されねばならないのは、この体制が形成されるにあたって、きわめて長い期間が必要とされたことである。というのも、そもそも主権国家体制を生み出した母胎たる中世および近世初頭のヨーロッパにおいては、「諸国家相互が対等ではない」ことが、自明の前提であったからである。

その理由として、次の二つの点が重要である。まずは、中近世のヨーロッパ社会が身分制社会であったこと。当時の人びとが生きた社会そのものが、身分間における不平等と階層的社会秩序を体現していたことから、「諸国家の対等な並存」という発想も、正当な政治秩序としては受け入れがたい状況にあったのである。二つめに重要なのは、中世後期から近世初頭にかけて、とりわけ宗教改革以前の時期においては、ヨーロッパを「普遍的キリスト教世界」ないしは「一つなるキリスト教共同体」とする見方が、なお有力であったことである。それゆえに、ヨーロッパ諸列強の君主たちも、皇帝や教皇に代わって「一つなるキリスト教ヨーロッパ」を統治すべく、普遍的な権力を要求し、互いに競い合ったのである。その際、列強に大義名分を与えたのが、「帝国」と「キリスト教」であった。

「帝国」は、言うまでもなく、古代のローマ帝国にその起源を有しており、神聖ローマ帝国にもその普遍的威光をもたらしていた。それゆえに皇帝の称号がヨーロッパでの優位を基礎づけたので、ドイツ諸領邦の君主のみならず、スペインやフランス、スウェーデンの国王たちが皇帝候補に名乗りをあげて、相争ったのである。

「キリスト教」は、とりわけオスマン・トルコに対する防衛戦争において、頻繁に引き合いに出されるようになった。この概念は、当時の人々に「まとまりとしてのヨーロッパの一体感」を抱かせるのに有効であった。それと同時に、ヨーロッパの諸君主のうちで、誰がこの概念を代弁するのにふさわしい者であるか、という問題をも引き起こした。そのために、いくつかの有力な王権は、自らがキリスト教共同体の代表者ないし代弁者である、とする自覚を有するようになったのである。

これら普遍主義諸勢力の支配権要求に対して抵抗したのが、都市や様々な身分団体など、事実上各地域を支配する個々の権力集団であった。したがって、主権国家体制の形成においては、上位と下位の二つの権力がかかわっていたことになる。前者（上位権力）はすなわち、個別諸国家の枠を超えてヨーロッパ全般に対する支配を要求する、普遍主義諸勢力であり、後者（下位権力）は、これに対抗する各地域の権力集団（諸身分）である。ここでは、二つの事例を見ておこう。

先駆けをなしたのは、スイス盟約者団（のちのスイス連邦）であった。一四世紀に始まったハプスブルク帝国に対する独立闘争を積み重ねてきた農村邦と都市邦の連合体は、一六世紀には帝国からの離脱を成し遂げていた。スイスの自立が正式に認められたのは、ウェストファリア講和条約（一六四八年）においてである。

小さな都市や諸侯国が寄り集まって独立し、単一の国家となった第二の事例は、オランダ（ネーデルラント）である。全国議会に結束していたこの地域も元来はハプスブルク帝国の支配に服していたが、その行きすぎた中央集権化政策に反発して、反乱を繰り返した。一五八一年には北部七州が独立を勝ち取ったが、その正式承認についても、一六四八年のウェストファリア講和を待たなくてはならなかった。

このような下からの独立闘争とこれを阻もうとする普遍主義諸勢力との間における衝突をもともないつつ、近世三〇〇年の間には頻繁に戦争が生じた。以下においては、主権国家体制の成立を阻んだ、普遍主義諸勢力による支配権要求について検討することにしよう。

頂点の座を争った普遍主義諸勢力

本項では、主権国家体制の成立を阻んだ普遍主義諸勢力として、オスマン・トルコを含めた六つの勢力を取り上げて、その正当化の主張を確認することにしよう。六つの勢力とは、ハプスブルク家（オーストリア、スペイン）、フランス、スウェーデン、ロシア、オスマン・トルコとイギリスである。

まずは、押しも押されもせぬ第一勢力として、自他ともに認められていたのが、オーストリアを家領とするハプスブルク家であった。一五世紀中葉以来、神聖ローマ皇帝位をほぼ独占し、同じ世紀の末にネーデルラントとスペインを領有したことにより、ヨーロッパ世界を統治する立場にあるとする自意識（「オーストリアは全世界を治めねばならぬ」）を、同家は抱くにいたった。

ハプスブルク家の普遍的支配に対して立ちはだかったのが、第二勢力としてのフランスであった。イタリアでの覇権をハプスブルク家と争ったイタリア戦争（一四九四～一五四四年）、神聖ローマ皇帝の位をめぐりカール五世に挑戦したフランソワ一世（在位一五一五～四七年）、そして三十年戦争（一六一八～四八年）への介入などに、その姿勢を読み取ることができる。こうしたフランスの挑戦を根拠づけていたのが、「最もキリスト教を奉ずる王」ないし「教会が最初に産んだ息子」などの言説に代表される、「キリスト教世界の首長」としてのフランス国王とする自意識であった。

ハプスブルクとフランスの二強に対し、一七世紀以降、国王グスタフ二世アドルフ（在位一六一一～三二年）のもとで飛躍的な台頭をとげ、第三の候補として名乗りをあげたのが、北欧の強国スウェーデンであった。現代においてこそ「福祉国家」としての側面が強調されることの多いこの国は、ロシアとの北方戦争（一七〇〇～二一年）に敗れるまで、ヨーロッパ列強の一角を占めていたのである。その普遍的支配権要求をささえた基盤は、北欧が継承してきた四つの遺産であった。それはすなわち、第一にカルマル同盟（一三九七年）以来のスカンディナビア諸王国（デンマーク、ノルウェー、スウェーデン）の連合であり、第二にポーランド王家ヤゲロー家との同君連合により成立した、大ポーランド＝ヤゲロー帝国の伝統、そして第三にバルト海への支配要求であった。これらに加えて、四つめの遺産としての「ゴート理念」が作用した。「ゴート人」とは、「民族大移動」の主役となったゲルマン諸族のうちのゴート族のことである。当時のスウェーデンにおいては、「スウェーデンはゴート人の末裔として英雄的な戦争をおこない、ローマの世界帝国を再建する使命がある」とする「ゴート理念」が普及して、この国の大陸進出を支えたのであった。

四つめに挙げるべきは、一八世紀以降ヨーロッパの列強に加わることになる、ロシア帝国である。一六世紀以来、自らを世界帝国として正当化することに着手したこの国においては、東ローマ帝国（ビザンツ帝国）との結びつきが、そのための根拠を与えた。すなわち、「コンスタンチノープルの陥落（一四五三年）により、東ローマ帝国の伝統がモスクワに移植された」とする考え方がそれである。いわゆる「第三のローマ」としてのモスクワをもって、ロシア帝国は西欧の列強に対して揺さぶりをかけることとなった。

大スルタン、スレイマン一世によるウィーン包囲（一五二九年）に始まり、一六世紀末の大規模な対トルコ防衛戦争を経て、一六八三年の第二次ウィーン包囲にいたるまで、オスマン・トルコ（オスマン帝国）によるヨーロッパ侵攻は、ヨーロッパ人を悩まし続けたと同時に、多様なインパクトを及ぼした。とりわけここで注目している普遍的支配の観点から重要なのは、オスマンの君主であるスルタンが抱いていた自己認識である。歴代のスルタンは、イスラムの神より世界を支配するための手綱を委ねられた「唯一真正な普遍君主」として自認していた。こうした自己認識は、オスマン帝国が西方に向けて膨張するにいたって、ヨーロッパ世界に対する普遍支配にも転用されていった。すなわち、東ローマ＝ビザンツ帝国の普遍主義を継承し、さらにはアレクサンドロス大王の後継者をも名乗ることにより、オスマンのスルタンは、ヨーロッパ支配における大義名分を獲得し、普遍主義勢力の一角に食い込むことを可能にしたのである。

最後に、とりわけ七年戦争（一七五六～六三年）以降、その海外植民地の拡大により、大陸ヨーロッパにも影響を及ぼすことになったイギリス（大英帝国）について、見ておくことにしよう。「海洋世界帝国」としてその地歩を築くことになったこの国においても、古い普遍主義が、その拡張の原理をなしていた。すなわち、一七世紀に形成された帝国イデオロギーにおいては、自国の古さや王家の栄光といった伝統的要素が、ローマ帝国の模範とともに援用されていたからである。

3　主権国家体制の成立

前節において見てきたように、普遍主義としての諸勢力は、個別諸国家の枠を超えてヨーロッパ全般に対する支配を要求し、相互に覇権を競い合っていた。その一方で、各地域には、これに対抗する権力集団（諸身分）が盤踞していた。そのために、いわば上位権力相互および上位権力と下位権力との衝突から、ヨーロッパの近世は、戦争の頻発する時代となったのである。こうした矛盾を爆発させることになったのが、ヨーロッパ中を巻き込むことになったために、「最初のヨーロッパ大戦」と称されている三十年戦争（一六一八～四八年）であった。神聖ローマ帝国を主戦場としつつも、ヨーロッパのあらゆる地域に影響を及ぼしたこの戦争ならびにこれを終結させたウェストファリア条約の概要については、「コラム」で解説する。むしろ本節では、この戦争の戦後処理のために召集され、ヨーロッパ初の国際会議となった、ウェストファリア講和会議（一六四四～四八年）にいたる動向に注目することにしたい。なぜならば、この会議において、参加国に対等の資格が認められ、その後の一五〇年間にわたる国際秩序の骨格が定められたことから、「主権国家体制」の出発点（ウェストファリア体制）としての位置づけが与えられているからである。

国際法の展開

一六、一七世紀のヨーロッパにおいては、普遍主義諸勢力と各地域の自立的な権力集団の矛盾から、戦争が繰り広げられ、この過程のなかから、最終的には普遍的支配権が否定されることにより、自己を「至高の」独立した存在と見なす主権国家の群れが出現することになった。この闘争と並行して、主権国家のあいだに一定のゲーム・オブ・ルールを見いだす努力が積み重ねられた。これが、国際法の展開であった。

国際法の原型は、中小の諸国家が覇権を競い合っていた中世のイタリアでまず育まれたが、一六世紀のスペインにおける展開もまた重要である。新世界（南北アメリカ大陸）との接触をいち早く経験したスペインにおいては、異教徒インディオとの戦いとその征服という事態が、その是非をめぐって議論を呼び、戦争と国際法にかかわる認識を深める契機となった。こうした問題に取り組んだのは、ビトリア（一四八三？～一五四六年）やスアレス（一五四八～一六一七年）などの神学者たちであった。中世より、キリスト教徒が武器をとって戦うことの是非については、キリスト教の教義との関連において、頻繁に論議されてきた。これを正戦論という。ビトリアは、正戦論の系譜に立ちつつも、法の適用される範囲について、これを人類社会全般に拡大して考察した。

いま一つの展開をもたらしたのが、『戦争法論』を著したプロテスタントのイタリア人、ジェンティーリ（一五五二～一六〇八年）であった。ビトリアらが国際法や国際関係を神学の大系のなかで考察したのに対して、ジェンティーリは、講和条約や外交使節などに関する現実的で具体的な諸問題をより実証的に論じたのである。戦争についても、これを国家間の戦争に限定し、キリスト教的な正しさという視点から離れて、戦争の遂行が法に則っておこなわれるかどうか、という形式的な合法性を重視した。神学と世俗の法をはじめて分離し、国際法を「世俗化」した点において、ジェンティーリは評価されている。

これら二つの系譜を吸収しつつ現れたのが、ネーデルラント人、フーゴー・グロティウス（一五八三～一六四五年）である。ネーデルラント独立戦争の渦中に生を受け、三十年戦争終結の三年前にその生涯を終えた彼は、まさに戦争の時代を生き抜いた人物であった。彼の主著『戦争と平和の法』は、戦争の発生それ自体、ならびにいったん起こった戦争をいかにして規制すべきか、という問題に対する真摯な問いかけから生まれている。この著作においてグロティウスは、誰にでも理解され、どこにでも通用すべき自然法は、神によってではなく、人類の理性によって基礎づけられた、とする議論を展開している。このような彼の自然法理解から、神学から明確に分離し、世俗的な主権国家相互のための国際法を追究した、プーフェンドルフ（一六三二～九四年）やヴァッテル（一七一四～六七年）らが生まれた。一七世紀のあいだに、戦争において降伏した都市はかつてのような略奪にさらされることがなくなり、捕虜の取り扱い方について一定のルールが出来上がったのも、これらの学者たちの知的営みがもたらした国際法の発展に依存していた。

ウェストファリア体制の成立

その一方で、相互に対等の資格をもつ独立した諸国家のあいだで、安定した関係を維持する方法として追究されたのが、勢力均衡（バランス・オブ・パワー）の原則であった。この原則は、ルネサンス期イタリアの中小諸国においてすでに意識的に用いられていたために、イタリア戦争におけるヨーロッパ外交の基調として採用された。カール五世を牽制し、勢力の均衡をはかるために、フランソワ一世が異教徒であるオスマン帝国とさえ同盟を締結したのは、その代表的な例である。ここからうかがえるのは、国家を独自の利害を追求する自律的な権力体としてとらえた、醒めた見方である。こうした原則は、ウェストファリア講和会議とそこで締結されたウェストファリア条約においても、貫徹されていた。ドイツのカトリック諸侯や皇帝の領土を削減してプロテスタント諸侯の領土が拡張されたのも、フランスをさしおいてスペインとネーデルラントの和議が成り立ったのも、勢力均衡の原則が適用されたからにほかならない。イギリスを除いて、ヨーロッパ列強にオスマン帝国も含めて、ほとんどの諸国から総勢一五〇名の代表が参加したこの会議では、政体や宗派、規模の大小にかかわらず、参加国に対等の資格が認められていた。まさにこの点において、ウェストファリア講和会議は、国際社会としてのヨーロッパの成立を告げる会議であった。ここにいたってヨーロッパは、もはや「一つなるキリスト教共同体」ではなく、より「世俗化」された領域的な主権国家群としての様相を我々の前に呈するのである。

（扉図出典：Geoffrey Parker, *The Thirty Year's War*, 1984.）

第6章

近世ヨーロッパの国家内秩序

渋谷　聡

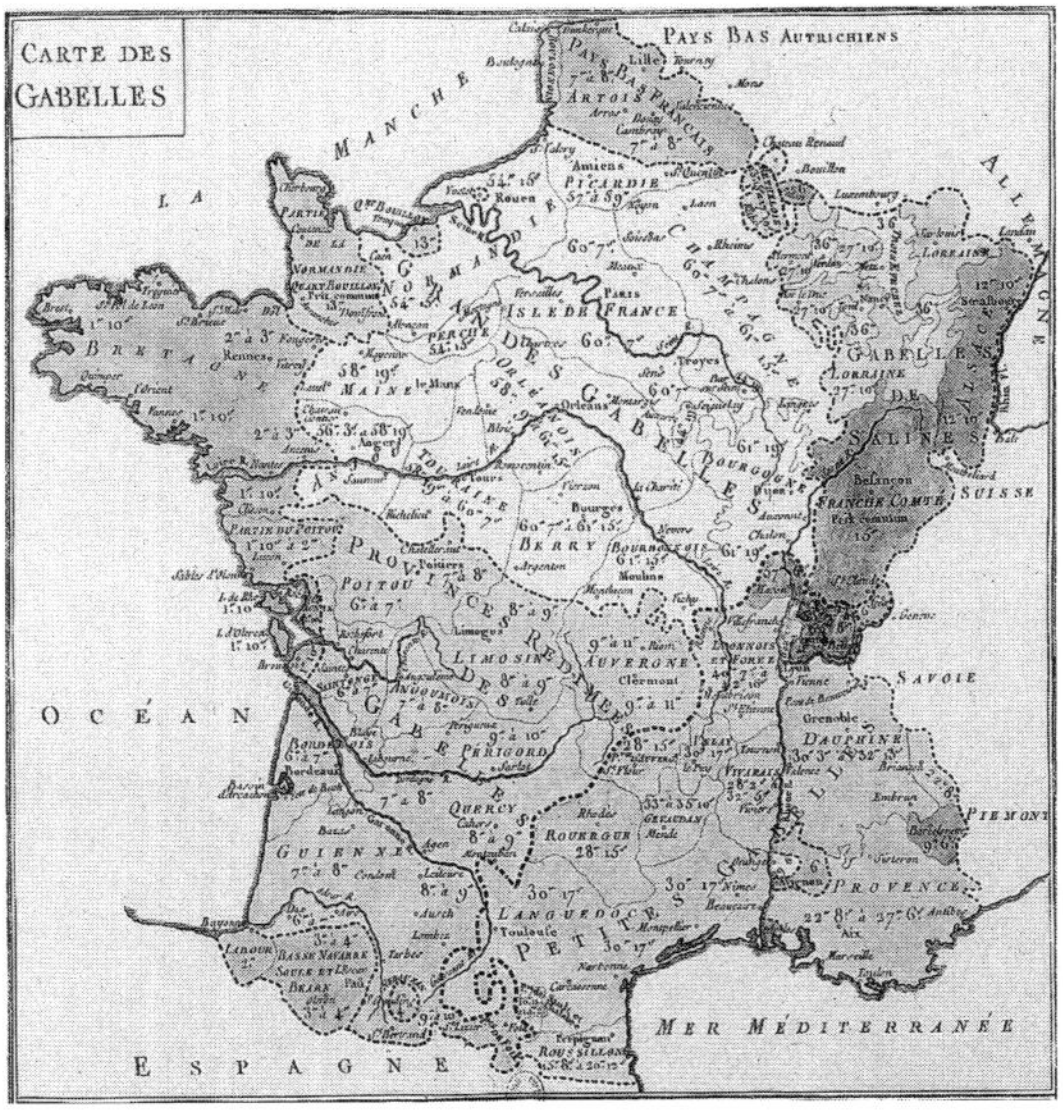

フランス塩税地図（1707年頃）

概　要

近世の国家は、いまだなお「一つの国家」として完成されておらず、地方貴族による支配権の温存された諸地域の寄せ集めに近い、モザイク状態であった。現実の社会では、多様な社会的結合関係が重層的に絡み合って存在していたわけである。本章ではフランスを具体的な検討対象とすることにより、重要な結合関係として、第一に空間的・地縁的結合、第二に職能的結合を取り上げて、近世国家の権力構造を読み解いていく。

空間的・地縁的結合の場合、地方貴族が結束し、王権に抵抗するまとまりが「地方」であった。この「地方」が、司法における「高等法院管区」、軍事における「地方総督管区」、租税徴収における「徴税管区」として、王権によって行政上の単位へと組織し直されたのである。このように、旧来からの特権を容認しつつ、地方貴族や都市を支配秩序の中に組み込んでいったところに、近世国家の支配構造の特徴がある。他方、職能的結合の場合には、同職組合（ギルド）などがこれにあたるが、同様に王権から既存の特権を認められる代わりに、所属する臣民を王権に統合する役割を担わされた。これらの団体を「社団」ないしは中間権力と呼ぶ。こうした社団を媒介とした権力統合は、フランス王国のみならず、他の近世ヨーロッパ諸国家にもあてはまる。さらには同時代の日本（幕藩体制）にも、類似した有り様を確認することができる。

一五九八	ナントの勅令
一六〇四	ポーレット法の制定
一六一四	全国三部会の召集なくなる
一六四三	ルイ一四世即位
一六四八	ウェストファリア講和条約の締結
一六四八	フロンドの乱（～五三）
一六五八	ナントの勅令廃止
一六六一	ルイ一四世親政開始
一六六四	フランス西インド会社の設立

1　近世国家の内実

前章において我々は、近世のヨーロッパが、もはや「一つなるキリスト教共同体」ではなく、「領域的な主権国家群から構成される世界」へと変化したことを確認してきた。そのさい、二つの権力がこの変化の過程にかかわっていたことが重要であった。二つの権力とは、個別諸国家の枠を超えてヨーロッパ全般に対する支配を要求した普遍主義諸勢力、ならびに都市や様々な身分団体など、事実上各地域を支配する個々の権力集団である。この二つの権力の対立を一つの国家内部の力関係に置き換えてみるならば、中央政府を掌握する「王権」と地域の「諸身分」という対抗関係が浮かび上がってくる。これら諸身分は、各地域において、中世以来積み重ねてきた王権とのやりとりを通じて、独自の支配特権を確保していた。したがって、近世諸国家における課題は、独自の特権を盾にとって各地域に盤踞する諸身分を、いかにして国家の「主権」のもとに統合するか、ということであった。しかも、この統合は、中世以来の伝統的な社会の構造によって制約されており、それに適合する形でしか達成されなかったのである。このことは、「絶対主義（絶対王政）」の典型と目されてきたフランス王国においてもあてはまる。そこで以下では、フランスを具体的な検討対象とすることにより、近世ヨーロッパにおける国家内秩序の有り様を解明していくことにしよう。

国家の領域的一体性の問題

フランスといえば、誰もが思い浮かべるのが、六角形をなすその国土であろう。しかしながら、はじめから六角形の国土として、フランスは存在したわけではない。図6-1を見てみよう。図6-1は、一五世紀半ばから一八世紀末までに進められた王領拡大の過程を示している。白色の部分はそれ以前から王領地に属していたわけであるから、六角形のおよそ半分に相当する領域が、近世の三〇〇年のあいだに、徐々に王領地として編入されたことがわかる。いくつか

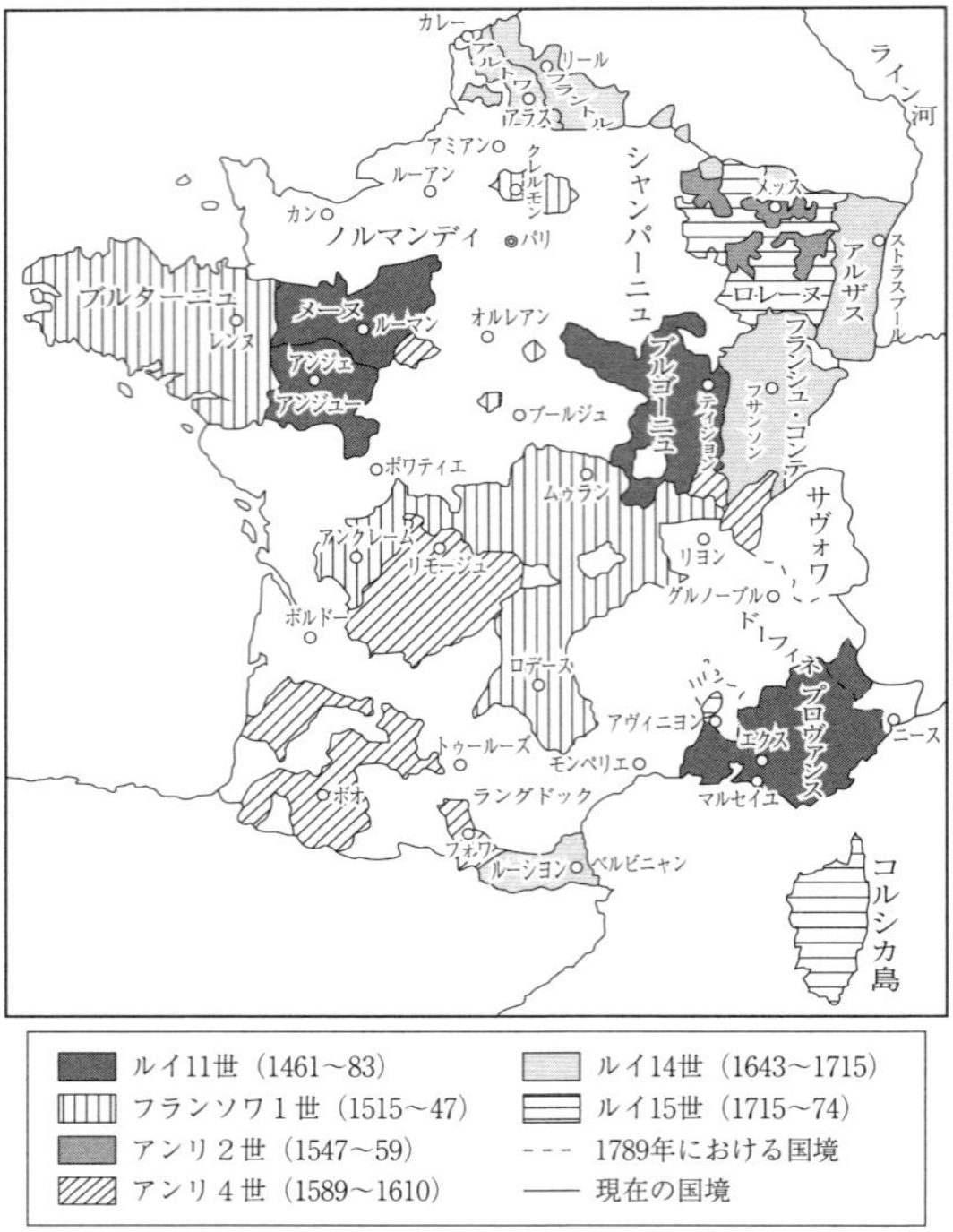

図6－1　アンシアン・レジーム下の王領拡大

の事例をあげよう。西部に位置するブルターニュ公領、中央部に位置するブルボン公領、南部ではギュイエンヌ公領やベアルン伯領などは中世後期の時点ではいまだ王領に組み込まれておらず、独自の支配体制を維持していた。このように、中世後期から近世初頭における王国は、モザイク状態であった。

しかも王領地に編入された領域は、形式のうえではフランス王の臣下であるとはいえ、当該地域における統治権全般を国王より認められた大貴族（諸侯）が支配する領域であった。それゆえに、フランス王が自己の正当性を傷つけることなく、これらの領域を王領に編入するためには、結婚政策による獲得を別にすれば、封建法（封建契約）に基づいて自己の相続権を主張し、行使するほかに、方法はなかったのである。ここで念のために、封建法（封建契約）に基づく国王と諸侯との関係について確認しておこう。フランス王に服属し、その臣下となった諸侯には、軍役奉仕をはじめとして、君主たる国王に対して援助をおこなう義務（忠誠義務）が生じた。他方、臣下たる諸侯からの援助に対する引き替えとして、国王は当該領域に対する諸侯の統治権を認めたのである。

この封建契約を拠り所とした国王の相続権行使には、二つの選択肢がありえた。第一に、諸侯が君主たる国王に対して忠誠義務を果たさなかった場合に、忠誠義務違反、すなわち契約不履行を理由として、国王は諸侯の所領を没収することができた。二つめの選択肢は、諸侯が死亡した際に、その遺領に対して遺産相続権を要求することであった。したがって、図6-1に示されている王領地拡大の過程は、臣下の領土である封土の集積によって、進められてきたことになるわけである。ここで、現代社会に生きる我々には理解しがたい奇妙な現象が生じていた。すなわち、王領地に編入された領域は、もともと臣下の封土であったために、その所有者たる国王の法的資格は、国王としての資格ではなく、以前の所有者たる臣下の資格を超えることがなかったのである。したがって、フランス革命の直前までには、ほぼ現在の六角形に相当する領域に達していた王国の国土において、国王の「主権」の及ぶ範囲はきわめて不明確だったのである。

このことを示す具体例として、南東部に位置するプロヴァンス地方を取り上げてみよう。一四八一年、プロヴァンス伯シャルル三世の死去にともない、遺言により国王に遺贈することが定められていたプロヴァンス伯領は、ルイ一一世に帰属することとなった。しかしながら、ルイ一一世は国王としてプロヴァンス伯領の君主たりえたのではなく、あくまでもその資格はプロヴァンス伯としてのそれであった。それゆえに、一七世紀においても、プロヴァンスの高等法院（最高司法機関）の裁決は、「プロヴァンス伯なる国王の名において」発せられたのである。

こうした事例は、国家の主権が全国の隅々にまで行き渡っている近現代の国家とは異なり、近世国家における主権がいまだ不完全なものであったことを示している。国王の主権が十分には及ばなかった、という事態は、各地域を事実上支配する個々の権力集団が存在したことと表裏一体をなしている。このことを裏付けているのが、多様な地方特権の存在である。

この問題を考えるために、図6-2を参照してみよう。図6-2は、近世のフランスにおける主要な「地方」（「地方」の位置づけについては後述）の所在を示している。近世フランスの各「地方」には、それぞれの「慣習法」が存在した。慣習法とは、当該地域の旧来からの法慣行を体系化した規範ともいうべき法であるが、その一つの本質は、支配者身分の諸特権を守るところにあった。同系統の慣習法の境界線が、図6-2の「地方」の境界線とほぼ一致していたこ

図6－2　アンシアン・レジーム期の主要な「地方」

とからすれば、近世のフランス王国の領土が法的な均質性をも欠いており、様々な地方特権が錯綜して存続していたことを窺い知ることができる。もっとも、こうした事態はフランスをはじめとしたヨーロッパの諸国家に限られたことではない。日本においても、戦国時代においては大名領国ごとに「分国法」が存在していたし、まがりなりにも国家統一を成し遂げた幕藩体制においてさえも、各藩は独自の「藩法」を維持していた。

話を再び近世のフランスにもどし、王領の拡大と地方特権の存続という二つの現象の関係性について、ブルターニュ公領の事例に即して、検討することにしよう。ブルターニュ地方は、大西洋にむかって北西部に突き出た半島部である。一五三二年、同公領は、ブルターニュの「地方三部会の同意」を得たうえで、王権の結婚政策に従ってフランス王国に編入されることになった（「三部会」はフランスの身分制議会であり、聖職者、貴族、第三身分の各代表により、構成された。いくつかの「地方」は、独自の「地方三部会」をフランス革命の直前まで維持していた）。王国への編入に対する見返りとして、地方三部会に結集していたブルターニュ地方の支配者諸身分（聖職者を含む貴族）は、旧来の慣習に基づく彼らの特権を保障することを王権に約束させたのである。「旧来の慣習に基づく特権」とは、ブルターニュの地方三部会を維持すること、支配者諸身分の免税特権、貴族身分に関する特例などであった。以上に見てきたのは、ブルターニュ地方の事例であるが、多様な慣習法の錯雑とした分布は、諸地方に盤踞していた支配身分集団を法の視点から表現したものであった。

このように法的に不均質な状態が、法のうえで原理的に解消されるためには、フランス革命を待たなくてはならなかった。まずは、「九一年憲法」がその第二編第一項において、「王国は一つにして不可分なり」と宣言し、この規定は「九三年憲法」第一条の「フランス共和国は一つにして不可分なり」とする規定に受け継がれた。すなわち、最高の法である憲法が「一つにして不可分」のフランス国土に通用することが宣言されたわけであり、ここにおいてようやく、フランス国家の法的な一体性・均質性が確認されることとなった。

官僚制の問題

前節で見てきたように、近世のフランス国家は、領域的な一体性を獲得するにはいたっておらず、むしろ地方貴族による支配権の温存された諸地域の寄せ集めに近い状態にあったといえよう。同様のことは、当時における「官僚制」の有り様からも、窺うことができる。

ところで、近世国家の典型として語られることの多い「絶対主義国家」は、高等学校世界史の教科書にも必ず登場する項目である。叙述のしかたに多少の相違はあるにしても、どの教科書にも共通しているのは、「官僚制と常備軍の二本柱のもとで、国王による統合が進展した」とするストーリーである。常備軍の問題についてここで説明する余裕はないが、官僚制がこれほどまでに重視されてきたのには、理由がある。量的な観点から見た場合、この時代に官僚（役人）が飛躍的に増大したことは、確かであるからである。ここで、一五一五年と一六六五年のデータを比較してみることにしよう。

以下では、フランス王国における役人の総数、役人一人あたりが担当した人口、役人一人あたりの担当面積という三つの項目について、一六世紀初頭（一五一五年）とルイ一四世治世期（一六六五年）の二つの時点の数値を表にして示すことにする。

表6－1　フランス王国における国王役人の増大

	1515年	1665年
総　数（人）	4,000	46,000
役人一人あたり人口（人）	4,700	380
役人一人あたり面積（km^2）	115	10

出典：二宮宏之『全体を見る眼と歴史家たち』木鐸社，1986年，120頁をもとに作成。

表6－1に示したところから明らかなのは、ほぼ一五〇年の間に、人数のうえでは、国王役人の規模が大幅に増大したことである。まず、役人の総数についていえば、一一・五倍の増加である。このことの裏返しとして、役人一人あたりの担当面積は、一一・五分の一に縮小しており、一人あたりが担当した人口もほぼ同じ比率で減少している（一二分の一）。このような「量」的な面での増大のみをとらえて、かつての「通説」は、絶対主義国家における官僚制の重要性を説いてきたのである。

しかしながら、「質」的な面から当時の官僚の実態に迫ってみた場合、こうした見方が皮相なものであることが明らかになる。近世の国家官僚の実態をふまえるためには、質のことなる二つのタイプが存在したことに留意する必要がある。

まず、第一のタイプは、「保有官僚」と呼ばれる官僚である。このタイプの特徴は、官職（官僚の職）が売買され、同時に譲渡や相続の対象とされたところにある。保有官僚の職は家産（家の財産）の一部と見なされていたため、私的所有の対象とされた。職務にともなう手数料収入をはじめとして豊かな実入りをその保有者にもたらした保有官僚の職を、フランス各地の地方貴族はこぞって保有したのである。このように官職が私的所有の対象として売買されるシステムは、「売官制」と呼ばれ、とりわけ近世のフランスに特徴的なあり方とされてきた。しかしながら、程度の差はあれ、官僚のポストが支配者身分（貴族）の私的財産（家の財産）として扱われたのは、他のヨーロッパ諸国、さらには日本を含めた他の地域においても、近代以前の時代には共通して見られた現象であった。

これに対し、第二のタイプとして、一七世紀半ば以降に導入され始めたのが「直轄官僚」である。直轄官僚は、国王から与えられた一定の期限つきの職務を遂行し、これに対する俸給を受け取る。現代社会に生きる我々のもつ官僚のイメージに近いのは、この直轄官僚のほうであろう。このタイプの代表的なものとしては、国王の命を受けて各「地方」

(近世フランスの行政単位)に対する監督者として派遣された、「地方長官」がある。この地方長官に代表される直轄官僚の導入をもって、旧来の「通説」は、「近代的」な国家官僚の出現をこの時代に求め、官僚制を絶対主義を支える二本柱のうちの一つと見なしてきたのである。

にもかかわらず、近代的なイメージを近世の官僚に投影したこのような見方には無理がある、といわざるをえない。というのは、さきにデータを示したフランス王国の場合、国王役人のうちの圧倒的多数は保有官僚であり、また二つのタイプの官僚が、実態においては混在していたからである(この点については後述する)。こうした実態、ないしは当時の人々の「官職」に対する「まなざし」を確認するために、三つの事例を紹介することにしよう。

第一に、中央行政におけるトップ官僚であるところの「国務卿」について、見てみよう。一六世紀半ばより整えられ、外務・陸軍・海軍・宮内等の四つの職務に分化されたこの官職は、王国行政の中心たる位置を占めていたため、国王が直接任命し、必要があれば罷免しうる官職であり、売官職、すなわち保有官僚ではなかった。それにもかかわらず、国務卿への就職を希望する者は、その前任者に対して、多額の権利金を支払う必要があったのである。

国務卿のようなトップ官僚の職でさえもが私的所有の対象として認識されていたことの現れとして、次に「公文書」の扱いについて確認しよう。官僚の職務にかかわって作成された文書(命令書、報告書など)については、当該職務を担当した役人が辞職する際に、個人の所有物として家に持ち帰るのが習わしであった。このあたりにも、当時の官職が有した「私的」性格が色濃く反映されているといえよう。

最後に、保有官僚と直轄官僚という二つのタイプが「実態においては混在していた」ことの意味を理解してもらうために、直轄官僚の代表例とされる「地方長官」の出身母胎について少し詳しく述べておこう。各「地方」(近世フランスの行政単位)に対して国王に代わる監督者として派遣された地方長官については、フランス王国全体で三十数名が派遣されたとされている。この地方長官も、その職務内容からいって、王国行政において枢要な位置を占めていたことから、その職を希望する者には相応のキャリアを積んでいることが求められた。そのために、中央の国務会議に出席する「宮

コラムⅥ

常備軍将兵の衣食住と規律化

渋谷　聡

ヨーロッパ近世における「絶対主義」の展開において、官僚制と常備軍は、その二本柱に相当する重要な機関と見なされてきた。ここでは、本文で論じることができなかった常備軍における将兵の社会的・日常的生活について検討することにしよう。当時の軍隊の大半は都市に駐屯していた。他方で都市には、中世後期から近世初頭にかけて、プロト工業化にともない労働力需要が高まるにつれて、多くの人びとが農村から都市に流入していた（「プロト工業化」については、第7章を参照）。統一的な行動を取るために、いきおい「規律」が求められた軍隊が都市内に置かれることにより、将兵のみならず、彼らを受け入れた都市民をも巻き込んで、生活の規律化が進行することとなった。以下では、一八世紀のプロイセンを対象として、将兵の衣・食・住の有り様を、都市内部における社会的関係に即して観察することにしよう。

一八世紀において、歩兵、騎兵、砲兵隊の別を問わず、軍隊はほとんどが都市に駐屯したが、将兵の居住する兵舎についてはごく小規模に存在したか、あるいはまったく存在しなかった。したがって、将兵のほとんどは市民の住居に住まわせてもらっていたのである。これを「宿営」という。宿営とは、同じ家屋に都市民と将兵が同居することを意味していた。それゆえに、宿営に対する市民の抵抗も強かったため、これが実現される過程において、市民にも影響が及んだ。宿営の設定において、市民は大市民・中市民・小市民の三カテゴリーに、将兵は連隊長以下の参謀将校、中隊長、下級将校、下士官・兵卒の四カテゴリーに分けられ、それぞれ負担と権利の程度が異なっていた。参謀将校には台所も備わった立派な家が与えられ、中隊長も二部屋を要求する権利があった。一方、下級将校は一人が一部屋に、下士官・兵卒はたいてい一部屋に四人が宿営した。

ここで一般兵卒の宿営について、少し詳しく見てみよう。彼らの部屋は通常道路に面しており、下士官が巡視をする際には道路から部屋の内部が見えるようになっていた。四人が生活する部屋であるため、部屋には四つのベッドと椅子が置かれ、中央には机があり、壁には軍服と武器のための掛け釘がついていた。その他に、勤務に就いていない時に糸を紡いで副収入を得るために、糸車も備えられていた。同居する四人のうち一人は、中隊長の信頼が篤い永年勤続の老兵であった。この老兵は、生活面で他の三人を指導し、監視する役割を任されていた。教練においては武器の扱い方を、在宅時には糸の紡ぎ方を教えた。朝は規則どおりに起き、身なりを整えて家を出て、夜は定時に部屋に帰るよう指導した。特に若い兵卒は常に逃亡するおそれがあったので、彼らに対する監視に努め、下士官に異常の有無を報告するのも、老兵の仕事であった。

兵卒には結婚が奨励された。結婚によって妻も働くことで生活にゆとりが生じ、逃亡の危険性が小さくなることが期待されたからである。首都ベルリンに駐屯していた連隊兵士のうち、一八世紀後半には、三人に一人が既婚者であった。既婚者には家族用の兵舎が与えられることもあったが、それは一つの部屋と一つの小部屋から成っており、この小部屋に若年兵が同居させられていた。このような住のあり方からは、信頼のおける兵卒と若年兵を同居させることで、後者により前者を監視させる体制が取られていたことが窺われる。

衣については、中世後期・近世初頭以来、衣服条例の発令をつうじて諸階層に対する衣の統制が進められていた。この延長線上に位置して、これを徹底化したのが、軍隊におけるユニフォーム、すなわち軍服である。もっとも、三十年戦争（一六一八～四八年）を戦った傭兵たちの軍服は個人によってまちまちであったが、一八世紀の常備軍の軍服は画一的になり、文字どおりの「ユニフォーム」になった。軍服は連隊や兵種ごとに、その型と色彩が定められていた。歩兵隊については一七二四年、騎兵隊については一七二七年に、軍服は毎年配布されるものとされ、軍人のシンボルとなった。軍人は勤務中だけでなく、私的な外出時にも軍服を身につけ、副業として市民的職業に従事する際にも、軍服を着ていなくてはならなかった。農村では、帰休兵が農作業に従事する時にも軍服を着用することが求められた。

最後に、食の問題を見ておこう。兵士は軍隊から給料を受け取ったが、その額は通例五日間で八グロッシェンというわずかなものであった。食事についてはすべてこの給料で賄うこととされていたため、宿営の宿主には食事を提供する義務はなかった。少額の給料で食費までカバーすることはできなかったので、自由時間や休暇には、糸紡ぎなどの内職をして副収入を得ることが必須であったが、それでも満足な食事にありつくことはむずかしかった。スイス出身の貧乏兵士ブレーカーの自伝によれば、朝食には塩パン、夕食にはパンにコップ一杯の薄いビールを食したらしい。昼食だけは、同室者と金を出し合って宿主に食事を作ってもらい、肉と芋と豆の入ったスープをとることができたという。このように兵士にとってはぎりぎりの食生活であったので、生活必需品の価格高騰は彼らの生活を直接脅かすことになり、ひいては都市社会全般に社会不安をもたらした。そのために、食肉・パン・ビールなどの食料品に対して価格統制をおこなうために、都市と軍の代表者から成る委員会が組織され、毎月一回、食料品の公定価格が示された。兵士たちは、ビールを飲むときには査定額を表示している安い居酒屋を利用した。ここからは、軍隊が都市の経済統制に介入していた一例を確認することができる。

以上の事例から、常備軍に身をおいた将兵たちの日常生活に、間接的には彼らを受け入れた駐屯都市の市民たちの生活にも、規律化が及んでいた様子をかいま見ることができる。

内審理官」のグループから地方長官が任命されるようになっていた。ところが、出身母胎である宮内審理官の職そのものは売官官職（保有官僚）であったのである。このような事態をふまえて、「地方長官の苗床は保有官僚である」とする指摘もなされている。

以上のことから、近世国家における官職は家産（家の財産）として扱われる傾向が強かった、ということになろう。このことは、官職の世襲化を保障したポーレット法（一六〇四年）の制定により、制度的にも固められた。ここに、国家の体制と社会の支配者層の家産とが緊密に結合することにより、王権は安定した基盤を確保した。それゆえにこそ、近世国家におけるその統合の有り様を考えるにあたっては、国家権力による「上からの独占的な支配」を想定することは、きわめて不適切なのである。

2　近世国家の権力構造

近世国家と社会的結合関係

ここまで我々は、次のことを確認してきた。すなわち、近世の国家は領域的な一体性を獲得していたわけではなく、他方で、国王の命令に従って忠実に働く、統一的な官僚制を整備できていたわけでもなかった。このように、我々がイメージする現代的な統一国家の域に近世国家が到達することができなかったのは、何故だろうか。ここには、近世的な権力構造の有り様が関係している。というのも、近世のヨーロッパ諸国家は、中世以来の伝統的な社会の構造によって制約されていたために、それに適合する形で、かつそれを利用するよりほかに、独自の権力構造を作りだす方途をもたなかったからである。それゆえに、近世国家の権力構造を読み解くためには、国家権力による「上からの独占的な支配」を想定した方法を取ることは、あまり効果的とはいえないだろう。それよりはむしろ、権力構造の基礎をなしている「人と人とのかかわり」（社会的結合関係）の面からこれをとらえなおして見るべきであろう。そこで以下においては、実際には重なり合って存在している「社会的結合関係」の二つの過程について、これを分けて考えてみることにしたい。

第一の過程とは、「自然発生的」な社会的結合関係にもとづいている。そこでは人びとの間における「共同性」の側面が強調される。この過程は、以下に掲げる図式において、左上がりの上向きのベクトルで示される。第二の過程は、この上向きの過程を国家権力側がその内部に「取り込もう」として働きかける過程である。そこでは、国家権力に関する「支配と従属」の側面が色濃く反映される。図式においてこの過程は、右下がりの下向きのベクトルで示されることになる。現実の社会においては、多様な社会的結合関係が重層的に絡み合って存在していたわけであるが、以下では、とりわけ重要な結合関係として、第一に空間的・地縁的結合、第二に職能的結合を取り上げて、近世国家の権力構造を読み解いてみることにしたい。

空間的・地縁的結合

まずは、左上がりの上向きのベクトル、すなわち「自然発生的」な社会的結合関係から始めよう。図６－３に示されているように、空間的結合において、その出発点は「家」なのであって、決してばらばらな「個人」ではなかった。たしかに「生物学的」な意味においては個人が存在するが、これら個人が直接に社会関係を取り結んだわけではない。諸個人はまず血縁的組織としての「家」に編成され、家を起点として社会的結合関係が始まる。その際、農民の家にせよ商人の家にせよ、家の構成員のうちで実権をもち、家の代表者として見なされたのは、「家長」のみであり、その家長は父親（家父長）であることが通例であったということを、現代社会との相違点として留意しておくべきであろう。

このような家を起点とした地縁的結合の最初のレベルとして、農村では「村域」、都市では「街区」が形成された。農作業の基本的単位であった村域は、農民相互の共同性が発揮される場であり、街区も同様に生活の共同性が強く保たれた場であった。したがって、両者はともに住民にとって日常生活の基本的枠組みであったため、「自分たちの村」、「自分たちの町」という意識は強烈であった。ちなみに、一七世紀末におけるフランス王国の村域についていえば、住民数にして五〇〇〜六〇〇、「家」の数では一〇〇戸前後の地縁的集団が、社会を構成する細胞として存在していたことになる。

「村域」が一定数集まれば、これらの村を支配する領主の所領、いわゆる「領主所領」を、複数の街区が集まると「市域」を、一段上の枠組みとして想定することが可能である。とりわけ都市の場合には、これらが市壁（都市の城壁）によってとり囲まれ、シンボルとしての教会の鐘楼を持ったことにより、その空間的な一体性はより強固なものであった。

これらの地縁的結合の枠組みがさらに拡がれば、「地域」や「地方」といった上位の枠組みに到達する。両者の数については、「地域」を約三〇〇、「地方」を五八、とする数字が一応の目安とされている。

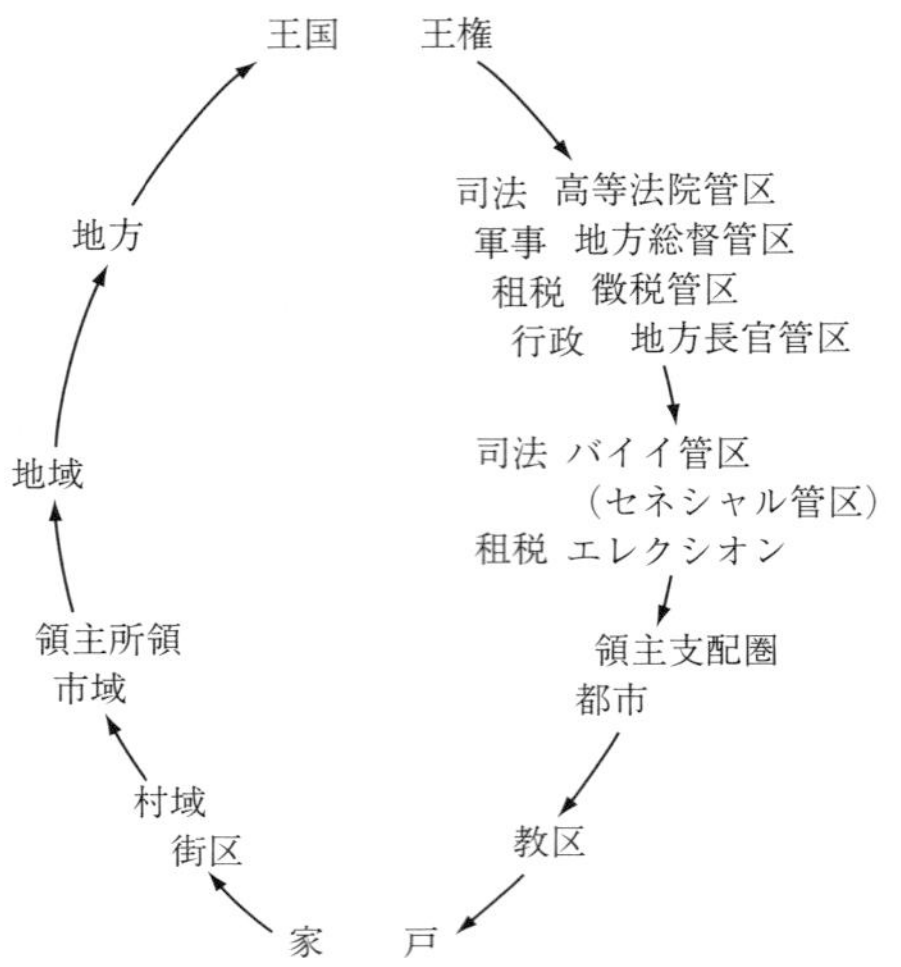

図6-3　空間的・地縁的結合

出典：二宮，前掲書，129頁をもとに作成。

このことの一つの現れとして、慣習法の存在を挙げることができる。この二つの枠組みは、古くから社会的・文化的一体性を保持してきた領域である。このことの一つの現れとして、慣習法の存在を挙げることができる。近世国家においては、多種多様な慣習法が存在していたわけであるが、フランスでは、ある程度の整理・統合がおこなわれたアンシアン・レジーム末期においても、「一般慣習法」は約六〇を数えたのである。このような慣習法が「地方」の枠組みに対応する形で普及していたことについて、図6-2から読み取ることができよう。

以上において、空間的・地縁的な結合の側面から、「自然発生的な」社会的結合関係をその様々なレベルに応じて見てきたわけであるが、これらの諸関係が最終的に集積されたものがフランス「王国」であった。これに対して「王権」は、これらの社会的・文化的な一体性を持った諸領域の存在を前提としたうえで、これらを一定の権力秩序へと取り込んでいくことに努めたのである。「王権」からスタートする権力への取り込みの過程が、図6-3の右側に下向きのべクトルとして表されることになる。

まず「地方」のレベルにおいて、四つの分野に応じて支配への「取り込み」の網がかぶせられた。すなわち、司法における「高等法院管区」、軍事における「地方総督管区」、租税徴収における「徴税管区」として、「地方」がいわば行政上の単位へと組織し直されたのである。一七世紀にはいり、国王行政の要として地方長官制が導入されると、おおよそ「徴税管区」を基礎として「地方長官管区」が設けられた。フランス革命が勃発する一七八九年の段階におけるそれぞれの管区の数は、高等法院管区が一七、地方総督管区が三九、徴税管区が三四、地方長官管区は三三であった。分野による管区数の食い違いは、王国内諸領域に対する王権による行政的な把握が容易でなかったことを物語っている。いずれにしても王権は、「地方」という「自然発生的」な社会的結合関係を前提にして、その上に支配の網をかぶせていくことを目指したのであった。

もっとも図６‐３（高等法院管区）に示されている高等法院については、その両義的な特質に留意する必要がある。高等法院とは、フランス王国の最高司法機関である。現代日本の裁判制度でいえば、高等裁判所や地方裁判所に相当すると考えてもらうとよいだろう。しかしながら、高等法院には、「王国の最高司法機関」という位置づけには収まりきれない役割が与えられていた。というのも、国王の発する王令は各地方の高等法院において登録されなければ、その地方で発効しなかったし、この王令を審議して意見を述べる権利（建白権）をも高等法院が有していたからである。それゆえに、「王令に対する登録権と建白権」をつうじて、高等法院はしばしば地方の利害の代弁者として、王権と対立したのである。このように、地方の行政単位が「地方の利害を代弁する」機能をも担ったことは、近世ヨーロッパの他の「主権」国家においても共通して現れた現象であった。

ついで、およそ三〇〇を数えた「地域」のレベルにおいては、司法については「バイイ管区」ないしは「セネシャル管区」、租税徴収については「エレクシオン」が設定された。アンシアン・レジーム末期において、「バイイ管区」（および「セネシャル管区」）の数は約四〇〇であったとされている。

下向きの過程をさらに降ると、農村部では「領主支配圏」、都市部では「都市」が該当する。前者は「領主所領」、後者は「市域」にそれぞれ対応している。領主の自立的支配を支えてきた「領主裁判権」は、国王裁判所と対抗しながらも、他方では、王国司法体系（バイイ管区→高等法院管区）における初審裁判所としての役割を担わされるようになってきていた。また、都市については、市政府に旧来からの自治権が認められる代わりに、各地方の拠点都市に地方長官府が置かれたことにより、王国行政における要の位置が与えられた。このように、旧来からの特権を容認しつつ、領主や都市を支配秩序の中に組み込んでいったところに、近世国家の支配構造の特徴があったのである。

「自然発生的」な地縁的枠組みとしての「村域」や「街区」に対応していたのが、「教区」である。元来カトリック教会の組織である「教区」は、王国の行政区画として、ほぼ今日の「町村」に相当する役割を果たしていた。このことは、教区の司祭が末端の行政官僚にあたる役割を担っていたことから明らかになる。まず、国王が発した王令は、日曜日のミサのあとに司祭から読み上げられることにより、農民や都市民に伝えられた。さらに、今日の戸籍簿の前身である「教区簿冊」（信徒の洗礼・婚姻・埋葬の記録）の作成は、司祭のおこなうところとされていた。このような「教区」の有り様は、同時代（江戸時代）の日本において、寺請制度をつうじて、寺院が幕府の庶民支配機構の末端の役割を果たしていた状況ともきわめて類似している。また、王税の徴収も、ほぼ教区単位でおこなわれていた。

最後に、「自然発生的」な結合関係の出発点としての「家」は、課税単位としての「戸」として、王権による支配秩序のなかに取り込まれる。

職能的結合

社会的結合関係が結ばれる二つめのレベルとして留意されるべきは、「社会において職業がもたらす結びつき」、すなわち職能的な結合のレベルである。職能的な結合においては、ここまでに見てきた空間的な結合のように、局地的な枠組みがさらに広域の枠組みに包摂されていくといった段階的な編成は現れてこない。少なくとも「自然発生的」な結合関係のもとでは、各職能集団の間に序列はなく、相互の関係は並立的なものであるからである。以下においては、空間的・地縁的結合と同様に、自律的な職能集団に対する王権側による支配秩序への取り込みの実態とその論理について、解析してみることにしたい。

中世以来の伝統的な職能区分は、「祈る人」(聖職者)、「戦う人」(貴族)、「働く人」(商人、職人、農民)であった。中世盛期から末期における職能分化の急速な進展をへて、この伝統的三区分の内部に、あるいはこの区分をこえて多様な職能集団が分化し、それぞれが独自の結合体として形成されることになる。わけても最も多様な分化を示したのは、臣民の大多数を占めた「働く人」であった。その最上層には、金融業者、徴税請負業者、大貿易商人などが派生し、その下には一般の商人、手工業者、農民といった職能集団が存在していた。

これらの「自然発生的」な職能集団は、どのようにして王権の支配秩序に組み込まれたのだろうか。まず、伝統的な三区分としての「祈る人」、「戦う人」、「働く人」は、王権によって把握されることにより、それぞれが「聖職者身分」、「貴族身分」、「第三身分」として国家体制のなかに位置づけられることになった。すなわち、これらの三身分は、フランス王国の身分制議会(身分代表による合議機関)である全国三部会や地方三部会に出席するための法的資格を与えられたからである。さらに、全国三部会が一六一四年の召集の後に開催されなくなった後に、「聖職者身分」は独自の「聖職者身分会議」を開催する権利を保持し続けたが、高位聖職者の任命権が国王に集中されたことにより、王権の支配秩序のなかに組み込まれてしまうことになった。同様に「貴族身分会議」を組織しえた「貴族身分」も、貴族資格の最終的な認定権が国王に握られ、新たな貴族叙任(貴族としての任命)の権限が国王に独占されたことによって、自律的な社会集団というよりは、王権から法的地位と特権を与えられる団体へと、その本質を変化させた。

同様のことは、「働く人」から派生した様々な職能集団についてもあてはまる。「西インド会社」に代表される特権貿易会社を組織した大貿易商人たちは、国王から営業に関する独占権を付与されることにより、自ら進んで王権の支配秩序のなかに取り込まれていった。一方で、商人や手工業者は「同職組合」を、農民は「農民共同体」を組織することにより、自分たちの営業圏や生活圏を維持することに努めたが、これらの組合や共同体も、多かれ少なかれ自らの法的地位と特権について、これを王権から認められていたのである。こうした状況は、江戸時代の日本において、商人や職人が自発的に組織した「仲間」に対し、幕府が政策的にその存在を公認し、利用していったことにも通じるものがあるといえよう。

以上に見てきたところから、次のことを確認することができるだろう。社会の諸階層において「自然発生的」に、すなわち自発的に組織された各種の職能集団に対し、王権はその存在を認め、それらが享受してきた伝統的な特権を承認する代わりに、法的地位を与え、王国秩序のなかに組み込んでいったのである。このように権力秩序に組織しなおされた団体のことを、「中間権力」ないしは「社団」と呼ぶ。同様の視点からすれば、先に確認した空間的・地縁的結合における「地方」、「地域」、「領主所領」（村）や「市域」（都市）なども、それぞれが王権により独自の法的地位を認定され、王国秩序に取り込まれた中間権力（社団）であった。再び同時代（江戸時代）の日本に立ち返って見れば、全国に三〇〇近く存在したといわれる「藩」（フランス王国の「地方」に相当するだろう）をはじめ、都市や村を含めた自律的な社団の存在を公認し、これを幕府の権力秩序に組み込むことによってはじめて、幕藩体制が成立しえていたことになる。

フランス王権が王国の全領域とそこに居住した臣民の統合にいたった道筋は、現代社会に生きる我々の国家理解とは相当に異なった道筋であった。王権は、既存の「自然発生的」な諸団体を前提として、それらが持つ伝統的な特権を認めつつ、王国秩序のなかに取り込んでいった。これらの諸団体（社団）を媒介とすることにより、王権は王国領土とその臣民を掌握しえたのであった。こうした社団を媒介とした統合は、フランス王国のみならず、他の近世ヨーロッパ諸国家にもあてはまる。さらには、部分的に例を引いてきたように、日本をはじめとした他の文化圏にも、同様の有り様を見いだすことが可能なのである。

（扉図出典：Wim Blockmans, *Geschichte der Macht in Europa : Völker, Staaten, Märkte*, 1998.）

第7章

近世的統治の崩壊と啓蒙思想

渋谷　聡

ダニエル・ホドヴィエツキ『啓蒙』

概　要

一八世紀になると、社団に基づく社会統合が揺らぎ始めた。そこには、「工業化」の進展がかかわっている。近世後半における工業化は、農村家内工業、問屋制、工場制手工業（マニュファクチュア）という三つの段階をへて進んだ。これを「プロト工業化」と呼ぶ。プロト工業化は同職組合の営業規制を打破して、新たな工業生産の展開を切り開いたために、近世国家の諸政府はこれを積極的に支援した。

一八世紀には、人口増加を背景として、都市化が進行した。その結果、多様な諸階層をかかえ込むことになった都市において、同職組合などの社団は、内部に深刻な亀裂を生じた。そのために、プロト工業化をへて成長した新興ブルジョワジー（市民階級）は、同職組合などにもとづく既存の体制に不満を募らせることになる。市民階級による体制批判の指針となったのが、「啓蒙思想」であった。「資本主義世界経済」の展開にともない、出版メディアと公論の場を得た市民階級に下支えされることにより、理性や経験科学を武器として伝統的な権威を拒否する啓蒙思想が鍛えられ、次なる新たな時代を準備することになる。

市民階級の上昇、国家権力の干渉により特権を脅かされた貴族層の反撃が、一八世紀後半にヨーロッパの各地で展開した。いずれの地域においても、二つの対抗軸、すなわち、財政の逼迫と啓蒙思想に駆り立てられた改革的王権と特権維持を訴える社団との対立が、その基調をなしていた。

一三四一	ペトラルカ、桂冠詩人に
一四九八	レオナルド・ダ・ヴィンチ、「最後の晩餐」を完成
一五一七	ルターの宗教改革始まる
一六四〇	ピューリタン革命（～六〇）
一六六一	ニュートン、「万有引力の法則」を発見
一六八八	名誉革命（～八九）
一七四八	モンテスキュー、『法の精神』を刊行
一七六二	ルソー、『社会契約論』を刊行
一七八六	英仏通商条約の締結
一七八九	フランス革命始まる

1　社会における社団的編成の変容

前章で確認してきたように、近世国家は、中世以来存続してきた既存の諸団体を前提とし、諸団体の特権を認めながら権力秩序に取り込むことにより、これらの中間団体ないしは社団を媒介として臣民を掌握していた。もっとも、近世社会の社団にもとづく編成やこれに対する国家権力による社団の組織の仕方が、近世全般をつうじて変わらなかったわけではない。一七世紀半ば以降、とりわけ一八世紀に入ると、この変容の過程が顕著なかたちで表面化することになる。この変容は、第5章で述べた「資本主義世界経済」（「近代世界システム」）の展開と、より直接的には、「工業化」の進展と密接にかかわっていた。したがって、まずはこの点にかかわる状況から、検討を始めることにしよう。

前提としての「プロト工業化」

ウォーラースティンによれば、資本主義に基づく同心円的な地域間分業の体制、すなわち「近代世界システム」は、一五世紀以降、ヨーロッパに誕生し、その拡張を開始した（第5章を参照）。今日我々の経済生活をも支配している資本主義とは、「資本─賃労働関係に基づく商品生産の体系」（資本家が賃金労働者を雇って市場むけの生産をおこなう制度）を意味する。従来の通説では、一八世紀末葉のイギリスに始まり、一九世紀末までに他の欧米主要国と日本にも波及した「産業革命」によって資本主義が確立した、と考えられてきた。しかしながら、近年の研究は、一七、一八世紀における繊維ならびに金属の製造過程に着目し、「プロト工業化」という概念によってこれを説明している。なぜなら、そこでは、機械こそ用いられていなかったものの、後の産業革命（工業化）につながりうる革新的な作業形態が生み出されていたために、これを工業化の準備局面、すなわち原初的な工業化（プロトは英語で「原始・原初」を意味する）の過程と見なすことが可能だからである。以下では、この「プロト工業化」について、その大まかな道筋を示しておくことにしよう。

プロト工業化は、通常、次の三つの段階をへて進んだとされている。すなわち、農村家内工業、問屋制、工場制手工業（マニュファクチュア）の三段階である。ここでは、一七世紀後半以降（三十年戦争を終結させた、一六四八年のウェストファリア講和条約以後）の神聖ローマ帝国（ドイツ）での紡績・織物業に即して、プロト工業化の進行過程を概観してみることにしたい。

三十年戦争による社会的・経済的なダメージにより、ドイツの諸地域は、ほぼ半世紀に及ぶ経済不況に見舞われることになった。農業、工業の両部門が、戦争以前、すなわち一七世紀初頭の水準に回復しえたのは、ようやく一八世紀初めのことである。こうした趨勢において、穀物価格と農業賃金の低さに苦しんでいた農民たちは、本業での収入を補う二次的収入を求めて、彼らの家庭内での機織り作業（農村家内工業）に手を染めていくことになった。こうして、農民たちは農村家内工業に着手するに至った。他方で、彼らを取り巻く地域の市場の動向、さらにはウォーラーステインの説明でいえば、「半周辺」地域（第５章を参照）にドイツ諸地域が属していたことから、中核諸国（イギリス、オランダ）により主導された国際市場の動向にも、農村家内工業は大きく依存していた。

農村家内工業において生産された商品（糸や織物）は、市場に出荷され、売りに出されなくてはならない。このプロセスを担当したのが、商人や金融業者（商人企業家）であった。彼らによって農民たちの営みが組織された形態に、歴史家は「問屋制」という呼び名を与えている。彼ら商人企業家は、農民たちに道具や原料を前貸しして注文生産をおこなった。ついで彼らは、出来上がった製品を農民から買い占めて、これを市場で売却したのである。商品そのものは個々の農民家庭で生産されたが、それ以外の過程は、商人によって一手に握られていた。農民を賃金労働者、商人を資本家とするアナロジーにたって見れば、生産以外の他のすべての局面が商人企業家によって集中化されていることになるので、これを初期的な資本主義的生産形態とする位置づけが、「問屋制」に与えられたわけである。

農村家内工業、ならびにこれを組織化した問屋制の展開に対しては、これを阻もうとする勢力が存在した。すなわち、中世以来の地盤に立脚した都市の手工業、ならびにこれを組織した「同職組合」（ギルド）である。他方で、領国の経済復興を目指したドイツ諸領邦の政府は、当時生まれつつあった新たな需要（常備軍と宮廷からの物資需要）にこたえ、超地域的な市場および国外の輸出市場への商品供給を可能にする、新たな工業を創出する必要に迫られていた。それゆえに、同職組合の営業規制を打破して新たな工業生産の展開を切り開くために、農村家内工業と問屋制に対し、領邦諸政府は積極的な支援を展開したのである。このような国家権力によるプロト工業化への支援については、同時代の他のヨーロッパ諸国においても、ほぼ同様な展開を指摘することができる。

プロト工業化の第三段階が、「工場制手工業（マニュファクチュア）」である。これも前二者と同様に、同職組合の規制を打ち破る生産形態として注目され、国家権力もこれを積極的に支援することになった。すなわち、同職組合の枠外で集められた労働者を企業家が仕事場に集め、労働者は分業の方式に従って働かされたのである。分業方式の導入により、生産工程の作業内容に応じて、高い技術を要する工程には熟練工が、単純労働の工程には不熟練工や子どもが投入され、繊細さを要する工程には女性が多用されるなど、産業革命期以後の機械制大工場を彷彿とさせるような、新たな展開が生まれた。このように、労働の過程そのものはなお手工業に依っているものの、集中化されたその組織形態（分業と協業）から、「工場制手工業」は、革新的な組織形態として見なされている。

以上に見てきた三つの段階は、いずれも資本家が賃金労働者を雇って市場向けの生産をおこなう制度、すなわち資本主義の始まりを示すものとして評価されており、まさにこの点にこそ、「プロト工業化」とする概念が導入された所以がある。高等学校の世界史教科書においても、一〇行程度の説明でもって、上記の過程が要領よくまとめて叙述されている。しかしながら、注意しなくてはならないのは、この三つの段階が、あたかも三段跳びにおけるホップ、ステップ、ジャンプのように、順序よく進行したとは限らない、という点である。

というのも、とりわけ最も先進的な組織形態と見なされてきた、工場制手工業については、絹織物や磁器など、購買層が限られた奢侈品の生産について導入されることが多かったため、当時の工業生産において占めたその割合は決して高いものではなかったからである。例えば、ドイツのある研究によれば、一八世紀ドイツの工業生産において、工場制手工業が占めた割合は、七%であったにすぎない。逆に、当時の工業生産のほぼ半数を担っていたのは、同職組合に基盤をおく、伝統的な都市の手工業であり（四九・九%）、問屋制がこれに続いていた（四三・一%）。したがって、プロト工業化の過程は、なお隠然たる影響力を有していた都市の手工業の圧力に抗しつつ、地域差をもともないながら進展したジグザグのコースとして、理解されなくてはならない。それにもかかわらず、プロト工業化をつうじて、同職組合をはじめとする身分制にまつわる種々の営業規制が明確なものとなり、徐々にこれらが突き崩され、工業化への道筋がつけられつつあったのは、紛れもない事実であった。

社団における均質性の喪失

プロト工業化の進展をひとつの契機として、近世国家における統合の要であった「社団」のもつ矛盾が徐々に露呈されることとなる。以下では、二つの論点から、社団の変容の実態に迫ってみることにしよう。

第一に、近世の社団が自由な経済活動を妨げる傾向を有していたことに、我々は留意しなくてはならない。なぜならば、身分制社会を支える地縁的かつ職能的な団体であった「社団」には、構成員の特権についてはこれを擁護すると同時に、特権を危うくするような新たな動きを妨げようとする指向が、内在していたからである。

したがって、すでに見てきたように、プロト工業化の進展に対して、同職組合は往々にしてこれを阻止する構えを見せた。それゆえに、同職組合の営業規制の及ばない地域、多くは農村地域から、農村家内工業として、プロト工業化は出発せざるをえなかったのである。したがって、プロト工業化をへて成長した新興ブルジョワジー（市民階級）は、同職組合に対する不満を募らせることになった。

他方で、同職組合の内部においても、中下層の構成員を排除して、特権階層である上層構成員のみを擁護しようとする傾向が、顕著になってくる。

ヨーロッパにおいて、手工業で身を立てようとする者は、親方と徒弟契約を結んで弟子入りし、徒弟（年季奉公人）として修行を積まねばならなかった。三～五年に及ぶ徒弟期間を終えると、彼らは職人として働き、親方になるにふさわしい条件を満たせば、独立して自分の店を持つことができた。ところが、中世後期以降の都市人口の増大にともない、職人の数が増えてくると、営業権をもつ親方の数そのものが限定されるようになり、親方になれない職人が増大した。彼らは親方とは別個の組織（「職人組合」）をつくり、特権にしがみつく親方層と対決するにいたった。

また、親方層の内部においても、この頃には不協和音が生じている。同職組合の役員ポストが、閥族家系の親方に独占される傾向が強まったことにより、親方層そのもののなかで格差が生まれていたのである。

このように、親方と職人・徒弟、および親方相互のあいだにおいて、同職組合が有した職能的共同性には、すでに二重、三重の亀裂がはいっていた。

第二に留意すべきは、旧来の社団的編成からはずれてしまう社会層の出現である。都市においては、中世末期以来の人口増大にともない、市民権をもたない非市民ないしは貧民層が増大していた。例えばフランスにおいては、一八世紀の一世紀間に、都市人口の比重が全国民のうちの一五％から二〇％へと上昇しており、都市化が進行していた。他方で、農村（農民共同体）内部でも同様に、農民相互間の階層分化が進行していた。さきにふれた農村家内工業の進展とも相まって、地縁的共同体の平等な構成員であったはずの農民たちは、裕福な指導的農民（富農）と彼らに労働力を提供する農業労働者（貧農）へと、分化を遂げていたのである。

このようにして、職能的共同体としての「同職組合」と「農民共同体」、および地縁的共同体としての「都市」と「農村」のいずれのレベルにおいても、所属する構成員間の相互連帯はその実質を失いつつあった。ここに、近世国家の統合を支えてきた種々の社団は、実質的に解体へと向かいつつあったのである。

このような社会の変容が、とりわけ北西ヨーロッパ（中核）の諸国においては市民革命に、他の諸国でも旧来の社会制度に一定の改革を施す方向（後述する「啓蒙専制」など）につながっていった。こうした動向を加速させたのが、一八

コラムⅦ

一八世紀の民衆運動

渋谷　聡

本章では、資本主義に基づく世界の拡大を背景として、社会統合の有り様が揺らぎ始め、近世的統治が崩壊にむかった、そのプロセスを概観してきた。その際、主要な勢力として、次の三者を取り上げた。すなわち、啓蒙的改革に努めた王権・政府、歴史特権に固執し続けた貴族・社団、勢いを強めつつあった市民階級の三者である。これに加えて、脇役と見なされがちであるが、にもかかわらず重要な役割を果たした、もう一つの階層をここでは取り上げておくことにしよう。それはすなわち、都市や農村に生きた民衆である。以下では、食糧蜂起とシャリバリという対照的な二つの慣行に則して、場合によっては政府当局にも異議申し立てをおこない、新たな時代の到来を引き寄せることにもなった、民衆運動にスポットをあてることにしよう。

まず食糧蜂起についてであるが、イングランドでは一六九〇年代から一八一〇年代の間に、食糧蜂起が繰り返し起こった。一六、一七世紀にも食糧蜂起は起こったし、一九世紀半ばにも起こっている。しかしながら、以下に見るように、民衆による「法の代執行」という性格をそなえた食糧蜂起は、とりわけて一八世紀の現象である。なぜなら、一八世紀の食糧蜂起は餓死寸前の極貧状況から生じたのではないからである。食糧価格の変動幅は前世紀までに比べて相対的に小さくなっていたが、それにもかかわらず、蜂起の発生は増大していた。地域的に見た場合、鉱・工・商業が盛んで、これらの産業に従事する労働民衆が多い地域にかたよって、こうした蜂起は発生しやすかった。ここでいう労働民衆とは、半農半工（鉱）などの兼業者が含まれ、自営業者であれ、賃金労働者であれ、当時の商品経済に積極的に関与した男女たちであった。

彼らはたいてい、次のような行動パターンをとった。小麦などの穀物価格が高騰すると、蜂起勢は農業経営者や小売商を集団で脅し、平時の価格まで下げさせて、その価格で販売するよう強要した。あるいは、業者によって隠匿されている穀物を蜂起勢が自主的に捜索・摘発したり、運搬中の食糧を掠奪・没収したうえで、これらを市場などの公的な場において平時の価格で販売した。蜂起勢には、（価格高騰をもたらすような）不法な商取引があればこれを自ら正さなければならない、あるいは不法行為は彼らの直接行動を正当化する、といった独特の法意識があったようである。その際、民衆の所属する地域社会の慣習法が、食糧危機の折に人びとがどこで、いかなる諒解にもとづいて行動すべきかを規定していた。蜂起勢の自己規律は、怠慢な当局者に代わって自ら法＝正義を執行するものであり、それゆえに正当性をもっているという確信に支えられていた。このような地域社会の人びとによる正当性（慣習法にもとづくあるべき規範）の共有ないし共感が、食糧蜂起における直接行動の前提にあり、このことが法の代執行を確固たるものにした。

　次にシャリバリについて見てみよう。シャリバリとは、ヨーロッパ全般において中世末期から一九世紀まで広汎に見られた現象である。その代表的な形態としては、結婚・再婚する男女の組み合わせをめぐって未婚の若者たちがおこなった集団的な異議申し立ての行為がある。ここには、未婚の若者たちが自分たちの所属する都市や農村の共同体における規範の担い手として、自らを社会化していくうえでの通過儀礼の一環という側面が顕著である。すなわち、共同体の再生産のために必要な男女の組み合わせの適合性や釣り合いを乱すような結婚や再婚（中高年の男性と適齢期の女性といった組み合わせ）を揶揄するような「どんちゃん騒ぎ」がそれにあたる。しかしながら、こうした側面だけを強調しすぎると、シャリバリのより本質的な側面を見逃してしまうことになる。シャリバリは、決して「情痴の沙汰」にとどまらない、性・世代・政治が交わって表明された民衆文化の一側面を示している。

　シャリバリには、「どんちゃん騒ぎ」、「夜、新婚男女の家の前でおこなう鍋釜セレナータ」といった訳語があてられる。さらには、次のような定義づけをおこなうことができる。すなわち、「共同体の規範・掟に違犯したか、しそうな者にむけられた集団的制裁の示威行為で、儀礼のような様式、騒然たる音響をともなうもの」である。ここでいう制裁とは、①一種の神聖さをおびた規範をまもるよう強制し、②違犯した者を処罰し、③このような強制、懲罰をみんなで承認し、同調する、という三つの局面からなりたつ。実際には、丸太棒、椅子、車、ロバなどに制裁の対象となった人物か、これに似せた人形を乗せ、これを大勢で引き回して練り歩く。行進の間、楽器や鍋釜などの台所用品、道具などを打ち鳴らすことにより、騒がしい音響空間がつくられる。最後に、池や川に行って棒や車ごと人を水中に投げ込んだり、広場で人形を絞首刑に処したり、焚火にくべたりした。

　同時に物笑いの種となる寸劇が演じられる。寸劇の対象とされた男女としては、いつも女房の尻に敷かれている夫、あるいは逆に妻が他の男と密通したことが露見した夫（寝取られ亭主）などである。当時の家父長的価値観からすれば、夫がしっかりしていないために、恥ずべき結果を招くこととなった。したがって、寝取られ亭主をはじめとする規範から逸脱した人物は、物笑いの対象とされたのである。ここからは、規範に違犯した者に大笑いという懲罰を加えることにより、全員でもう一度共同体の価値や規範を承認し、同調しようという、民衆による自己規律の有り様をかいま見ることができる。

世紀の思想レベルにおける変化であった。特権にもとづく中間団体（社団）を媒介とした権力秩序、あるいはそれに基づく国家形成の原理そのものを否定する考え方、すなわち「啓蒙思想（啓蒙主義）」の登場である。

2　啓蒙思想

「啓蒙」（enlightenment）とは本来、「理性の光による照明」を意味する。すなわち、「能力」によるのではなく、「生まれ（身分）」によって、社会において占める位置が決まってしまう、という身分制社会の不合理を人びとに知らしめ、「法の前の平等」こそ、自然の理にかなったあり方であることを、啓蒙思想は明らかにした。それゆえにこの思想は、市民革命の思想的基盤にもなりえたのである。

もっとも、啓蒙思想は一八世紀にいたって、突如として現れたわけではない。身分制という社会編成の原理そのものが、中世以来の「祈る人」、「戦う人」、「働く人」という三つの職分に即して、ローマ・カトリック教会によって理論化・正当化されてきた経緯からすれば、キリスト教わけてもカトリックの人間観および社会観が克服されねばならなかった。したがって、人びとの観念から「超越的な権威」としてのキリスト教が後退し、社会は人間が主体的に作り上げていくものである、とする社会観が必要とされたのである。そのための前提は、啓蒙思想に先行する三〇〇年のあいだに作られていた。すなわち、一四・一五世紀のルネサンス、一六世紀の宗教改革、一七世紀の科学革命をつうじて、徐々に地均しが進められてきていた。以下では、いわば啓蒙思想の「歴史的前提」と見なされうる以上の三つの変革について、簡潔に概観することにしたい。その際には、本節の趣旨にのっとり、それぞれの事象の詳細に立ち入ることは避け、啓蒙思想につながる思想上の文脈をおおまかに掴むことに努めたい。

啓蒙思想の歴史的前提

ギリシア・ローマの古典文化の「復興」を掲げたルネサンスをつうじて、カトリックの人間・社会観ないし世界観は、明確に疑問視されることになった。

東方貿易により諸都市が繁栄した、一四世紀のイタリアにおいては、大商人層が政治の実権を握り、新しい市民文化の誕生を後押しした。イタリア都市民の豊かな生活を背景とした、彼らの現世肯定的な世界観は、「唯一絶対の神による計画が実現される場」とするカトリックの現世観と矛盾をきたすようになる。そこで彼らは、キリスト教が普及する以前の遺産、すなわちギリシア・ローマの古典文化に参照すべき模範を求め、これを「復興」することに努めた。一九世紀スイスの歴史家ヤーコプ・ブルクハルトにより時代概念にまで高められた「ルネサンス」が、ここに始まったのである。

市民文化としてのルネサンスは、美術、文学、思想から生活様式までをもその対象とすることにより、人間の生き方全般に刷新をもたらすこととなった。とりわけ思想面でこれを表現したものとして、ここでは「人文主義（ヒューマニズム）」に注目しておきたい。まず、「人文主義の祖」とされるフランチェスコ・ペトラルカは、古典研究をつうじて中世の硬直化したスコラ学（キリスト教神学）を批判し、「フマニタス（人間性）」を中心にすえた人文学研究の必要性を訴えた。さらに、これを受け継いだピーコ・デッラ・ミランドラによって、人間は「自由意志」によって自己の運命を自由に選ぶことのできる存在である、とする見方が表明された。のちにロッテルダムのエラスムスに継承される、こうした人間の自由な意志を強調する考え方こそ、ルネサンスが生み出した人文主義的人間観であった。

一五世紀の末葉以降、ルネサンスはヨーロッパの全域に波及していった。とりわけアルプス以北の国々では、人文主義の人間観が一つの契機となって、宗教改革がおこなわれることとなった。

宗教改革の発端は、一五一七年、ドイツ人修道僧マルティン・ルターが公表した「九五カ条の提題」であった。この文書においてルターは、カトリック教会による「贖宥状」（現世で犯した罪が許されるお札、免罪符）の販売を批判した。もっとも、贖宥状販売に対する批判は、彼にとっては「きっかけ」を意味していたにすぎない。ルターの改革の核心は、ローマ・カトリック教会の権威を否定し、聖書に信仰の拠り所を求めたところ（福音主義）にあった。それまでは、教会（聖職者）の指示に従い、盲目的に信じるものとされてきた「信仰」という行為が、俗語訳された聖書を手にして、信徒一人一人が向き合う行為へと、その意味づけを大きく変化させることになったのである（信仰の「個人化」）。このことが人間の思考そのものに及ぼした影響は、きわめて大きなものであった。

ただし、宗教改革は一六世紀で完結したわけではない。こののち、キリスト教はカトリックとプロテスタントへと分裂するわけであるが、以後三世紀にわたって、カトリック、プロテスタントの両陣営は、人々の魂の救済とキリスト教徒の共同体の再統合をめぐって、激しく競い合うことになった。まずは、ドイツ（神聖ローマ帝国）の領邦君主たちによってそれぞれの宗派が支持され、ここから三十年戦争（一六一八～四八年）をはじめとした宗教戦争が展開することになった。他の地域にも伝えられたルターの教義は、スイスにカルヴァン派、再洗礼派などの宗派が形成される契機となり、さらにフランス、オランダ、イギリスへと広まることとなった。

ルネサンスがもたらしたもう一つの成果が、一七世紀の科学革命である。一七世紀のヨーロッパでは、天文学、光学、機械学のような数学的諸学をはじめとする科学諸分野において、近代の科学技術を生み出すもととなる大転換が生じた。代表的な一例として、イギリスの学者ニュートンによって発見された「万有引力の法則」（一六六一年）がある。「天体間に作用する引力は、重力と同じものである」とする知見をもたらしたこの法則は、近代物理学の創生と大きくかかわっている。ルネサンス、とりわけ人文主義者の改革思想は、科学革命に対して次の三つの特徴を与えた。第一に、自然的世界の働きを理解するさいに、数学を用いたこと。第二に、真理の発見のために、観察と実験（経験）を重視したこと。第三に、自然的知識についても、知識の有用性という考え方を押し広めたこと。以上の三つである。これらの特徴が、現代の自然科学にもそのまま引き継がれていることについては、多くを語る必要はないだろう。

現代とのつながりはさておくとして、科学革命が近世の人びとに及ぼした影響とは、いかなるものであったのだろうか。それはすなわち、ローマ・カトリック教会がお墨付きを与えてきた公式の自然観、すなわちアリストテレスの自然哲学にもとづく自然観に疑問を提示し、そこから脱却する契機を与えたことであった。

世界経済・公共圏・啓蒙思想

「資本主義世界経済」の生成により、新大陸をはじめとする非ヨーロッパ世界がその「周辺」地域として組み込まれたことは、近世ヨーロッパに新たな展開をもたらすこととなった。

「中核」諸国は、経済的な利益をもたらす植民地を求めて、海外に進出した。ピューリタン革命（一六四〇～六〇年）と名誉革命（一六八八～八九年）による国内の混乱を収めたイギリスは、東インド会社の設立と改組をおこない、アイルランドの征服に乗り出し、さらには北アメリカやインドにおける植民地の拡大を押し進めていた。他方でイギリスのライバル国たるフランスでは、財務総監コルベールの指導のもとで重商主義政策が推進され、これにもとづいて各種の特権会社や王立マニュファクチュア（本章１を参照）が設立された。さらに一七世紀以来、北アメリカやアジアの各地において、植民地の獲得を目指した。ここから、「第二次百年戦争」と呼ばれる、英仏両国による植民地争奪の戦いが、北アメリカを中心として繰り広げられることとなった。

このような少数の強国における覇権争いを原動力として、一八世紀の西ヨーロッパ（中核に位置する北西欧）は、非ヨーロッパ世界を従属させつつ繁栄していた。周辺部とされた植民地地域を巻き込んだ活発な経済は、物資の流通と消費にのみとどまらない文明的な意義をもたらした。植民地の物産はヨーロッパ内での再輸出などをつうじて日常生活に浸透したため、上流階層の人びとだけでなく、一般民衆の想像力をも広げることになったからである（図７－１参照）。

近世ヨーロッパの消費生活を成り立たせていた海外物産としては、香辛料、宝石や貴金属、絹織物、陶磁器、綿などが伝統的であった。これらに加わったのが、茶、タバコ、コーヒー、砂糖など、ヨーロッパへの輸出向けに植民地のプランテーション（農園）で栽培・製造された産品である。さらには、陶磁器や綿製品については、東アジアの物産の模倣が進められ、新たな産業として育成することが目指された。こうした動向にくわえて、摂取カロリーが増加し、死亡

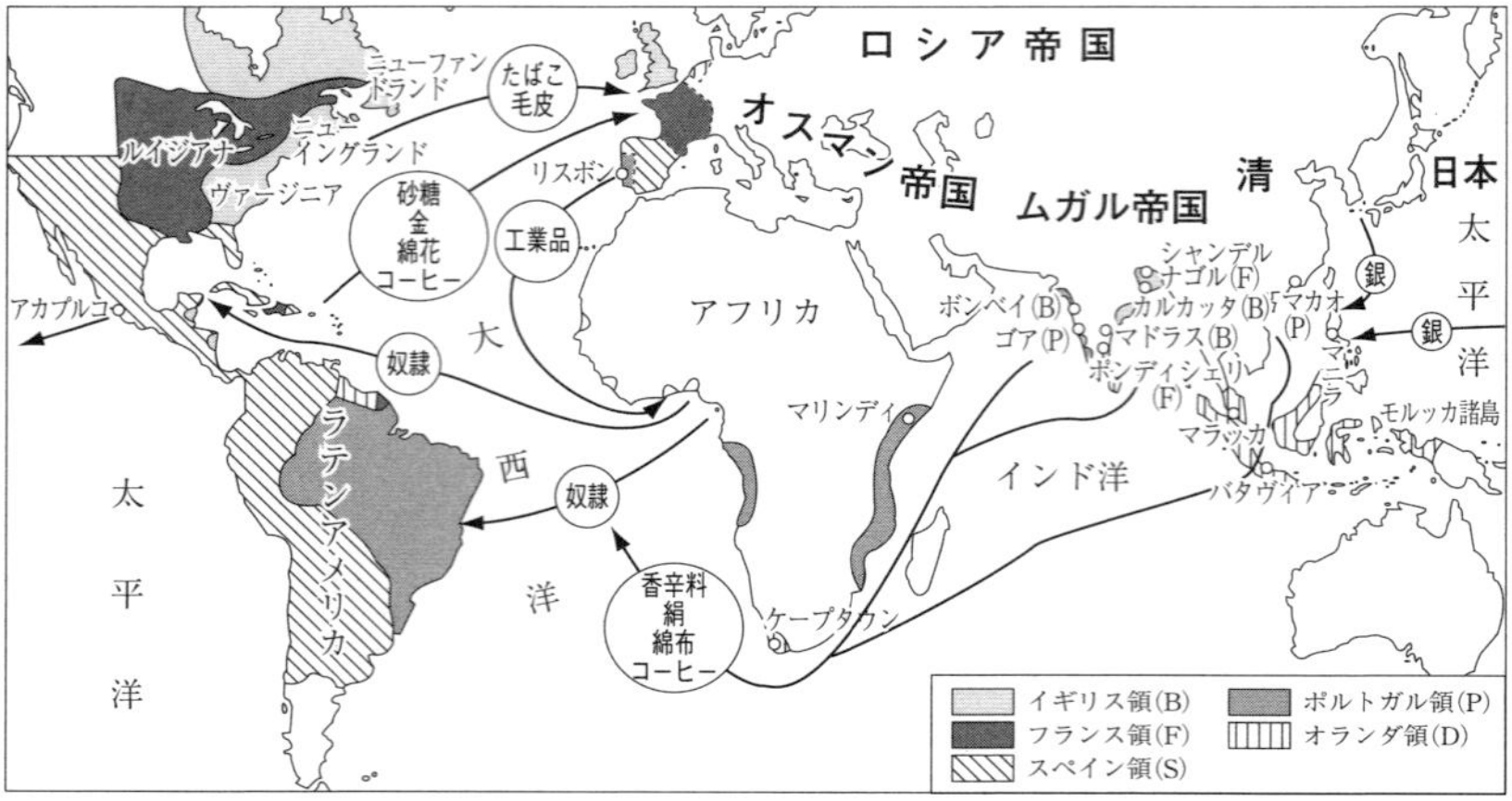

図７－１　18世紀中頃の世界貿易とヨーロッパ諸国の植民地

出典：宮崎正勝『グローバル時代の世界史の読み方』吉川弘文館，2004年，133頁をもとに作成。

率が低下したことから人口も増えたため、日用的な商品に対する需要がさらに高まった。このような需要の高まりは、企業家の生産と投資への意欲を駆り立てることになった。ここに、活力に満ちた独自の階級として、企業家をはじめとした、中産階級としての市民が歴史の表舞台に立つことになる。

一八世紀の市民たちは、「論議する公衆」としての側面をもっていた。商業活動を進めるために、種々の情報（物価や海外戦争の動向、議会での法案審議、最新の海・船・植民地に関する情報など）を求めていた彼らの欲求にこたえて、一七世紀半ば以降、オランダ、フランス、イギリスではニューズレター類の刊行が始まり、これを契機として出版メディアが発展した。一七七九年におけるパリでは、月刊誌、週刊誌、日刊紙あわせて二七紙、フランス全体では約一〇〇紙の新聞が出まわっていた。さらに七〇年代以降、地元のニュースを伝える地方新聞も増加している。出版業の隆盛と識字率の上昇を背景として、彼ら市民は、集い論議する場を作りだした。すなわち、一部の者は、開明的な貴族やジェントルマンとともにサロンやアカデミーに、多くの者は、読書協会、カフェ（コーヒーハウス）やクラブに集まり、新しい情報や知識を求め、論議しあったのである。例えば、植民地物産であるコーヒーを飲ませるカフェは、より広く市民に開かれていた。コーヒー愛飲の習慣は、フランスでは一七世紀末に広まり、一八世紀に大流行した。一七二三年の時点で、パリにはおよそ四〇〇カ所のカフェがあった。カフェはたんにコーヒーを味わうだけでなく、学問、芸術、思想に関して意見を交換する場として機能した。このように市民が集い、論議する社交の場を「公共圏（公共空間）」と呼ぶ。公共圏において、論議する公衆によって様々な議論が交わされ、そのなかから、政治の動向を左右する新しい力として、「世論」が登場することになった。

以上に述べてきたように、世界経済とこれにともなう異文化情報による視野の拡大、ならびに公共圏の形成が啓蒙思想の展開を下支えすることになる。

啓蒙思想とは、人間の理性とこれにもとづく経験科学を武器として、教会に代表される伝統的な権威を否定し、人間と世界をよりよく知ることを目指した、国境をこえた現象であった。一七世紀のデカルトやロックが源となり、一八世紀には、ヴォルテールが「宗教的不寛容」を激しく攻撃し、モンテスキューが『法の精神』において専制政治を批判した。他方、ルソーは『社会契約論』により人民主権論を展開し、のちに「経済学の父」と呼ばれたアダム・スミスは、『諸国民の富』により、重商主義を批判して自由競争を奨励した。

こうした思想家たちの権威に対する批判は、市民たちの公共圏に迎え入れられて、さらに波及的な拡がりを見せた。市民的公共圏における自由な議論に支えられたことにより、啓蒙思想はさらに鍛えられ、次なる新たな時代、すなわち「近代」を準備することになる。

3　近世的統治の崩壊へ

一八世紀後半になると、市民階級の上昇と国家権力による干渉により歴史的特権をおびやかされていた聖俗貴族の反撃が、ヨーロッパ各地で始まり、近世諸国家はこれへの対応に追われた。フランスでは、重農主義の影響を受けた改革派官僚が財政再建策を打ち出し、自由と特権をかかげる貴族と社団がこれに抵抗し、挫折を繰り返した。中核国である英仏からの影響力のもとにあった東中欧の半周辺諸国（プロイセン、オーストリア、ロシア）では、貴族・社団の活力を制御しつつ、これらを取り込みながら国家機構を改革する方向が目指された。これら諸国で取り組まれた改革は、「啓蒙専制」と呼ばれている。例えば、オーストリアでは、マリア・テレジア（在位・一七四〇〜八〇年）の行政改革により集権的な行政機構がつくられ、これを継承したヨーゼフ二世（在位・一七六五〜九〇年）は農民解放や寛容令に見られる、啓蒙主義的な諸改革を敢行した。しかしながら、ヨーゼフの性急な変革は貴族層の支持を得ることができず、挫折した。他方、一八世紀前半のイギリスにおいては、ジョージ三世（在位・一七六〇〜一八二〇年）がホイッグ貴族の寡頭制を打破すべく、啓蒙専制をおこなおうとして挫折した。同じ君主に対して、北アメリカ植民地の地主たちは、まもなく自分たちの自立を正当化することになった。

このように一八世紀後半のヨーロッパ諸国においては、二つの対抗軸、すなわち、財政の破綻に窮し、自らもその出口を啓蒙的改革に求めた王権ないし政府、これに抵抗して歴史的特権に固執し続ける社団、両者の間の矛盾が最高潮に達していた。この動向に、資本主義システムの進展とともにますますその勢いを強めていた市民階級からの側圧が加わり、諸国家における近世的統治はその破局を迎える。そのうち、中核に位置する英仏両国は、次のような対照的な経過をたどった。フランスでは、必要に応じて登用された改革派の有能な官僚が、貴族・社団の圧力により排除されてしまった。これによって国内の財政危機が回避されたわけではない。むしろ自由主義的な英仏通商条約（一七八六年）は、綿織物などのイギリス製品の大量流入を招き、フランス革命の遠因となった。他方イギリスでは、ピット首相のもと、八三年から進められた経済的改革が進行中の産業革命に適応した。改革路線が成功したイギリスは、その後の反革命・ナポレオン戦争というヨーロッパ規模の総力戦を勝ち抜き、他国に大差をつけて近代のスタート地点に立つことになった。

（扉図出典：Ulrich Im Hof, *Das Europa der Aufklärung*, 1993.）

第Ⅳ部　ヨーロッパ近現代

第8章

近代の黎明

加藤克夫

人権宣言（フランス）

概　要

一八世紀後半から一九世紀前半にかけて、大西洋をはさむヨーロッパ大陸とアメリカ大陸で近代の黎明を告げる激動が生じた。いわゆる「環大西洋革命」である。

ヨーロッパでは、一八世紀の後半から末にかけて二つの大きな出来事が起こった。一七六〇～七〇年代に世界に先駆けてイギリスで始まった産業革命とフランス革命（一七八九～九九年）である。前者は、急速な工業化を促し、農業社会から工業化社会への変貌と経済のグローバル化の契機となった。後者は、人権宣言で国民主権、自由、平等という原理を高らかにうたったように、それまでの絶対王政の国家・社会にかわって、国民主権の原則にもとづく国民国家形成の重要な契機となる。

そして、二つの革命は、ヨーロッパ大陸あるいは他の世界に大きな衝撃を与え、やがて圧倒的な工業力と自由、平等などの普遍的原理を掲げるヨーロッパを中心とした世界秩序の形成を促すこととなった。「ヨーロッパの世紀」（一九世紀）の到来である。だが、それは、こうした圧力に対応しきれない非ヨーロッパ世界の植民地化が拡大していく時代の到来でもあった。わが国の黒船の来航から開国、明治維新へという歴史もこうした世界史のなかのひとこまであった。

本章では、このように近代社会形成の重要な契機となったイギリス産業革命とフランス革命、さらにヨーロッパ大陸を席巻したナポレオン帝国の歴史を概観する。

一七五六	七年戦争（～六三）
一七八九	フランス革命（～九九） 封建的特権の廃止（八月四日） フランス人権宣言（八月二六日）
一七九二	革命戦争の勃発
一七九三	恐怖政治（九月～九四年七月）
一七九九	ブリュメール一八日のクーデタ（統領政府成立）
一八〇四	第一帝政の成立（～一四、一五）
一八〇六	大陸封鎖令（ベルリン勅令）
一八一二	ナポレオンのモスクワ遠征
一八一五	ナポレオンの退位 王政復古

1　工業化社会への胎動——イギリス産業革命

商業革命と生活革命

産業革命とは、それまでの手と道具による単純生産から、機械によって生産をおこなう工場制度（工場制機械工業）が支配的な生産形態となったことにともなう経済・社会・政治・文化上の変革を指す。それは一七六〇〜七〇年代のイギリスで綿工業から始まった。綿工業の原料となる綿花の原産地は中・南米やインドである。では、原料の産地でもないイギリスで綿工業から機械による大量生産が開始されることになるのはなぜだろうか。

第一の理由は、一七〜一八世紀のイギリスで商業革命と生活革命が進展したことである。貿易の総額が激増し、貿易相手地域の比重もヨーロッパから非ヨーロッパ世界へと大きくシフトするとともに（表８‐１）、そこで扱われる商品も、非ヨーロッパ世界産品（砂糖、タバコ、胡椒、綿布など）が大きな比重を占めるようになった。こうした貿易構造の変化を商業革命という。商業革命はまた人びとの生活にも大きな影響を与えた（生活革命）。

インド産綿織物（キャラコ）もそうした物資のひとつであった。イギリス東インド会社がキャラコを輸入するようになるのは一七世紀半ばのことだが、吸湿性に富み、軽く洗濯しやすく、ファッション性に富み、用途や価格が多様であるというその特性もあって、キャラコは急速に普及した。しかもキャラコは、国内で消費されたばかりでなく、ヨーロッパ大陸や、イギリス本国と西インド諸島、アフリカを結ぶ大西洋三角貿易の重要な交易品として海外にも盛んに再輸出された。綿織物はまさにインド洋と大西洋を結ぶ世界商業の基幹商品として流通し、広大な市場を獲得しつつあったのである。

表8－1　イギリスの輸入の地域別構成

（単位：％）

	西　欧	北　欧	南　欧	アイルランドなど	新世界	アジア
1620～21（L）	56	6	30	0	1	5
1663～69（L）	37	8	31	1	12	12
1699～1701（E）	24	10	27	6	19	13
1752～54（E）	14	10	20	8	32	13
1771～75（E）	10	13	15	11	37	14

注：Lはロンドン港だけ，Eはイングランドとウェールズ。

出典：川北稔『工業化の歴史的前提――帝国とジェントルマン』岩波書店，1983年，134頁，表5－2より作成。

国際商業における覇権の確立と農業革命

第二の理由は、七年戦争（一七五六～六三年）と並行してインドと北米で繰り広げられた英仏間の覇権争いでイギリスが勝利をおさめ、国際商業におけるイギリスの優位が明確になったことである。

「新大陸」やアジアへの進出でスペイン、ポルトガル、オランダに後れをとったイギリスとフランスは、一七世紀後半の英蘭戦争以降衰退したオランダに代わって、世界商業の覇権をめぐって長期にわたって抗争を繰り返した。

一六世紀から一八世紀半ばにかけて両国間の経済発展には、それほど大きな差異はなかった。ところが、七年戦争での勝利を契機にイギリスの世界商業における優位が明確になり、さらにフランス革命の混乱とフランス貿易の要の位置を占めていたサン・ドマング（現在のハイチ）が一八〇四年に独立したことによって両国の世界経済における拡差は決定的となった。イギリスは世界市場での優位を確立し、綿織物は文字通り世界商業の基軸商品として広大な市場をもつことになったのである。

第三の理由は、農業革命の進展によって農業生産力が増大し、より多くの人びとを支えることができるようになったことであろう。クローバーや飼料用のカブの栽培（ノーフォーク農法）によって家畜が増大し、地味は豊かになり、穀物生産は飛躍的に増大した。一方、「囲い込み」が進展し、資本主義的な大農経営が確立した。こうした農業の発展は、増大する人口、とりわけ都市の住民に食糧を供給することを可能にしたのである。

第四は、人口の増大であろう。イングランドの人口は、農業革命による農業生産

コラムⅧ

生活革命と産業革命
――お茶・砂糖・キャラコ――

加藤克夫

茶樹の原産地は中国雲南省とミャンマー、タイ、ラオスにかけて広がる照葉樹林地帯であり、最も古くから茶が飲まれるようになったのは中国であった。中国では唐代の七六〇年頃、陸羽が茶の栽培・製法・飲み方を記した『茶経』を著しており、飲茶の風習がかなり広がっていたことが分かる。

ヨーロッパでお茶を輸入したのは、オランダ東インド会社が、一六一〇年、日本の平戸から輸入したのが最初であった。イギリスでは、一六五七年、当時急速に広がりつつあったコーヒー・ハウスのひとつでお茶が販売されたが、国王チャールズ二世と結婚したポルトガル王女キャサリンが宮廷に飲茶の風習を持ち込んだのが、飲茶が広がるきっかけであった。その後、お茶は家族団らんの象徴として、人びとの生活に急速に浸透していった。一七一一年には、「バターつきパンとお茶の朝食をとっていらっしゃるようなすべてのファッショナブルな家庭」に読んでもらうことを目的とした雑誌『インスペクテイター』まで創刊されている。この結果イギリス東インド会社の輸入品目のなかで茶の占める割合は一六七〇年の〇％から一七六〇年には約四〇％に増大し、その後も茶の輸入量は急増し続けた。

お茶に砂糖を入れて飲んだこともあって、茶の消費量が増大するのと並行して砂糖の消費量もまた急増していった。その砂糖は、イギリスの場合、一七世紀半ばに占領した西インド諸島のバルバドスやジャマイカから運ばれてきた。バルバドスやジャマイカでは、黒人奴隷を用いたプランテーションで砂糖黍を栽培し、砂糖を生産していた。砂糖の「甘さ」の陰には、黒人奴隷の「辛い」汗と涙の結晶が隠されていたのである。ラテンアメリカ全体の黒人奴隷制も砂糖生産の増大とともに発展し、一六世紀以降、一〇〇〇万人以上の黒人がアフリカから奴隷として連れてこられたと推定されている。「砂糖のあるところに奴隷あり」といわれるゆえんである。

こうしてイギリスとアジアを結ぶインド洋貿易と、イギリス、アフリカ、西インド諸島を結ぶ大西洋三角貿易という二つの貿易網が形成された。二つの貿易網をつないで流通したのが、キャラコ（インド産綿織物）である。キャラコは、製品の特性もあって、イギリス国内で消費されただけではなく、大西洋三角貿易の主要品目として流通した。まさにキャラコは世界商業の基幹商品であった。イギリスで綿工業から産業革命が始まったのは、商業革命が生活革命をもたらし、その結果、キャラコがイギリス内外で広大な市場を開拓していたという事情が存在したのである。

の増加、雇用機会の増大、医療や衛生技術の改善などの影響もあって、一七三一年五二六万人、一八〇一年八六七万人、一八五一年一六八一万人と急増した。人口の急増は、国内の消費市場の拡大あるいは安価な労働力の供給という点で産業革命の進展に大きな影響を与えた。

産業革命の展開

産業革命期の技術革新を先導したのは綿工業であった。イギリス内外でキャラコに対する需要が高まると、そのあおりを受けてイギリスの当時の主な工業であった毛織物業が不振に陥った。このため毛織物業者の圧力もあって、キャラコの輸入制限法（キャラコ輸入禁止法［一七〇〇年］、キャラコ使用禁止法［一七二〇年］）が制定され、キャラコの輸入量は減少した。この間隙をぬって急成長したのが国内のファスチン（綿糸と麻糸からなる織物）業である。ファスチン業は世界商業の基軸商品として市場を開拓していたキャラコの類似品として急速に発展し、それにともなって様々な機械が発明された（ジョン・ケイの飛杼《とびひ》［一七三三年］、ハーグリーヴズの多軸紡績機［一七六四年］、アークライトの水力紡績機［一七六九年］、クロンプトンのミュール紡績機［一七七九年］、カートライトの力織機［一七八九年］など）。一七七三年には純綿の綿布を生産することにも成功し、ランカシャー地方が綿工業の一大中心地となった。原料となる綿花は、インド、西インド諸島、アメリカ南部などから輸入された。

製鉄や石炭業も発展した。ダービー父子はコークスを燃料とする製鉄法を発明し、コートが撹拌《かくはん》式精錬法を発明して、良質の鉄が量産できるようになった。それまで主に家庭の燃料として用いられていた石炭が一八世紀にはいって製鉄の燃料や蒸気機関の熱源として利用されるようになると、石炭業も急速に発展した。

ワットによる蒸気機関の改良（ピストンの往復運動を回転運動に変えることに成功）によって、蒸気機関は機械の動力として広く活用されることになった。交通革命もまた起こった。蒸気船が実用化され（一八世紀末）、スチーブンソンは蒸気機関車を改良し、一八二五年にストックトン―ダーリントン間で世界最初の商用鉄道が開通した。一八世紀には道路事情は一新されて、ロンドンを中心に主要都市は有料道路で結ばれ、定期郵便馬車が走るようになった。運河建設も進み、ロンドンと主要な工業都市が運河で結ばれることになった。

このように綿工業から始まった技術革新の連鎖は、交通革命をともないながら、製鉄業、石炭業、機械工業などへと波及していったのである。その結果、イギリスは一九世紀前半には「世界の工場」といわれる地位を獲得するようになる。

2　フランス革命

国民革命――「単一にして不可分の王国」

革命前のフランス（旧体制）は絶対王政によって支配されていたが、それは聖職者（第一身分）、貴族（第二身分）、平民（第三身分）からなる身分的・社団的編成原理にもとづく国家、社会であった。聖職者と貴族は免税などの特権をもっていたが、それは全人口の一～二％程度を占めるにすぎず、人口の大多数は平民であった。

フランス絶対王政は一八世紀に入ると様々な矛盾を露呈し始める。なかでも財政危機は深刻な状況に陥っていた。王政府は免税特権の廃止など一連の改革を試みるが、特権身分の頑強な抵抗にあい、国王ルイ一六世は、一七八八年八月、全国三部会（身分制議会）を翌年五月に招集することを決定した（「貴族革命」）。

こうして、一七八九年に入ると三部会議員を選出するための各種の選挙人集会が全国で開催され、フランスは政治の季節を迎える。シャルトルの司教総代理シエイエスは、『第三身分とは何か』（一七八九年一月）というパンフレットで、「第三身分とは何か。すべてである。いままで何であったか。無である。何を求めているのか。それ相当のものになることを」と主張して大きな反響を呼んだ。

三部会は、五月五日、ヴェルサイユで開会されたものの、冒頭から審議と議決方法をめぐって特権身分と第三身分が

第一条　人は自由で権利において平等なものとして生まれ、かつ生きつづける。
第二条　あらゆる政治的結合の目的は、人間のもつ絶対に取り消すことのできない自然権を保全することにある。これらの権利とは、自由、所有権、安全、および圧政への抵抗である。
第三条　すべての主権の根源は、本質的に国民のうちに存する。
第一〇条　いかなる者も、その主義主張について（…）その表明が法によって確立された公共の秩序を乱さないのであれば、その表明を妨げられてはならない。
第一七条　所有権は、神聖かつ不可侵の権利であり、合法的に確認された公共の必要性から明白にそれが要求され、かつあらかじめ正当な補償金が払われるという条件の下でないかぎり、いかなる者もその権利を奪われることはない。

資料　人および市民の権利宣言（抜粋）

対立して紛糾し、事態は膠着した。このため第三身分は、六月一七日、国民議会を名乗ることを宣言し、国王も六月下旬には国民議会の発足を正式に認めた。漸進的な改革への一歩であった。

ところが、国王がひそかにヴェルサイユとパリの周辺に軍隊を動員し、一一日に柔軟派として知られていた財務長官ネッケルを罷免して反転攻勢に転じる姿勢を示すと、事態は急展開することになった。

フランスでは一七八七年、八八年の天候不順によって凶作と不況がつづき、食糧不足と価格の高騰による騒動が各地で頻発するなど、社会不安が高まっていた。このため、ネッケル解任の報が伝わると、貴族が第三身分に報復しようとしているという噂が広まっていたこともあって、パリ市民の不安は頂点に達し、武装し始めた。こうしたなかで、七月一四日、群衆の一団がバスチーユ要塞を襲撃してこれを陥落させると、翌日、パリ市庁舎では市政革命が宣言された。同じような動きは全国の地方都市にも波及していった。

一方、農村では重圧に不満を募らせていた農民たちが蜂起した。パリの革命の知らせが伝わると、農民たちは各地で領主の館に押し寄せ、証文を焼き払ったり、館を焼き討ちする行動に打って出た。七月から八月にかけて燎原の火のようにこうした行動が全土に広がっていった。農村は大パニックに陥ったのである（「大恐怖」）。

こうした動きを前にして国民議会は、八月四日夜、封建的諸特権の廃止を決議、さらに一七八九年八月二六日には「人間および市民の権利宣言」（「人権宣言」）を採択して、自由、平等、国民主権の原則を高らかに宣言した。人権宣言はアンシアン・レジームとの断絶宣言、いいかえれば「国民革命」の宣言であった。

ところが、ルイ一六世は巻き返しの機会をうかがい、封建的特権の廃止法や人権宣言を裁可しようとしなかった。だが、民衆の介入がまたもや事態を転換させることになる。食糧不足と価格の高騰に苦しんでいたパリの市民数万人が、一〇月五日、女性数千人を先頭にパンの供給を要求してヴェルサイユに押しかけ、翌日国王をパリに連れて帰るという事件（「ヴェルサイユ行進」）が起こった。この結果、国王はパリ市民の監視下に置かれることになった。

一方、国民議会は「国民革命」の内実を整える論議を進め、一七九一年九月三日、フランス最初の憲法（「九一年憲法」）を制定した。それまでの諸改革を集大成したこの憲法は、国民主権の原則に立脚し、三権分立、一院制からなる自由主義的な立憲君主政を採用していた。だが、国民は能動市民と受動市民に区分され、参政権は一定額以上の直接税を納めている二五歳以上の男性（能動市民）に限定された。他の市民は受動市民とされて、民事上の権利は認められたが、参政権は付与されなかった。女性や奉公人、使用人は最初から排除されていた。身分による差別はたしかに廃止された。だが、財産による差別がそれにとってかわったのである。こうして九一年憲法体制のもとで、国民主権の原則にもとづく自由主義的な立憲君主政が成立し、経済的自由も確立された。また、いっさいの中間団体の存在は基本的には否定されて、中央集権的な「単一にして不可分の王国」の形成が追求された。だが、それは有産者による寡頭支配体制でもあったのだ。

革命戦争の勃発と恐怖政治

こうして成立した革命フランスは、周辺諸国からの干渉戦争の危機に直面した。亡命貴族が反革命の機会をうかがい、オーストリア皇帝とプロイセン王は干渉の意図を表明していた。

こうした事態を前にして、国民のあいだには開戦気運が高まり、新しく成立した立法議会は、一七九二年四月二〇日、オーストリアに宣戦を布告する。しかし革命の混乱のなかで弱体化していたフランス軍は敗退を重ね、戦局は悪化した。

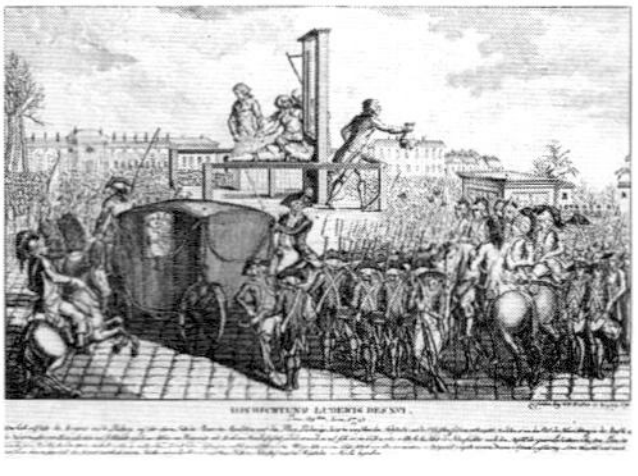
図８-１　ルイ16世の処刑

このため、立法議会は七月一一日に非常事態を宣言。この訴えに応じて各地から続々と上京してきた国民衛兵は、八月一〇日、武装したパリの民衆（サン・キュロット）と一緒になって、パリ市庁舎を占拠して「蜂起コミューン（市評議会）」を宣言、さらにチュイルリ宮殿をも武力制圧して、議会に王権の停止を宣言させた（八月一〇日事件）。フランス革命は新しい段階に入ったのである。

新しい議会（国民公会）が九月二一日に発足して、王政の廃止と共和国の成立が宣言され、翌年一月には国王ルイ一六世が処刑される。一方、国民軍はヴァルミの戦い（一七九二年九月二〇日）で初めて勝利をおさめてやがて攻勢に転じるようになった。だが、戦争の性格が革命の防衛から革命の輸出へと変化すると、イギリスを中心に第一回対仏大同盟が結成され（一七九三年二月）、戦局は再び悪化し始めた。国内では、インフレと食糧不足に苦しむ民衆が自由主義的経済政策に対する不満を募らせて、各地で騒擾が発生し、ヴァンデ地方（フランス西部）では農民や革命に敵対する貴族や聖職者による大規模な内乱が勃発した。こうした内外の危機を前にして革命独裁体制が成立する。

国民公会で当初主導権を握っていたのはジロンド派だったが、ジロンド派内閣が失点を重ねたうえに、民衆運動に対して敵対的姿勢を露わにすると、パリの民衆は猛反発し、六月一日夜、議会を包囲した。こうした圧力をうけた議会はジロンド派の指導者数十名を議会から追放。やがて、ロベスピエールを中心とするモンターニュ派が主導権を握って公安委員会と保安委員会に権力を集中して独裁体制を確立し、反革命嫌疑者をあいついで逮捕・処刑するなどの「恐怖政治」をおこなった。

モンターニュ派は、その一方で、領主権の無償廃止、人民主権と成人男性の普通選挙制などを定めた一七九三年憲法や最高価格令を制定するなど農民や民衆を引きつけるための政策を打ち出した。モンターニュ派は危機に瀕した革命を防衛するために民衆と提携する路線を選択したのである。モンターニュ派の独裁体制は、革命の危機を前にして成立した急進共和派と民衆運動の結合にもとづく強権的な一種の戦時体制であった。

こうしたなか一七九三年の末になると、共和国軍は各地で外国軍を撃退するようになり、戦局は再び好転し始めた。ヴァンデの反乱などの各地の反乱もほぼ鎮圧された。しかし、内外の危機の後退は、革命独裁への不満を顕在化させることになった。これに対して、ロベスピエールは批判勢力の弾圧、民衆クラブの閉鎖などの強硬策で対抗し、次第にロベスピエールの個人独裁という様相を強めていった。

だが、あいつぐ政敵の弾圧は政権基盤を弱体化させ、ロベスピエールは孤立を深めていった。このため、国民公会は共和暦テルミドール九日（一七九四年七月二七日）にロベスピエールらを逮捕し、翌日ロベスピエールは処刑されてしまう。

図８－２　アルプス越えのナポレオン

テルミドールの反動と総裁政府

ロベスピエールの失脚後、国民公会は革命独裁体制の解体を進め（「テルミドールの反動」）、一七九五年九月に新しい憲法（「九五年憲法」）を制定して解散した。新しく成立した総裁政府は、五人の総裁からなる集団指導体制をとるなど、分権化をはかると同時に、自由主義的体制への回帰を目指した。だが、王党派の巻き返しや、私有財産制の廃止を説くバブーフの陰謀事件（一七九六年）が発覚するなど、体制は不安定で、政局は混乱した。しかも、一七九九年になると戦局は再び悪化し始めた。

こうした状況のなかで登場するのがナポレオンである。ナポレオンは、一七九七年にはイタリア方面軍司令官としてオーストリア軍を撃破して名声を高めていた。危機の激化を前にして、ナポレオンはエジプト遠征から急遽帰国、ブリュメール一八日（一七九九年一一月九日）にクーデタを敢行して強力な執行権をもつ統領政府を樹立した。ナポレオンは第一統領に就任して実権を掌握し、革命の終結を宣言する。

文化革命

フランス革命は、政治・社会革命であるとともに、文化革命でもあった。新しい社会にふさわしい新しい文化の創造と人間の再生が追求されたのである。キーワードは統一、平等、そして脱キリスト教化（世俗化）であった。

革命前のフランスではカトリックが国教であった。カトリック教会は、信仰のみならず、広大な領地を所有していた他、いわゆる戸籍管理などの行政機能の一端をになうなど、様々な活動をつうじて絶対王政と一体となって人びとの生活に大きな影響を与えていた。したがって、旧体制の解体を目指した革命の歴史は、カトリック教会との戦いの歴史でもあった。教会財産は国有化され、聖職者民事基本法（一七九〇年）によって聖職者は公選制とされ、しかも公務員化された。戸籍は市町村役場で管理することになった。世俗化が推進されたのである。

王やキリスト教の聖人にちなんだ地名は、啓蒙思想家や革命指導者などの名前をとった地名に変更され、全国を八三のほぼ均等な面積や人口に分割し、川や山など自然から名を付けた新たな県が設置された。空間の刷新であった。

時間の枠組みをも刷新しようとした。一七九三年一一月、グレゴリウス暦にかわって、一七九二年九月二二日を元日として一二カ月を均等に三〇日に分け（残りの五日は休日とした）、一月を一〇日ずつ三つの旬に区分した共和暦が採用された。

今日われわれが用いているメートル法もまたフランス革命の産物であった。国民議会が、度量衡を統一するために、一七九一年、子午線の長さの四〇〇〇万分の一を一メートル、一立方デシメートルの水の質量を一キログラムと定めたのである。言語の統一や、教育による新しい社会にふさわしい公民の育成も重視された。革命中様々な儀礼や祭典が挙行され、様々な表象が用いられたが、これは広い意味での教育の一環でもあった。

だが、革命期の文化刷新の試みがすべてうまくいったわけではない。たとえば、共和暦はグレゴリウス暦になじんでいた人びとの支持を得られず、一八〇六年に廃止されている。

では、フランス革命はどのような歴史的意義を有していたのか、簡単に触れておこう。

第一に、フランス革命は、世界システム論的な視点からみれば、イギリスとの世界商業の覇権をめぐる争いに敗れたフランスにおける新たな状況に対応するためのシステムの再編であり、その意味ではイギリスに後れをとった後発国における近代化の一形態であった。

第二に、それは、封建制を解体して、国内市場を統一し、国民主権の原則にもとづく新しい政治・社会システムを確立するなど、少なくとも長期的にみれば、資本主義の発展にふさわしい中央集権的な国民国家の形成を実現した革命であった。フランス革命は、貴族革命、議会を中心としたブルジョワ革命、都市民衆の革命、農民革命からなる複合革命であったが、最終的には、議会外の民衆の力を利用しながら革命全体を主導したのはブルジョワだった。

第三に、フランス革命は、革命戦争やナポレオン戦争などをつうじて、直接あるいは間接的にヨーロッパにおける封建社会の解体と近代市民社会の形成を促進した。同時に、フランス革命は、産業革命の進展にともなう圧倒的な工業力とあいまって、ヨーロッパ諸国による非ヨーロッパ世界に対する覇権の確立に大きな影響を与えた革命でもあったといえる。

3　ナポレオン帝国とヨーロッパ

第一統領から世襲皇帝へ

社会や政治体制の安定を求めるブルジョワや農民の支持を背景に独裁的な権力を掌握したナポレオンは、国際的孤立からの脱却と国内秩序の回復に取り組んだ。一八〇一年二月にオーストリア、翌年三月にはイギリスと和約を結ぶなど、各国と講和して平和を実現し、一八〇一年七月にはコンコルダート（政教条約）を結んでローマ教皇とも和解した。同時に、ナポレオンは、フランス銀行の設立（一八〇〇年）、任命制にもとづく県知事の設置などの行政・財政・司法・教育改革を推進して、きわめて中央集権的な統治体制を確立した。

こうして平和と秩序の回復を実現したナポレオンは、一八〇二年八月には終身統領、一八〇四年五月には世襲皇帝に就任した（第一帝政）。

ナポレオンは革命の終結を宣言したが、彼は「革命の子」でもあった。そうしたナポレオンの姿勢は、一八〇四年三月に発布された「フランス民法典」（ナポレオン法典）にも現れている。民法典は、家父長的家族観を採用するなど、今日からみれば問題もあるが、封建制の廃止を確認し、法の前での平等、信仰や労働の自由、私的所有権の不可侵性を確認しており、近代市民社会の法的規範を定めるものであった。ナポレオンは、フランス革命の諸成果を基本的に継承し、制度化しようとしたのである。

ナポレオン戦争とヨーロッパ

一八〇三年五月イギリスとの間で戦争が再開されると、ナポレオンは宿敵イギリスへの本土上陸作戦を展開。しかし、トラファルガの海戦（一八〇五年一〇月）で敗れるとナポレオンは方針を転換し、オーストリア、ロシア、プロイセン軍などを撃破して破竹の勢いで大陸制圧を進め、一八〇六年一一月、大陸封鎖令（ベルリン勅令）を発した。これは、イギリス商品を大陸から締め出してイギリス経済に打撃を与えると同時に、フランスによるヨーロッパ市場の確保を目指すものであった。世界商業をめぐる覇権争いに敗れたフランスが強権的な形でイギリスに対抗しようとしたのである。だが、フランス経済はイギリスにとってかわれるだけの実力を備えていなかった。しかも、フランスは有数の農業国でもあった。イギリスを穀物の主な輸出先としていたプロイセンやロシアにとって、大陸封鎖は大きな打撃であった。他方、海上支配権を確立し、広大な海洋帝国を築きつつあったイギリスにとって大陸市場の喪失は打撃ではあったが、致

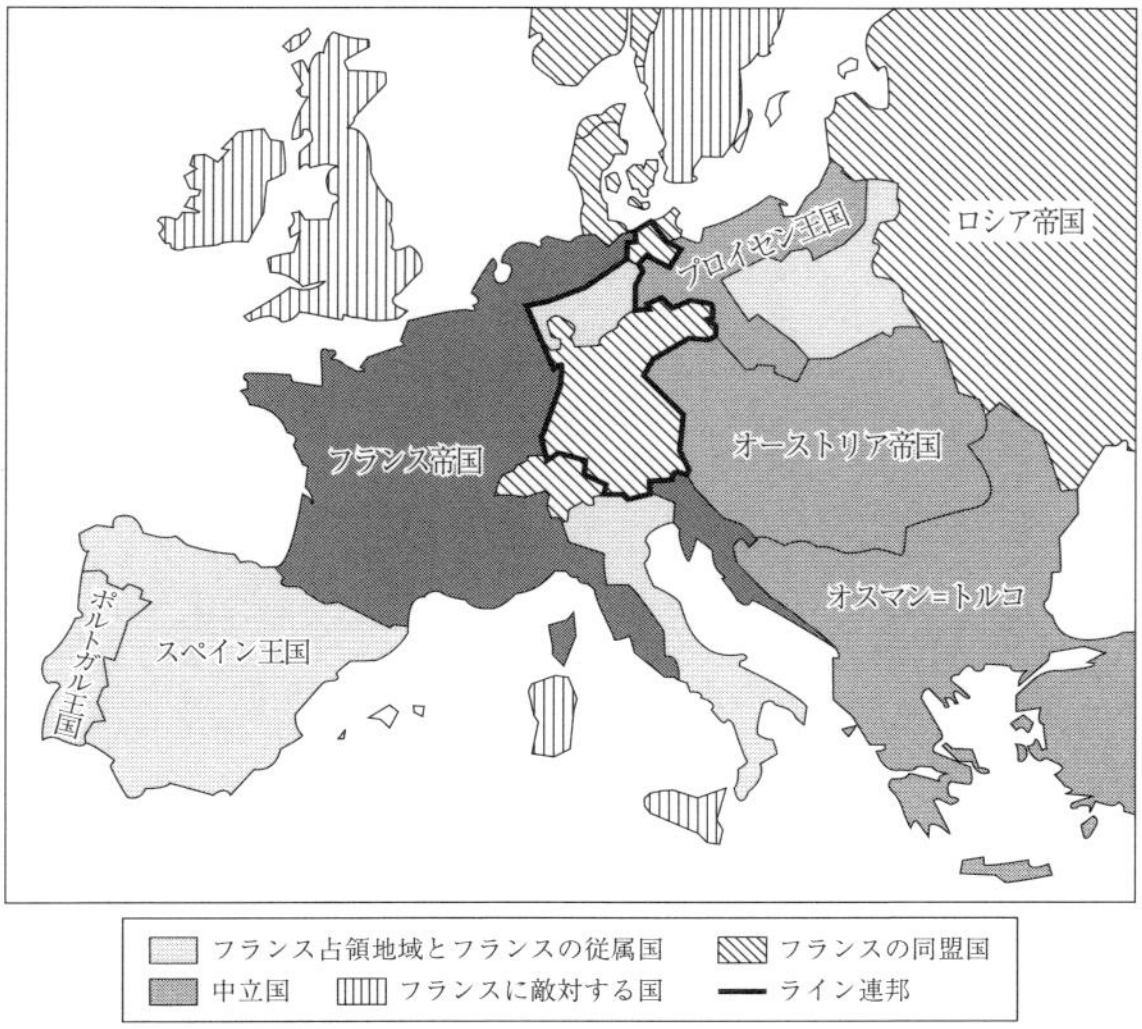

図８－３　1812年ロシア遠征前のヨーロッパ

出典：François Furet, *La Révolution 1770-1880*, Hachet, 1988, p. 231.

命的なものではなかった。イギリスにとって大陸市場の比重は低下してきていたのだ。大陸封鎖令はやがてブーメランとなってナポレオンを苦しめることになる。

大陸封鎖令発布後も進攻は続き、ナポレオンの支配は一八一二年にはヨーロッパ大陸のほぼ全域におよんだ（図８－３参照）。ナポレオンの支配の拡大は、旧体制下のヨーロッパ社会を大きく揺るがした。フランス帝国に直接編入された地域はもちろん、周辺の従属地域でも、地域による違いはあったが、フランス民法典が適用された。封建制のくびきに苦しむ人びとのなかには、ナポレオン軍を「解放軍」として歓迎する者もいた。ナポレオン軍に敗れたプロイセンでは、シュタイン、ハルデンベルクらの開明的官僚を中心に、農奴解放、営業の自由や国内関税の廃止、行政・税制・軍制・教育などの諸改革が推進された（プロイセン改革）。ナポレオンの支配は、ヨーロッパ大陸の旧体制を大きく揺るがしたのである。

だが、旧体制のくびきからの解放という側面があったとしても、ナポレオンの支配はそれぞれの国や地域の人びとからみれば、外国による支配に変わりはなかった。各地域でナショナリズムが覚醒しつつあった。

ナポレオンは、一八一二年、大陸封鎖令に反旗を翻したロシアに懲罰を加えるために六〇万余の大軍を率いてロシアへの遠征を開始した。だが、遠征は大失敗だった。ロシア軍の抵抗に遭い、飢えと寒さに悩まされたナポレオン軍は、大敗北を喫し、退却を余儀なくされたのである。ロシアの民衆にとってこの戦争は祖国防衛戦争であったのだ。

この遠征の失敗を契機に各国の反撃が開始され、ナポレオンはライプチヒの戦い（一八一三年一〇月）で、プロイセン、オーストリア、ロシアの連合軍を前に決定的敗北を喫した。やがてパリが占領され、一八一四年四月六日、ナポレオンは退位し、地中海のエルバ島に流された。その後、ナポレオンは、一八一五年二月にエルバ島を脱出して一時権力を掌握する（「百日天下」）が、ワーテルローの戦い（六月一六日）に敗れ、セント・ヘレナ島に流刑されてしまう。ナポレオンのヨーロッパ大陸制圧の夢は潰えたのである。

第9章

ヨーロッパの世紀

加藤克夫

水晶宮（1851年の第１回ロンドン万国博覧会会場）

概　要

ナポレオン失脚後のヨーロッパの新しい国際秩序をウィーン体制という。この体制はナショナリズムと革命の防波堤となることが期待された。だが、イギリスの歴史家ホブズボームが一九世紀前半のヨーロッパ史を二重革命の時代と呼んだように、この体制は産業革命と市民革命の影響を絶えず受けつづけて、周辺からほころび始め、やがて、一八四八年に勃発した諸革命（「諸国民の春」）で崩壊した。

一九世紀の半ば以降、ヨーロッパ各国では工業化がますます進展し、国民国家の形成も進んだ。国家統一が遅れていたイタリアやドイツではそれぞれイタリア王国（一八六一年）やドイツ帝国（一八七一年）が成立するなど国家統合が進むと同時に、各国では新しい伝統の創造や公教育などをつうじて「国民形成」も促進された。一九世紀後半のヨーロッパは国民国家の時代でもあったのである。

一九世紀末になるとヨーロッパの列強は争って植民地獲得競争に乗り出すようになり、帝国主義の時代を迎える。ヨーロッパ列強の覇権は世界各地におよび、近代化の波に対応しきれなかったアジア、アフリカ大陸の大部分は植民地、あるいは半植民地化されてしまう。一九世紀が「ヨーロッパの世紀」といわれるゆえんである。だが、列強間の覇権をめぐる抗争はイギリスとドイツを中心とした二つのブロックの形成を促し、やがて人類史上初めての世界大戦（第一次世界大戦）が勃発することになった。

一八一四	ウィーン会議（一一月～一五年六月）
一八一五	神聖同盟成立
	四国同盟成立
一八二一	ギリシア独立戦争開始（～二九）
一八三〇	七月革命（フランス）
一八三四	ドイツ関税同盟成立
一八四六	穀物法廃止（イギリス）
一八四八	諸国民の春（～四九）
一八六一	イタリア王国の成立
	農奴解放令（ロシア）
一八七〇	普仏戦争（～七一）
一八七一	ドイツ帝国の成立
一八八二	三国同盟成立
一八九一	露仏同盟成立
一九〇四	英仏協商締結
一九〇七	英露協商締結

1　ウィーン体制と「二重革命」

自由主義、国民主義運動の抑圧

一八一四年から一五年にかけて開催されたウィーン会議の結果にもとづいて成立した一九世紀前半のヨーロッパの新しい国際秩序、それがウィーン体制である。ウィーン会議を支配した基本原理は正統主義と勢力均衡であった。正統主義とは、フランス革命前夜の諸国の主権者（君主）をそれぞれの国の正統な支配者とみなし、その王朝の復位と旧国境の回復を求める主張である。

この結果、フランス、スペイン、ポルトガルなどでは旧王朝が復位し、フランスの国境は一七九〇年の段階にもどされた。ワルシャワ大公国の大部分はポーランド王国となったが、ロシア皇帝が国王を兼ねた。オーストリアはベルギーを放棄して北イタリアのロンバルディアとヴェネツィアを併合し、ベルギーはオランダに併合された。オランダはセイロン島、ケープ植民地を放棄し、イギリスがマルタ島とともにこれを獲得した。一方、中欧には、三五の領邦国家と四自由市からなるドイツ連邦（緩やかな主権国家連合）が形成された。

ウィーン体制を守る支柱となったのが、オーストリア、イギリス、ロシア、プロイセンが一八一五年に結成した四国同盟であった（一八一八年にフランスが加盟し、五国同盟となる）。オーストリアの外相や宰相として活躍するメッテルニヒがその指導者であった。同じ年に、ロシア皇帝アレクサンドル一世が提唱して神聖同盟も成立した。神聖同盟にはトルコ皇帝を除く全ヨーロッパの君主が参加したが、これはキリスト教の友愛精神にもとづく精神的な同盟の域を出なかった。

ウィーン体制のもとでは、当初、新しい秩序を脅かす自由主義的運動や国民主義的運動は容赦なく弾圧された。ドイツの自由と統一を掲げるブルシェンシャフト（学生組合）の運動が広がりをみせると、メッテルニヒはカールスバードで開催されたドイツ各邦国会議（一八一九年）の決議にもとづいてこれを弾圧し、自由主義や国民主義運動の芽を摘んだ。また、二五年にロシアで勃発した自由主義的な改革を求める青年将校らの反乱（デカブリストの乱）も徹底的に鎮圧された。

だが、ウィーン体制は周辺からほころびを見せ始める。一八一〇年代から二〇年代にかけて、スペイン、ポルトガル本国の混乱に乗じて中南米諸国があいついで独立した。しかも、イギリスはこれらの地域への経済進出をねらって独立を承認し、事実上五国同盟から脱退したのである。また、オスマン・トルコ帝国の支配下にあったギリシアではトルコの内乱に乗じて独立運動が勃発し、一八二九年には独立を達成した。ウィーン体制のほころびはやがて周辺部から中心部に波及していった。

ウィーン体制の動揺の拡大

フランスでは、ナポレオン失脚後ブルボン朝が復活する（復古王政）。王権神授説も復活し、カトリックが再び国教とされた。だが、法の前の平等、所有権、出版の自由などは認められており、しばらくは比較的自由主義的な議会政治がつづいた。

しかし、一八二〇年頃から反動化が進み、一八二四年にシャルル一〇世が即位すると、復古的な反動的政策が強化された。このため自由主義者らとの対立が深まり、一八三〇年七月二七日から二九日（「栄光の三日間」）のパリ民衆の蜂起によって復古王政は崩壊し、オルレアン家のルイ＝フィリップを国王とする七月王政が生まれた（七月革命）。七月王政は大地主や大銀行家などのブルジョワに支えられた自由主義的な立憲君主政であった。王権神授説は否定され、国王ルイ＝フィリップは「市民王」を称した。七月王政の成立は、ウィーン体制の支柱となってきた五国同盟と神聖同盟からのフランスの脱落を意味していた。

パリの革命は周辺に波及していく。ウィーン会議の結果オランダに併合されたベルギーでは一八三〇年八月に独立運

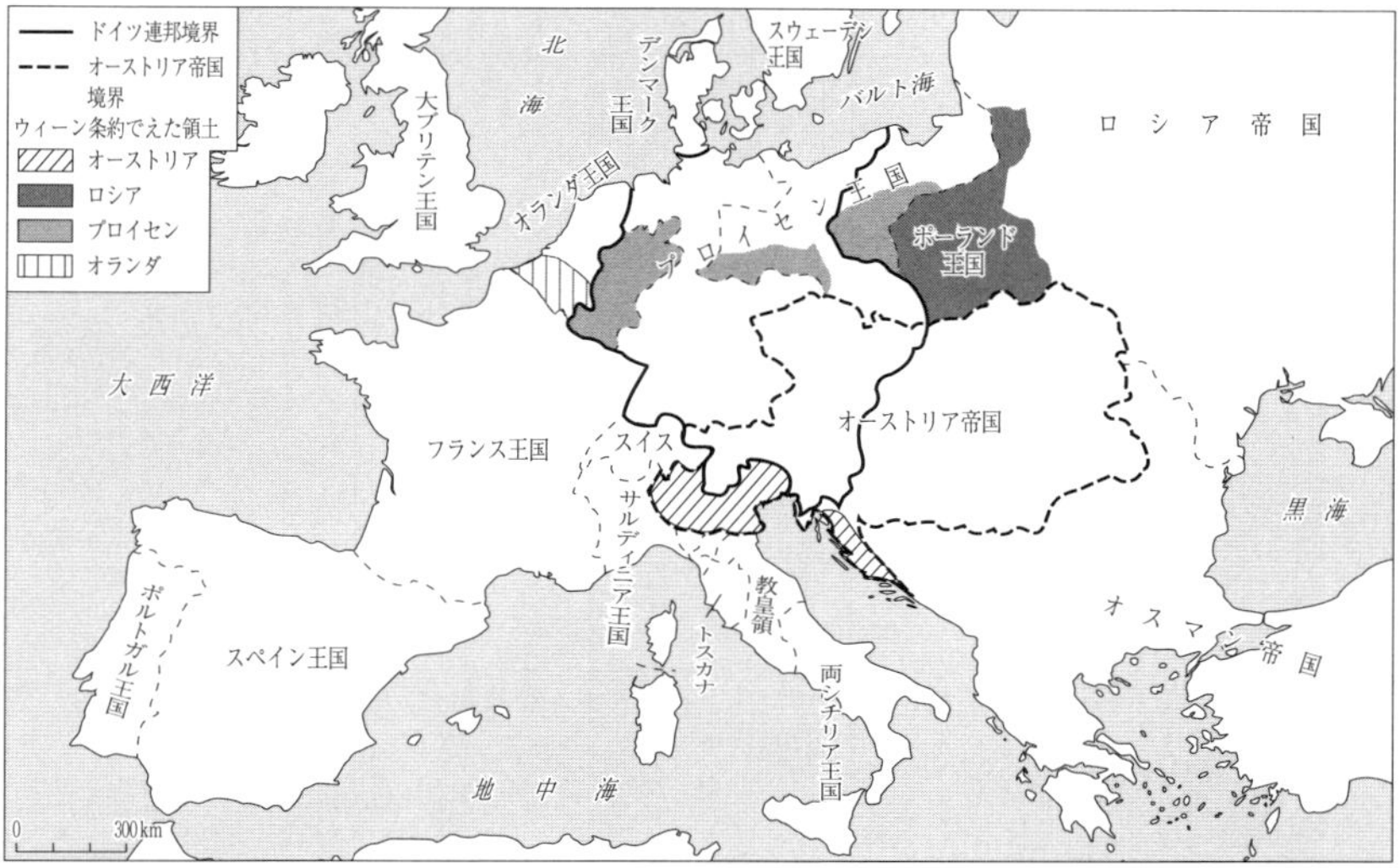

図9-1　ウィーン体制下のヨーロッパ（1815年）

動が勃発し、フランス、イギリスの支持を得て独立を達成した。ポーランドのワルシャワでも武装蜂起が起こり、革命政府が一時成立したが、これはプロイセンやオーストリアの介入によって鎮圧された。ドイツ各地でも騒乱が発生した。ウィーン体制は二重革命の影響を受けて大きく揺らぎつつあったのだ。

一方、ヨーロッパ大陸の外にあったイギリスでは、一九世紀前半には「世界の工場」と呼ばれるほど急速に工業化が進展し、農業社会から工業化社会へと大きく変貌していった。その結果、資本主義の発展にともなって資本家などの中産階級と労働者の数が増大して、改革を求めるようになり、一九世紀前半から半ばにかけて様々な自由主義的改革が進められた。審査法の廃止（一八二八年）やカトリック教徒解放令（一八二九年）によって、宗教的平等が実現し、一八三二年の第一次選挙法改正によって有権者の数は一六万人から九三万人に増大し、中産階級の多くが参政権を獲得した。四六年には穀物法（地主や農業経営者の利害を守るために一八一五年に制定された保護貿易法）、四九年には航海条令が廃止されるなど、自由貿易政策も推進された。こうしてイギリスでは漸進的な自由主義的改革が進んで、一八三〇年代以降、保守党と自由党という二大政党による議会政治が発展することになった。

表9-1　世界の工業生産（1820～1913年）　（単位：％）

年次	イギリス	フランス	アメリカ	ドイツ	ロシア	日　本
1820	50	20	10	8	1	—
1830	—	14	—	—	—	—
1840	45	13	11	12	—	—
1850	39	10	15	15	—	—
1860	36	12	17	16	4	—
1870	32	10	23	13	4	—
1880	28	9	28	13	3	—
1890	22	8	31	14	3	—
1900	18	7	31	16	6	1
1910	14	7	35	16	5	1
1913	14	6	36	16	6	1

出典：大下尚一・西川正雄・服部春彦・望田幸男編『西洋の歴史〔近現代編〕増補版』ミネルヴァ書房，1998年，116頁。

工業化の進展

一方、ヨーロッパ大陸諸国でも工業化が進展した。一八二〇年代にはベルギー、一八四〇年代にはフランスやドイツ諸邦で産業革命が本格的に始まった。これらの諸国における産業革命の多くはイギリスの技術を学びながら、鉄道建設を中心に国家主導で展開された。

工業化の進展には、広い市場と資本・製品・労働の自由な移動が不可欠である。一九世紀にはこれは国内市場の統合と国民国家の形成という形で追求された。フランス革命による中央集権的な国民国家の形成は、こうした要請に応えるものでもあったのだ。一方、三九の諸邦に分裂していたドイツでは、経済統合が政治統合に先行することになった。

経済学者フリードリヒ・リストは、「ハンブルクからオーストリア、ベルリンからスイスにむけて通商をおこなうためには、一〇の国を横切り、一〇の関税制度を学び、一〇回関税を支払わなければならない」と指摘して、関税同盟の必要と国家による産業の保護・育成を説いていた。

こうした運動もあって、一八三四年プロイセンを中心とするドイツ関税同盟が成立し、域内関税の廃止と域外に対する共通関税の設定、度量衡や通貨統合の推進などの市場統合策が推進された。ドイツ関税同盟は当初一五カ国で発足したが、四〇年代にはオーストリアを除くほとんどすべてのドイツ諸邦国が参加することになった。この結果ドイツ諸邦国では、一八四〇年代に鉄道建設を中心に産業革命が進展し、やがて機械・石炭・製鉄などの関連産業に波及していった。プロイセンが中心となったドイツ統一への道が準備されつつあったのである。

労働・社会問題の発生と社会主義思想の発展

急速な工業化の進展は、労働者の貧困、失業、低賃金、長時間労働、劣悪な労働環境などの諸問題を引き起こした。旧来の小親方や職人もまた没落の危機に瀕した。都市化が急速に進んだが、都市計画は遅れ、都市衛生もまたきわめて劣悪であった。

エンゲルスは『イギリスにおける労働者階級の状態』（一八四五年）で、劣悪な労働環境と住環境のもとで低賃金や長時間労働にあえぐ労働者の状態を告発し、のちにイギリスの首相となる小説家ディズレイリは、『シビル――あるいは二つの国民』（一八四五年）でイギリスには生活も風習もまったく違い、それぞれ別の法律で治められている異なる惑星に住んでいるといってもいいような「二つの国民」が存在していると指摘していた。こうした状況は大なり小なりヨーロッパ各国に共通する現象であった。

工業化の波は、労働者の伝統的な文化にも影響をおよぼした。たとえば、労働者の間には「聖月曜日」といわれる慣習が存在した。それは、日曜日に家族サーヴィスをした労働者が、月曜日は自分の気晴らしをする日とみなして仕事を休み、仲間とともに居酒屋などで痛飲するという慣習である。これは手工業に従事する職人や労働者が、自分たちで労働のリズムを調整することができた時代に生まれた慣習であった。しかし、工場制度が普及して労働の規律化をはかろうとする経営者にとっては悩ましい問題であった。また、労働者の飲酒は、労働者の健康や貧困の原因として公衆衛生関係者が問題としただけでなく、治安当局にとっても重要な関心事であった。居酒屋はしばしば労働争議などを相談する場とも化したからである。このため、経営者や公衆衛生関係者、あるいは治安当局は、禁酒運動を展開するとともに労働規律を強制しようとした。だが、独自の伝統に親しんできた労働者らは工場を「牢獄」とみなして軽蔑した。このように労働者や民衆は独自の生活様式や文化を維持して近代化の波に抗ったのである。

一方、こうした労働者の状況の改善や労働問題の解決を目指す、労働運動や社会主義思想が生まれた。イギリスでは一八二四年の団結禁止法の撤廃を契機に各地に労働組合が誕生し、三四年労働組合大連合が結成された。その中心になったのが初期社会主義者ロバート・オーエンであった。また、イギリスでは第一次選挙法改正にもかかわらず労働者には選挙権が与えられなかったため、三八年から五〇年代にかけて男子普通選挙制の実現などを求める大規模な国会請願運動（チャーチスト運動）が展開された。

フランスでは、一八三〇年代から四〇年代にかけてサン＝シモン、フーリエ、ルイ＝ブラン、プルードンらの社会主義者が、自由競争に反対し、協同組織（アソシアシオン）にもとづく共同体を組織して搾取のない平等な社会を建設することを説いた。ドイツ人のマルクスとエンゲルスは『共産党宣言』（一八四八年）を発表して、人類の歴史を階級闘争の歴史ととらえて私的所有制度の廃止と無階級社会の建設が共産主義の目的であると主張し、「万国の労働者よ、団結せよ！」と呼びかけていた。

「諸国民の春」――ウィーン体制の崩壊

一八四八年、フランスの二月革命を契機にして革命の嵐がヨーロッパのほとんどすべての国や地域を席巻し（「諸国民の春」）、ウィーン体制は崩壊した。革命の内容は多様であったが、そこでは政治体制の自由化や民主化、国民主権の原理にもとづく国家形成、社会問題の解決などが追求された。同時に、民族問題も大きくクローズアップされた。

諸革命の口火を切ったのはまたもやパリの民衆であった。フランスでは一八四〇年代に産業革命が始まり、産業資本家などの中産階級が台頭するとともに、労働問題・社会問題も深刻化していった。とりわけ、四六年の凶作をきっかけにして厳しい経済危機が起こると、民衆の生活は深刻な打撃を受け、各地の農村や都市で騒擾が発生した。一方、政府への信頼も揺らいでいた。こうした状況のなかで、反政府派は四七年の夏から各地で選挙改革運動（「改革宴会」）を展開していたが、翌年二月二二日パリで予定されていた「改革宴会」が禁止されると、パリの民衆は蜂起した。このために国王ルイ＝フィリップはイギリスに亡命し、社会主義者ルイ＝ブランを含む臨時政府が成立した（二月革命）。

臨時政府は、共和政を宣言し、男子普通選挙制度、植民地における奴隷制度の廃止、報道・集会の自由、信用制度の整備などの政策をうちだすとともに、「労働者のための政府委員会」（リュクサンブール委員会）や国立作業場を設置するなどの社会政策を実施した。

だが、四月の総選挙で急進派が大敗北すると、保守派や穏健派による巻き返しが始まる。選挙後に成立した新政府は、六月にリュクサンブール委員会を解散し、国立作業場も実質上閉鎖した。これに反発した労働者・民衆は六月二三日に再び蜂起する（六月蜂起）が、鎮圧され、厳しい弾圧を受けることになった。

パリの革命の知らせが伝わると、二月下旬以降ドイツ各地でも革命運動が発生した。オーストリア帝国の都ウィーンでは、三月一三日、民衆と軍隊が衝突し、メッテルニヒは失脚してイギリスに亡命、皇帝は憲法の制定を約束した。プロイセンの都ベルリンでも三月一八日に市街戦が勃発し、国王フリードリヒ＝ヴィルヘルム四世は自由主義内閣の組閣を認め、憲法の制定を約束した。三月末には、ほとんどの邦国で国王が革命勢力の要求に譲歩して、自由主義的な内閣が成立するなど、市民革命が勝利したかの観があった。

メッテルニヒ失脚のニュースが伝わると、多民族帝国であったオーストリア各地で自治の拡大や独立を求めて民族運動が起こった。プラハではパラツキーらを中心にボヘミアの自治を求める運動が起こり、一八四八年六月二日にはスラブ民族会議が開催された。ハンガリーでもコシュートらによる自治政府が樹立され、オーストリアの反撃を受けると四九年春には独立を宣言した。ハンガリー王国（国王はオーストリア皇帝）の支配下にあったクロアチア、スロヴェニア、ダルマチアでもまた自治を求める運動が展開された。

イタリア半島でも自由を求める運動が展開され、各地に穏健な自由主義的政府が成立した。オーストリアの支配下にあったロンバルディアやヴェネツィアでは反乱が勃発し、一八四八年三月にヴェネツィア共和国

表９-２　オーストリア治下の民族構成（1848年）

（単位：％）

ドイツ人	23
マジャール人（ハンガリー人）	14
チェコ・スロヴァキア人	19
スロヴェニア人	4
クロアチア人	4
セルビア人	5
ポーランド人	7
ルテニア人	8
ルーマニア人	8
イタリア人	8

出典：大下尚一・西川正雄・服部春彦・望田幸男編『西洋の歴史〔近現代編〕増補版』ミネルヴァ書房，1998年，141頁。

が成立した。サルディニア国王カルロ＝アルベルトは、三月二三日にオーストリアに宣戦を布告、イタリア統一戦争を開始した。

だが、こうしたヨーロッパ各地の革命は、パリの六月蜂起が鎮圧された六月頃に転換点を迎える。一八四八年六月、オーストリア軍が反撃に転じてプラハを制圧し、北イタリアでもサルディニア軍を撃破した。ウィーンでは、四八年五月、富裕な市民や学生、知識人を中心に市民の自治が実現したが、やがて民衆や労働者との対立が激化して革命内部で混乱が生じ、一〇月末にはオーストリア帝国軍の攻撃を受けてウィーンそのものが制圧されてしまった。プロイセンでも、一〇月のベルリンでの市民軍と労働者の衝突を契機に、保守的な内閣が復活して、反動的な政策が推進されることになった。

一方、ドイツの統一と憲法制定を目指すフランクフルト国民議会が一八四八年五月に成立したが、統一方式をめぐって小ドイツ主義（プロイセンが中心となった統一を求める構想）と大ドイツ主義（オーストリアが中心となった統一を求める構想）を掲げるグループが激しく対立した。国民議会は、四九年三月二七日、小ドイツ主義に立脚し、プロイセン国王を皇帝とするドイツ帝国憲法を採択するものの、すでに革命の波は退潮しつつあった。プロイセン国王は革命勢力から帝冠を受けるのを嫌って、国民議会の提案を拒否した。このため多くの議員がフランクフルトを去り、国民議会は六月に活動を停止してしまう。

こうして一八四八年の諸革命の炎は四九年夏には消える。ヴェネツィア共和国は制圧され、ハンガリーもロシアの支援を受けたオーストリア軍によって制圧された。民族問題の複雑さを示しているのはハンガリー問題であった。自治を求めてハンガリーと対立していたクロアチアが、オーストリア皇帝の要請を受けてハンガリー攻撃に参加していたのだ。

諸革命が鎮圧された後、多くの地域で旧体制が復活する。しかし、一八四八年の諸革命はヨーロッパ各地における国民国家の形成と経済発展を促進する契機となった。また、一八四八年の諸革命は、ヨーロッパの近代化がフランス革命や四八年革命初期にみられた自由主義者と民衆や労働者との事実上の同盟にもとづく革命（「下からの革命」）から伝統的支配層の一部と自由主義者の提携による「上からの近代化」へと大きくシフトする契機となったこと、さらに社会革命や民族問題を大きくクローズアップさせることになったという意味で、ヨーロッパにおける近代史の曲がり角であったといえる。

2　国民国家形成の進展

「繁栄の時代」

一八五〇年代から六〇年代にかけてヨーロッパ各地では工業化がますます進展する。イギリスは、「繁栄の時代」として知られる高度成長期を迎え、国際経済の覇者として君臨した。それを象徴するのが、一八五一年に巨大な水晶宮を中心に開催された第一回ロンドン万国博覧会であった。万博では、世界各地の文物が展示され、とりわけイギリスは産業革命の成果を誇示して他を圧倒した。五カ月半の開催期間中に訪れた観客の数は約六〇〇万人におよび、トマス・クックは鉄道網を利用したパック・ツアーを組織して団体客を動員した。まさに「繁栄の時代」の開幕を告げる一大イヴェントであった。

フランスでは第二帝政（一八五二～七〇年）の時代にパリ大改造や鉄道建設などの大土木事業が積極的に推進され、産業革命は一八五〇～六〇年代に完成期を迎える。ドイツ諸邦でも五〇～六〇年代に産業革命が本格的な展開をみせるなど、ヨーロッパ各国で経済が発展した（表９‐１参照）。

国民国家の形成も進んだ。国家統一が達成されていない国では統合が推進されるとともに、すでに統一を達成している国を含めて国民国家の内在化が進んだ。

図９－２　ヴェルサイユ宮殿鏡の間でのドイツ皇帝の戴冠式

イタリアとドイツの統一

イタリアではサルディニア王国が中心になって統一が推進された。一八五二年に首相に就任したカヴールは富国強兵策を推進する一方、列強の支援を求めてクリミア戦争（一八五三～五六年）に参加し、フランス皇帝ナポレオン三世から対オーストリア統一戦争への支持を取りつけることに成功した。こうして、サルディニアは、五八年、対オーストリア戦争を開始するが、ナポレオン三世が途中で裏切ってオーストリアと休戦したため、ロンバルディアと中部イタリアの一部を併合するにとどまった。一方、急進派の指導者ガリバルディはシチリア島での反乱に乗じて千人隊を率いてシチリアを制圧、さらに南イタリアに上陸して平定を進めながら北上した。その動向が注目されたが、ガリバルディは最終的には制圧した土地をサルディニア国王に献上した。こうして六一年にサルディニア王ヴィットーリオ＝エマヌエーレ二世を国王に戴くイタリア王国が誕生する。その後、イタリアは普墺戦争（一八六六年）に乗じてヴェネツィア、さらに普仏戦争（一八七〇～七一年）に乗じてローマを併合し、トリノからローマに遷都した。

ドイツ統一の中心となったのはプロイセンである。一八六二年九月、首相に就任したビスマルクは「ドイツがプロイセンに注目しているのは、その自由主義ではなく力である。……現在の大問題は演説や多数決――これこそが一八四八年／一八四九年の犯した過ちであった――によってではなく、血と鉄によってのみ解決される」と議会で演説し、富国強兵策と力によるドイツ統一を推進した（「鉄血政策」）。プロイセンはシュレスヴィヒ＝ホルシュタイン問題をめぐる対立から一八六六年にオーストリアと開戦し、これを撃破した（普墺戦争）。

さらに、ビスマルクは、一八七〇年にスペイン王位継承問題を利用してドイツ統一を妨害していたフランスを戦争に引き込み（普仏戦争、一八七〇～七一年）、九月、セダンでナポレオン三世を降伏させた。戦争はその後もつづいたが、七一年一月一日、ドイツ帝国の成立が宣言され、一八日にはフランスのヴェルサイユ宮殿でヴィルヘルム一世のドイツ皇

コラムⅨ

国民国家の歴史

加藤克夫

国民国家（ネイション・ステイト）とは、一定の領域と主権を備えた国家で、そのなかに住む人びとが国民としての意識を共有している国家のことをいう。こうした国家が文字通り形成されるには、国民主権や基本的人権の保障、法の下の平等などの条件が必要であろう。これらの要件を備えた国家を狭義の国民国家ということができる。

国民国家は近代の西ヨーロッパで成立した。だが、国家の領域や、主権、国家機構という側面にかぎってみれば、国民国家の歴史は一六、一七世紀の絶対王政期にさかのぼることができる。主権国家という概念が生まれ、国王による領域統合が進み、官僚制が整備されるなど、国民国家の枠組みは絶対王政期に形成されたのである。

だが、この時期の国家は、身分制的社団的編成原理にもとづく国家であり、王室の財政と国家財政が未分離状態にあるなど、権力そのものもなお私的性格をとどめていた。国民意識も一六世紀頃から次第に形成されはじめるが、それは一部にとどまり、なおきわめて脆弱であった。

こうした状況に大きな刺激を与えたのが、一八世紀の諸国家間の戦争や工業化の進展にともなうコミュニケーション網や印刷・出版の発達、そして何よりもフランス革命の衝撃であった。各国は国内市場の統合や諸国に対抗するためにも国家統合を推進する必要に迫られ、諸国民もまた国民意識や民族意識を高めていった。こうして国民国家の形成が促進されることになったのである。

一九世紀のヨーロッパは国民国家の時代であった。国家統合が推進され、各国では教育、博物館、美術館、あるいは徴兵制などをつうじて、さらには国歌、国旗などの様々な国家の表象をつうじて国民意識の形成がはかられた。

第一次世界大戦後、オーストリア帝国、ロシア帝国、オスマン帝国が解体し、民族自決の原則が認められたこともあって、東欧や北欧諸国が独立した。さらに一九五〇～六〇年代には、アジア・アフリカで列強による植民地支配からの独立があいつぎ、国家の数は急増した。その結果、両大戦間期の独立国は六五カ国にすぎなかったが、現在の国際連合の加盟国は約二〇〇カ国に上る。そのかぎりでは国民国家体制は第二次世界大戦後も拡大しているといえる。

だが他方では、第二次世界大戦後、ヨーロッパでは超国民国家的な地域共同体の形成が進むとともに地域主義が発展し、二〇世紀末頃からは経済・社会・文化のグローバル化が急激に進むなど、国民国家の揺らぎも顕著になってきた。国粋的傾向を帯びたナショナリズムが声高に叫ばれるのもこうした国民国家の揺らぎの反映といえる。

帝戴冠式が挙行された。こうしてドイツでは，領土と人口の三分の二をプロイセンが占め，軍の統帥権など強力な権限をもつ皇帝をプロイセン王が兼ねるなど，プロイセンを中心とした権威主義的帝国が成立した。

一方，普墺戦争に敗れてドイツ問題への発言権を失ったオーストリアは，オーストリア＝ハンガリー二重帝国を形成して帝国を再編成した（オーストリア皇帝がハンガリー国王に就任し，外交・国防・財政は共通化されたが，ハンガリーは独自の政府・議会をもつことになった）。

ロシアの「大改革」

ウィーン体制のもとで反動の砦となっていたロシアにも変革の波がおよんだ。ロシアでは貴族制と農奴制が存続し，皇帝による専制政治（ツァーリズム）がつづいていた。だが，クリミア戦争（一八五三〜五六年）での敗北を機に，近代化の遅れが痛感されるようになり，アレクサンドル二世のもとで開明的な官僚を中心に農奴解放（一八六一年），司法・軍制・教育・行政・財政などの改革や，鉄道建設を中心にした工業化の促進などの「大改革」が推進された。ただ，「大改革」もそれまでの社会秩序を根底から変革するものではなかった。たとえば，農民は農奴解放によって領主の人身的支配からは解放されたが，完全な土地所有者になれたわけではなく，依然として大きな負担を課せられた。また，農村共同体（ミール）の規制も強く，農民は不満を蓄積していた。だが，「大改革」による一定の近代化効果もあって，ロシアは第一次世界大戦前には世界第五位の工業国に成長する。

国民の創造

国民国家は，国家統合を実体化するために，「一国民，一言語，一国家」を理想とする。だが，最も早く国民国家が形成されたフランスでさえ，一八七〇年代に標準的なフランス語を母語として用いることのできる人びとは人口の半数にすぎなかった。一八六〇年代には，自分がフランス人であると答えられない小学生が周辺部にはなお存在した。

このため、国民意識を涵養するために、新しい伝統が創造され、国家の象徴として国歌や国旗が制定された。一九世紀末のフランスやドイツでは、それぞれマリアンヌやゲルマニアが国家の象徴として視覚化され、彫像が各地に建立されるとともに、図像として流布された。

なかでも重視されたのが教育であった。プロイセン改革の頃から各邦国で教育が重視されたドイツを例外として、一般的には教育体制は一九世紀後半に整備された。イギリスでは一八八〇年に初等教育が義務化され、フランスでは一八八一年から翌年にかけて初等教育の義務化・無償化・世俗化を定めた一連のフェリー法が制定された。国家は国民の形成と統合という視点から教育を重視し、国民は子どもの境遇を改善し、社会的上昇の機会をつかむための手段として教育を受容していく。その結果、イギリスとフランスの識字率は一八四〇年代の約五〇％から、九〇年代には九〇％台に向上した。初等教育では、読み書き能力とともに、とりわけ国語、地理、歴史教育が重視され、愛国心をもった良き公民を育成することが目指された。

このように様々な形で国民形成が推進され、ナショナリズムが称揚されたが、列強間の覇権争いが激化するとともに、「大不況」(後述)にともなって国内での諸矛盾が表面化する一九世紀末になると、ナショナリズムは急進化して排外主義的傾向を強めるようになった。

3　帝国主義

大不況

イギリスをはじめとするヨーロッパの主要国では一九世紀半ば以降高度成長がつづいた。ところが、一八七三年にウィーンで勃発した経済危機がきっかけとなって、二〇年以上にわたる「大不況」という長い低成長の時代に入ることになった。その要因は世界的な産業構造の変化にあった。アメリカ合衆国が一八八〇年代に工業生産でイギリスを追い抜き、ドイツも九〇年代に重化学工業でイギリスを凌駕する勢いをみせたほか、日本、ロシア、イタリアでも産業革命が始まるなど工業製品をめぐる国際的な競争が激化した。同時に、スエズ運河の開通（一八六九年）など国際的な交通や輸送網の発達によって、非ヨーロッパ世界から安価な穀物や原材料が流入して、穀物などの価格下落を招いていた。こうして、工業と農業がともに不況の波に襲われることになったのである。

「大不況」に直面したヨーロッパ諸国では、イギリスを除くほとんどの国が保護貿易政策を採用して国内市場を防衛するとともに、列強は競って製品や資本の輸出市場、あるいは原材料の確保を目指して植民地の獲得や再分割競争に乗り出すことになった。

独占資本と金融資本の台頭

「大不況」が進行するなか、一八七〇年代にはいると重化学工業における技術革新が進み、製鉄を含む金属、機械、電気、化学などの産業が大きく発展した（第二次産業革命）。これらの産業は、繊維産業などの軽工業と違い、多額の資本を必要とする。同時に、激化する国際競争に対応するためにも、世界規模で事業展開できる企業が求められた。このために次のような事態が進行した。

第一に、多くの資本を調達できる株式会社制度が普及するとともに、カルテル（生産や価格などに関する同一業種の企業による協定。企業連合ともいう）、トラスト（同一業種の企業の結合。企業合同ともいう）、コンツェルン（金融機関などの親会社が中心になり、持ち株制などによって多様な企業を統合・支配する独占形態）の形成などによって企業集中が進み、独占資本が成長した。

第二に、銀行による投融資が企業活動を左右するようになり、銀行資本と産業資本の融合が進んで金融資本が台頭した。

第三に、「大不況」が進展すると、より高い利益を見込める海外への資本輸出が拡大し、欧米間、あるいは非ヨーロッパ世界への資本輸出が活発になった。最大の資本輸出国はイギリスであった。イギリスは、南北アメリカ大陸やアジアなどに積極的に投資し、その資本輸出額は世界の資本輸出量の半分を占めた。このために、イギリスの貿易収支は赤字だったが、貿易外収支（投資先からの利益や保険収入、海運からの収益など）は大幅な黒字を確保し、イギリスは工業生産ではトップの座を譲ったものの、依然として国際経済の覇者としての地位を保ちつづけた。フランスもロシアの公債への投資を中心に積極的な海外投資をおこない、「高利貸帝国主義」などと揶揄《やゆ》されることになった。

大量消費社会・大衆社会への胎動

一九世紀末になると、工業化がますます進展し、社会状況もまた大きく変容した。都市化が一層進み、一九〇〇年の人口五〇〇〇人以上の都市に住む人びとの数は、イギリス、フランス、ドイツでそれぞれ総人口の七五％、三八％、四九％を占めるまでになった。社会構造の変化にともなって、事務職員、公務員、教員、専門職（弁護士、ジャーナリスト、医者など）、技術者などの「新中間層」が増大した。彼らの多くが住む都市では、地下鉄などの新しい交通手段が実用化され、デパートが誕生し、ミュージック・ホール、カフェ、美術館、博物館などの娯楽施設や文化施設が数多く設置された。一八九六年にはフランスのリュミエール兄弟によって世界最初の映画がパリで上映され、やがて各地に映画館が建設されるようになった。こうして、人びとはショッピング、美術・音楽・映画鑑賞、海水浴や旅行などを楽しむようになった。近代スポーツが誕生し、人びとがスポーツに興じ、観戦するようになるのもこの時期のことである。

こうした新しい消費文化は、ジャーナリズムや宣伝などの発達もあって、社会の上層階級から労働者にまで次第に浸透していった。大衆社会への胎動が始まっていたのである。

大衆民主主義に向かう動きも始まった。一九世紀の末になって、労働者に選挙権が拡大されるなど、有権者の数が大幅に増えると、その支持を獲得するために大衆政党が発展し、宣伝が重視されるようになった。

一八七〇年代以降、各国で労働組合が合法化されて労働者の組織化が進み、社会主義政党も発展した。ドイツでは一八七五年にドイツ社会主義労働者党が結成されて勢力を増大させると、ビスマルクは社会主義者鎮圧法（一八七八年）を制定して、これを弾圧した。だが、九〇年に社会主義者鎮圧法が廃止されると、ドイツ社会主義労働者党は社会民主党と改称して、急速に勢力を拡大し、一九一二年には帝国議会の第一党となった。イギリスでは、一九〇〇年に独立労働党、フェビアン協会、労働組合会議によって今日の労働党の前身となる労働代表委員会が結成された。オーストリア、ベルギー、オランダ、ロシアなどでも一八八〇年代以降、ドイツをモデルにした社会民主党が結成された。一方、フランスでは労働組合の直接行動による革命を説く革命的サンディカリズムが発展し、イタリア、スペインなどにも影響を与えた。

こうした労働運動や社会主義運動の成長を前にして、各国政府は労働時間短縮などの労働者保護法を制定し、一部の国では社会福祉政策にも取り組むようになった。いち早く社会福祉政策に取り組んだのが、ドイツである。ドイツでは、一八八〇年代に養老保険や健康保険への加入が義務化され、老齢年金制度が創設された。

女性の地位も向上した。一九世紀のヨーロッパでは、中産階級を中心に、女性は良き妻、良き母として家庭を守るべきものという女性観が支配し、女性の権利も制限されていた。しかし、女子教育が普及し、秘書やデパートの店員、事務員、教員などの新しい雇用の場が広がって女性の社会進出が進んだ。また、各国で女性の参政権を求める運動がみられるようになり、二〇世紀初めには、フィンランドやノルウェーで女性の参政権が認められた。

世界の分割・再分割競争の激化

一九世紀末以降の列強による世界の分割・再分割を推進する政策とその背後にある思想を帝国主義という。イギリスの経済学者ホブソンは『帝国主義論』（一九〇二年）で、国内で「過剰」となった資本がより効率的な投資先を求めて発展途上地域に進出しようとしたことが帝国主義の動因である、と主張した。だが、国内の様々な利害対立を国外に転化し、国威発揚と国民統合をはかるケース（この側面を強調する帝国主義論を「社会帝国主義」論という）や、外交や戦略上の理由による場合もあり、帝国主義は一概に経済的利害に還元できるものではない。いずれにせよ、一八七〇年代から第一次世界大戦にかけて列強による世界の分割・再分割競争が激化していく。

イギリスは従来「自由貿易帝国主義」（可能ならば平和裏に、しかし必要があれば武力に訴えてでも自由貿易を強制しようとする政策や思想）を採用していたが、一八六〇年代から七〇年代にかけて首相を務めたディズレイリのもとで「公式帝国主義」に路線転換した。フランスは、普仏戦争後に高まった対独復讐熱をそらそうとするねらいもあって、八〇年代以降積極的な対外進出政策を推し進めるようになった。ロシアもまた極東への進出を図るとともに、オスマン・トルコの衰退に乗じて、黒海からバルカン半島への進出を強めた。他方、ドイツの首相ビスマルクは各国のドイツに対する警戒を解くために対外進出には慎重だったが、ビスマルクが失脚すると（一八九〇年）、ヴィルヘルム二世は「世界政策」を提唱して、積極的な対外進出政策を展開するようになった。

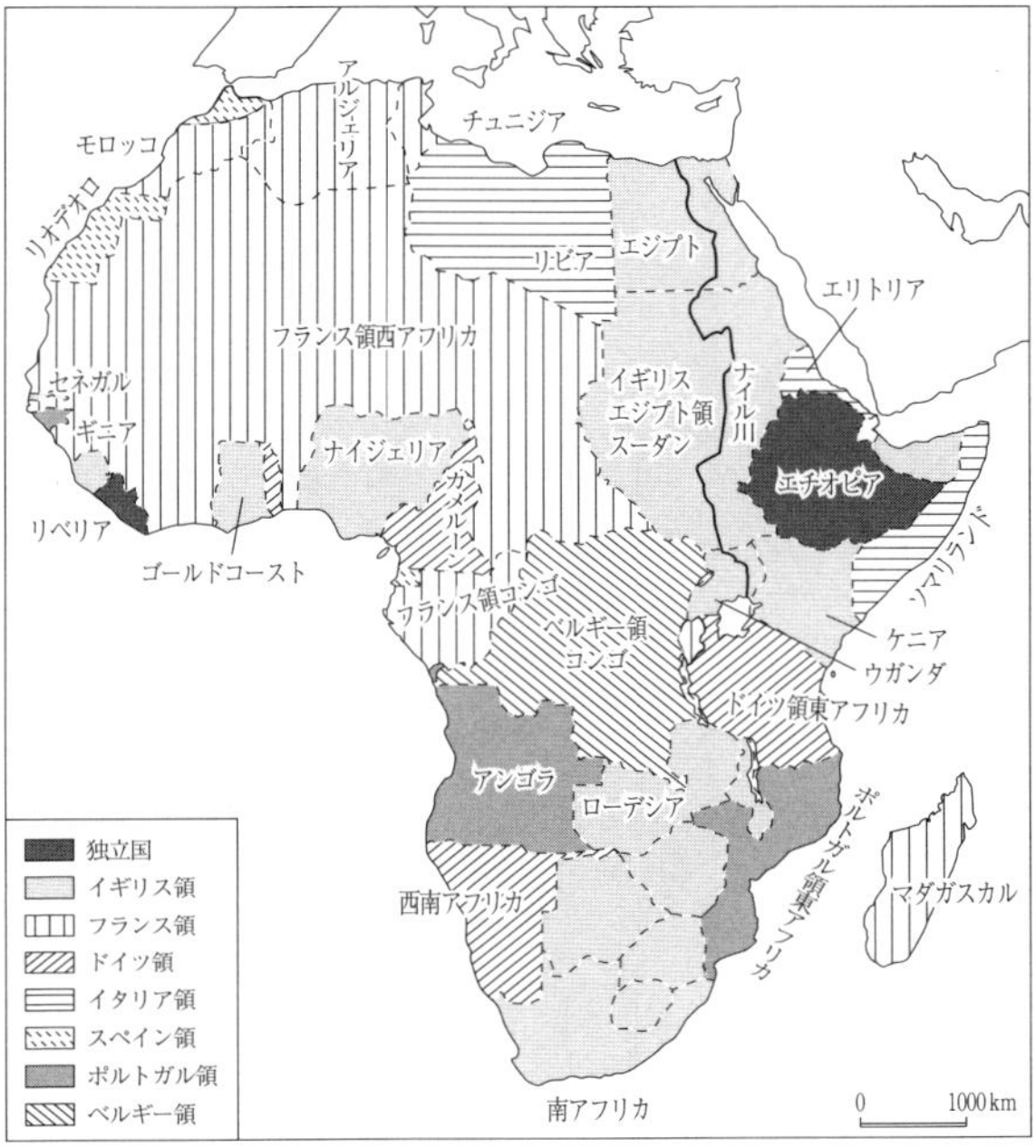

図９－３　アフリカにおける列強の植民地（20世紀初め）

この結果アジア・アフリカの大部分は植民地化されてしまう。第一次世界大戦前にアジアで独立を維持していたのは、日本を含む数カ国にとどまった。中国は独立を維持していたものの、列強の進出を受けて半植民地化された。大帝国であったオスマン帝国もまた勢力を大きく後退させた。

なかでもアフリカの変化は劇的であった。アフリカ大陸の面積の八〇％は一八八〇年にはなお独立を維持していた。ところが、一九世紀後半になって内陸部の状況が明らかとなり、原料の供給地や製品の市場としてその価値が注目されるようになると、ヨーロッパ諸国のアフリカへの進出が強まり、二〇世紀初頭に独立を維持していたのは、エチオピア帝国とリベリア共和国の二カ国にすぎなかった（図9-3参照）。

こうして、世界人口の一六%を占めるにすぎないイギリス、フランス、アメリカ、ドイツ、ベルギー、オランダなどの先進国が、世界貿易の六四%、工業生産の七四%、ロシア、オーストリア、日本、イタリアなどの中進国が貿易の一四%、工業生産の一二%を占め、これらの諸国が世界人口の七〇%を占める他の地域を植民地、あるいは勢力圏として支配する世界経済体制が生まれたのである（一九〇九年）。植民地化された地域では、モノカルチャー化が進み、「低開発の開発」が進んだ（今日の「南北問題」や南における飢餓問題の少なくとも遠因のひとつはここにある）。文字通り、欧米、とりわけヨーロッパを中心とした世界の一体化の完成であった。

ところで、こうしたヨーロッパ諸国による非ヨーロッパ世界の分割・再分割競争は、独特のイデオロギーに支えられていた。それは、文明化されたヨーロッパが「野蛮な世界を文明化する使命を帯びている」という「文明化」の使命観である。この観念が、排外主義的なナショナリズムとあいまって、ヨーロッパ諸国による植民地政策を推進するイデオロギーとして機能したのである。

二つのブロックの形成

ヨーロッパ諸国の勢力争いの主要な舞台となったのは、バルカン半島とアフリカであった。こうした列強間の対立のなかから、やがて第一次世界大戦にいたる「三国同盟」対「三国協商」という二つのブロックが対立する構図が生まれてくる。

普仏戦争後、ドイツは、フランスの孤立化をはかり、ロシア、オーストリアとともに三帝協約（一八七三年）、三帝協商（一八八一年）を結び、さらにイタリア、オーストリアと三国同盟（一八八二年）を締結した。しかし、オスマン帝国の弱体化に乗じて、ロシアは「南下政策」を進め、汎スラブ主義を掲げて黒海からバルカン半島への進出を強化した。一方、オーストリアもまたこの地域への進出をはかろうとしてロシアと対立した。このため三帝協商は一八八六年に解消されたが、ドイツはその後もロシアとの関係維持につとめた。だが、ビスマルクの失脚後、ドイツが積極的な対外進出政策に転じ、三B政策（ベルリン・ビザンティウム・バグダードの頭文字に由来するドイツの近東政策）を推進するようになると、ロシアとの関係は悪化した。このためロシアとフランスが接近し、露仏同盟（一八九一年）が成立した。

アフリカでも列強の対立が強まった。イギリスは、一八八二年に保護国化したエジプトとアフリカ南端のケープ植民地を結ぶ大陸縦断政策を推進した。一方、フランスは、アルジェリア（一八三〇年）、チュニジア（一八八一年）を保護国にしたのち、サハラ砂漠を占領し、ジブチ、マダガスカルと結ぼうとした（大陸横断政策）。このため、両国は、九八年にナイル河畔で衝突する（ファショダ事件）が、やがてドイツの脅威に対抗するために、一九〇四年に英仏協商を結んで利害の調整をはかった。

一方、イギリスとロシアは一九〇七年に英露協商を締結して、ペルシアなどにおける両国間の利害を調整した。こうして、露仏同盟、英仏協商とともに、イギリスを中心とする三国協商が形成され、ドイツが中心となった三国同盟と対抗する構図が生まれることになった。日本は、イギリスとの間で日英同盟（一九〇二年）を結んでいたが、日露戦争後の〇七年にはロシア、フランスとの間にそれぞれ日露協約、日仏協約を締結して、三国協商の陣営に加担した。やがてこうした帝国主義国間の二つのブロックの対立が火を噴き、第一次世界大戦が勃発する。

第10章

二つの世界大戦

加藤克夫

長崎に投下された原子爆弾のキノコ雲

概　要

二〇世紀前半のわずか四〇年余の間に人類は二つの世界大戦を経験した。一九一四年に勃発した第一次世界大戦は予想に反して長期戦・総力戦となり、国家が戦争を遂行するために経済や国民生活に広く介入する体制（総力戦体制）が生まれる契機となった。

第一次世界大戦後のヨーロッパではヴェルサイユ体制が成立する。この体制の下でヨーロッパでは、多民族帝国が消滅して国民国家が全体を覆うようになる。他方では、史上初の社会主義国家ソ連が誕生してイデオロギー対立が国際関係を規定するようになるとともに、国際連盟が創設されるなど「脱近代化」の胎動もみられるようになる。両大戦間期は近代から現代への過渡期であった。

一九二〇年代の半ばになると、戦後復興が進み、国際協調の気運も高まって「相対的安定期」を迎える。だが、世界大恐慌の勃発（一九二九年一〇月）を契機にヨーロッパは激動の三〇年代に突入する。ドイツでは、一九三三年一月末、ヴェルサイユ体制の打破や「国民革命」を掲げるナチス政権が成立する。これ以後、国際政治や各国の国内政治の舞台で、ファシズム、自由民主主義、社会主義をめぐる争いが激化していった。そして、一九三九年九月一日のドイツによるポーランド侵攻をきっかけにして、再び世界大戦が勃発した。

二つの世界大戦は未曾有の大惨事をもたらし、兵士として動員された者の数は一億数千万人、兵士の戦病死者の数は二千数百万人におよんだ。第二次世界大戦では民間人も三〇〇〇万人以上が死亡している。二〇世紀は「戦争の世紀」といわれるゆえんである。

一九一四	第一次世界大戦勃発（〜一八）
一九一七	ロシア革命
	アメリカの参戦
一九一九	ヴェルサイユ講和条約調印
一九二五	ロカルノ条約調印
一九二九	世界大恐慌勃発
一九三一	ヒトラー政権の成立
一九三六	人民戦線政府成立（スペイン、フランス）
一九三八	ミュンヘン会談
一九三九	第二次世界大戦勃発（〜四五）
一九四一	独ソ戦勃発
	大西洋憲章発表
一九四五	ヤルタ会談
	ポツダム会談
	ドイツ降伏

1　第一次世界大戦とヴェルサイユ体制

第一次世界大戦の勃発

一九一四年六月二八日、オーストリア皇太子フランツ・フェルディナンド夫妻がボスニアの首都サライェヴォでセルビアの一民族主義者に暗殺されるという事件が起こると、オーストリアはドイツの支持を得て、七月二八日にセルビアに宣戦。これをきっかけにして、列強は同盟や協商にもとづいてあいついで参戦し、同盟国側（ドイツ・オーストリア・トルコ・ブルガリアなど）と連合国側（イギリス・ロシア・フランス・日本など）に分かれて戦うことになった。「ヨーロッパの火薬庫」といわれたバルカン半島の局地紛争から始まった戦争は、またたくまにヨーロッパ全体に広がり、やがて史上最初の世界大戦へと発展していったのである。

当初、短期戦と想定されていた戦争はやがて膠着し、塹壕と塹壕をはさんで対峙する消耗戦、四年余におよぶ長期戦、総力戦となった。この間に、両陣営あわせて、六三〇〇万人の兵士が動員され、戦病死者、負傷者の数はそれぞれ約八五〇万人、二〇〇〇万人にのぼった。未曾有の大惨事であった。

各参戦国は、持久戦・長期戦に対応するために、あらゆる人的・物的資源を戦争に振り向け、全国民を動員する総力戦体制を確立した。男性が兵士として動員されたあとを埋めるために女性や青少年が軍需工場などに動員され、農村では女性や高齢者、子どもが労働力不足を補った。植民地からも多くの人びとが労働者や兵士として動員されたばかりか、資金や物資も調達された。食糧、燃料、衣料などの生活必需品も配給制になるなど、経済・社会に対する国家の介入が強化され、国家の権限と機能は飛躍的に拡大した。

戦争は、当初、国民のあいだに熱狂的な愛国心を呼びさまし、各国で挙国一致内閣が誕生した。だが、戦争が長期化して犠牲者の数が増大し、食糧不足が深刻になるなど銃後の生活も困難になると、国民のあいだには次第に厭戦機運が広がり始めた。

こうした最中の一九一七年三月、ロシア革命が勃発し、四月にはそれまで中立を守っていたアメリカが連合国側に立って参戦すると戦局は大きく動いた。一九一八年三月、ドイツはロシアの革命政府とブレスト＝リトフスク条約を結んで単独講和し、兵力を西部戦線に集中して攻勢に打ってでた。しかし、アメリカの参戦で力を得た連合国軍を前にしてドイツ軍の進撃が停止すると、同盟国側の降伏が始まった。ドイツでも、一一月初めにキール軍港での水兵の反乱を契機にして革命運動が広がり、ドイツ帝国は崩壊して、共和国が成立した（ドイツ革命）。こうして一九一八年一一月一一日、連合国とドイツとの間で休戦条約が調印され、四年三カ月におよぶ第一次世界大戦は終結する。

ロシア革命

第一次世界大戦前のロシアでは皇帝による専制政治がつづいていた。ロシアは世界第五位の工業国でもあったが、工業や銀行の多くは外国資本に握られ、労働条件は劣悪であった。農民は農奴身分からは解放されたものの、土地改革が不徹底だったので、不満を募らせていた。

戦争が長期化すると戦争への備えが十分でなかったロシアでは、戦争犠牲者の増大や国内での物資供給不足が目につくようになり、国民の不満が爆発した。一九一七年三月八日、首都ペトログラードで大規模な労働者のストライキが発生すると、兵士も加わって騒動は急速に各地に広がっていった。この結果、ロマノフ朝は滅亡し、自由主義的な臨時政府が樹立された（三月革命）。一方、労働者や兵士はソヴィエト（評議会）を組織して実質的な権力を掌握した。二重権力状態が生まれたのである。だが、ソヴィエトで指導権を握ったメンシェヴィキや社会革命党はただちに権力を掌握しようとはしなかった。一方、臨時政府は一定の自由主義的な改革を実施したものの、土地改革などの根本的な改革はおこなわず、戦争を継続した。平和と土地を求める民衆の願いは裏切られたのである。このため、農村では農民革命が広がり、ロシアの支配を受けていた諸民族はロシアからの分離を求める運動（民族革命）を展開するなど、混乱がつづいた。

こうした状況下で主導権を握ったのはレーニンが指導するボリシェヴィキ（のちに共産党に改称）であった。ボリシェヴィキは、即時停戦、土地改革、ソヴィエト政権の樹立を掲げて支持を広げ、十一月革命を指導して権力を握り、ソヴィエト政権を樹立して、やがて一党独裁体制を築いていった。新政権は、ただちに無併合・無賠償・民族自決の原則にもとづく講和を全交戦国に呼びかけ、一九一八年三月にはドイツとブレスト＝リトフスク講和条約を結んで戦争から離脱した。

一九一八年一月に開催された第三回ソヴィエト大会は、新しい国家を「労働者・兵士・農民代表共和国」と規定し、「人間による人間のあらゆる搾取の根絶……すべての国における社会主義の勝利を自己の任務とする」と宣言し、二二年には、ウクライナなどとともにソヴィエト社会主義共和国連邦（ソ連）を結成した。史上初の社会主義を標榜する国家の誕生であった。

しかしソヴィエト政権の前途は多難であった。内乱と、イギリス・フランス・日本・アメリカなどによる干渉戦争に直面したのである。ソヴィエト政権は一九二〇年までにはこの困難を克服したが、内乱と干渉戦争の結果は悲惨であった。国民経済は荒廃し、二〇～二一年の凶作も手伝って、数百万人が餓死する有様であった。

このため、ソヴィエト政府は一九二一年に新しい経済政策（ネップ）を採用して国内経済の立て直しをはかった。その結果、二七年には農・工業生産は戦前の水準にまで回復し、やがて社会も安定し始めた。

ヴェルサイユ体制の成立

第一次世界大戦終結後の一九一九年一月、パリで講和会議が開催される。会議の基礎となったのは、アメリカ大統領ウィルソンが一九一八年一月に発表した一四カ条の平和原則（秘密外交の廃止、関税障壁の撤廃、軍備縮小、民族自決、植民地の公正な解決、国際平和機構の設立など）であった。だが、講和会議ではフランスやイギリスが敗戦国に報復的な態度を

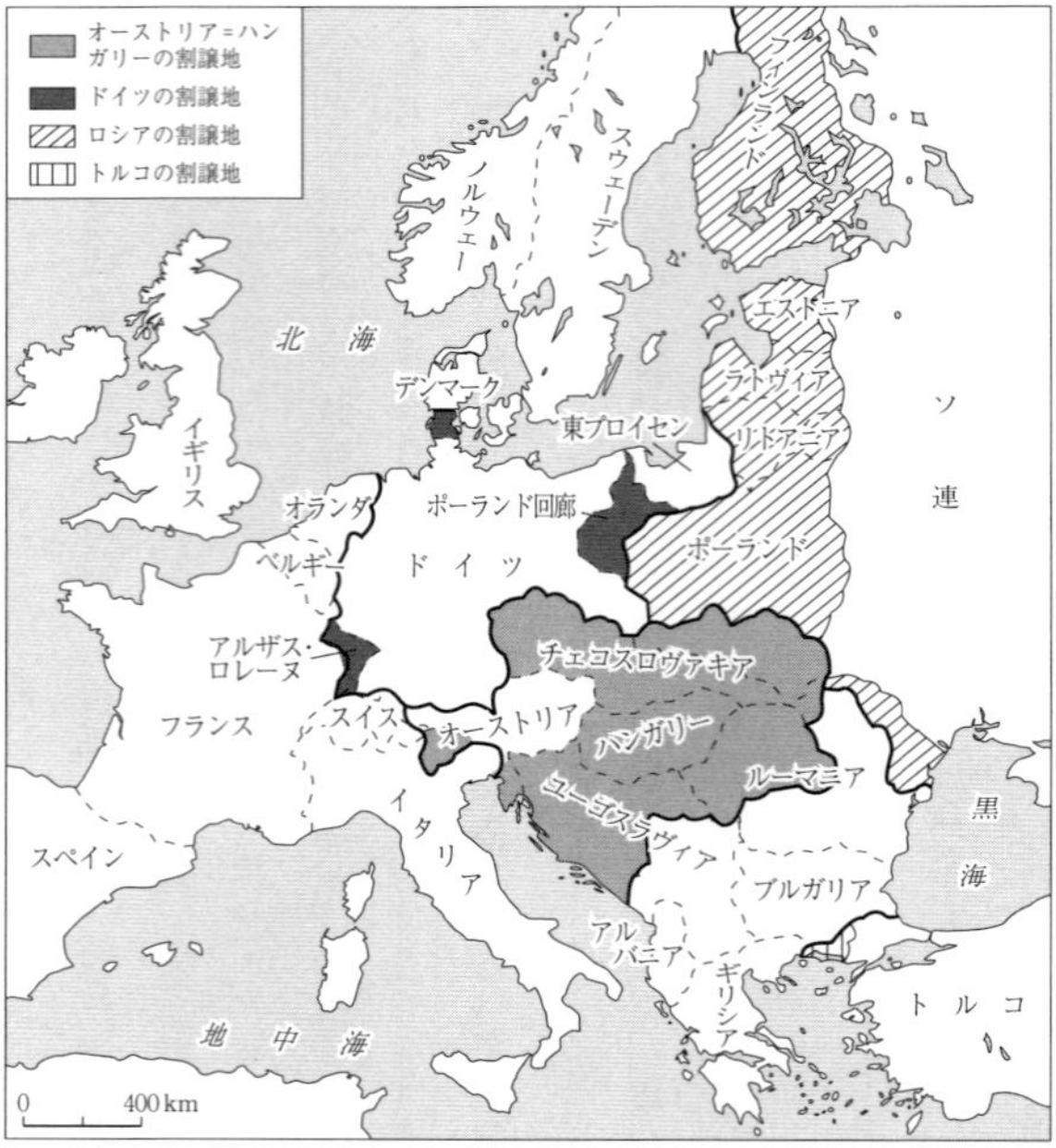

図 10－1　第一次世界大戦後のヨーロッパ

とったため、この原則は部分的にしか実現しなかった。パリ講和会議の結果、一九一九年六月にドイツ、オーストリア、ハンガリー、ブルガリア、トルコとの間に、それぞれヴェルサイユ条約、サンジェルマン条約、ヌイイ条約、セーヴル条約が結ばれた。こうした一連の講和条約にもとづいて成立した第一次世界大戦後のヨーロッパの国際秩序がヴェルサイユ体制である。この体制が目指したのは、第一次世界大戦と一連の革命によって動揺した資本主義世界体制の再編成であった。

第一次世界大戦後、資本主義世界体制の中心はヨーロッパから最大の金融・経済大国となったアメリカに移動した。ヨーロッパの復興もアメリカに依存することになった。だが、そのアメリカでは戦後、ウィルソン大統領がパリ講和会議を指導したにもかかわらず、経済繁栄を背景にして保守主義的傾向が強まり、ヴェルサイユ条約の批准を拒否し、孤立主義的傾向を強めた。

一方、資本主義的ヨーロッパに対する異議申し立てとして成立した社会主義国ソ連は、封じ込めの対象とされた。フランス首相クレマンソーは、パリ講和会議で「ヨーロッパ全体が革命の脅威にさらされている現状では、ボリシェヴィズムは発生地自体でまず粉砕されなければならない」と主張していたが、干渉戦争が失敗した後も、対ソ封じ込め政策は継続された。フランスは、新しく誕生したポーランド、チェコスロヴァキア、ユーゴスラヴィア、ルーマニアと相互援助条約を結んで、ドイツを背後から牽制するとともにソ連の包囲網を築いた。第二次世界大戦後の冷戦の構図がすでに芽生えつつあったのである。

敗戦国ドイツは一方的に戦争責任を負わされて、厳しい制裁を課された。ドイツは一切の植民地を失い、アルザス・ロレーヌ地方やポーランド回廊を割譲して領土を大幅に削減されただけでなく、徴兵制が禁止されるなど軍備も大幅に制限され、さらに一三二〇億金マルクという天文学的な数字の賠償金も課された。オーストリアはドイツ人だけの小国となり、ドイツとの併合を禁止された。

中・東欧や北欧では民族自決の原理が適用され、旧オーストリア＝ハンガリー二重帝国とロシア帝国領からハンガリー、チェコスロヴァキア、ユーゴスラヴィア、ポーランド、フィンランド、エストニア、ラトヴィア、リトアニアが新たに独立した。ヨーロッパでは、多民族帝国が消滅して、国民国家が全体を覆うようになったのである。

また、ウィルソンの一四カ条の原則にもとづいて、史上初めて国際紛争を解決する国際機構として国際連盟が創設された。国際連盟は、英・仏・伊・日が常任理事国となり、スイスのジュネーヴに本部が置かれた。国際司法裁判所と国際労働機関も設置された。だが、国際連盟は、アメリカが参加しなかったばかりか、当初ドイツやソ連が排除されるなど（ドイツは一九二六年に加盟し、三三年に日本について脱退。ソ連は三四年に加盟）、大国がそろわなかったこと、さらに軍事制裁力がなく、最高決定機関である総会が全会一致を原則としていたこともあって、期待されたような役割を果たすことはできなかった。

相対的安定期

ヨーロッパ各国では、第一次世界大戦後、各地でストライキや革命運動が広がるなどの混乱が生じ（ボリシェヴィキは、一九一九年にコミンテルンを結成して各国の革命運動を支援した）、国際紛争もつづいた。

イタリアでは、戦後の混乱のなかから新しいタイプの政党である国家ファシスト党が台頭し、資本家や地主・官僚・軍人の支持をうけて一九二二年にその指導者ムッソリーニを首相とするファシズム政権が樹立された。一方、フランスとベルギーはドイツが賠償金の支払いを履行しないことを理由に、二三年、ドイツのルール地方を占領。ドイツは受動的抵抗をおこなってこれに対抗したが、未曾有のインフレに見舞われ、ドイツ経済は危機的状況に陥った。

こうした状況を打開することになったのが、一九二四年に賠償金をめぐってあらたに策定されたドーズ案である。同案は、アメリカがドイツに資本を投資してドイツ経済の再建をはかり、ドイツはイギリスやフランスに賠償金を支払い、イギリスやフランスは戦時中にアメリカから借りた戦債を支払うという、賠償金問題と戦債支払い問題との一体的解決を目指すものであった。フランスとベルギーはこのドーズ案を受け入れて撤兵し、フランスはやがて対独協調に転じることになる。

ドイツ外相シュトレーゼマンとフランス外相ブリアンの活躍もあって、一九二五年一〇月、英・仏・独・ベルギー・イタリアの間でロカルノ条約（フランス、ベルギー両国とドイツとの国境の現状維持、ラインラントの非武装化、独・仏・ベルギーの相互不可侵などを定める）が締結された。一九二八年には国際紛争を解決する手段として戦争を放棄することをうたった不戦条約も結ばれている（六三カ国が参加）。

ヨーロッパ統合運動も展開された。オーストリア貴族の出身者クーデンホーフ・カレルギーは、一九二三年にパン・ヨーロッパ構想を提起して運動を展開した。この運動に同調したフランスのブリアン（当時は首相）は、二九年の国連総会で、ヨーロッパ連邦秩序構想を提唱し、翌年、ヨーロッパ共同市場の創設を主な内容とする「ブリアン覚書」を各国政府に送付した。だが、この構想は失敗に終わる。世界大恐慌の勃発、ドイツのシュトレーゼマンの死（一九二九年）、それに各国政府が主権と独立を犯されるのではないかと強い懸念を抱いていたことがその原因であった。

国際協調の進展とあいまって、一九二〇年代の半ばになるとヨーロッパ諸国の経済復興が進んで社会も安定するようになり、つかのまの「相対的安定期」を迎える。一九二〇年代にアメリカは「永遠の繁栄」を享受していたが、ヨーロッパでも経済の発展や余暇・娯楽の拡大を背景にして、大量消費社会・大衆文化が発展した。映画やラジオが大衆的娯楽の中心となり、自動車や電化製品も普及するようになった。

ヨーロッパの大部分の国では議会制民主主義が発展して男子普通選挙制はあたりまえとなり、フランス、イタリアなどを除くほとんどの主要国で女性参政権も確立された。その結果、ドイツ社会民主党やイギリス労働党などの労働者政党が発展し、政権の中枢を担う社会主義政党も出現するようになる。だが、中・東欧などの新興国では、議会制民主主義の伝統を欠き、少数民族問題を抱えていたこともあって、体制はきわめて不安定であった。

2　ファシズムの時代——一九三〇年代のヨーロッパ

世界大恐慌の波及

「相対的安定期」は一九二九年にアメリカで始まった経済恐慌の波及とともに終わり、ヨーロッパは激動の三〇年代を迎えることになる。金融恐慌に見舞われたアメリカがヨーロッパに投資していた資本を引き揚げたため、アメリカ資本に依存して戦後復興を果たしたヨーロッパ、とりわけドイツを中心とする中部ヨーロッパは大打撃を受けることになった。一九三二年のドイツ、イギリス、フランス、イタリアの工業生産は、二九年にくらべて、それぞれ五三％、八四％、七二％、六七％に低下した。失業者数は、三二年に、イギリスで二八〇万人、イタリアで一〇〇万人を超え、ドイツではじつに六〇〇万人（労働者の三分の一）にのぼった。世界全体の失業者数は数千万人におよび、多数の農民や手工業者も生活の困窮にあえぐことになったのである。

こうした未曾有の恐慌を前にして、各国政府は無力であった。恐慌による税収難に直面した各国政府は伝統的な財政緊縮政策を採用したが、社会政策費の削減などに反対する労働組合や左翼諸政党の抵抗に遭って、議会政治は混迷の度を深めた。また、各国政府は保護貿易政策を強化した。一九三三年六月、ロンドンで世界経済会議が開催され、国際経済の再建策が協議されたが、アメリカの反対で何の成果もあげられなかった。このため、各国は単独行動主義に走り、英・仏・米などの広大な植民地や権益圏を抱える大国は、排他的経済圏を形成した（ブロック経済）。その結果、世界経済はイギリスを中心としたスターリング・ブロック、フランスを中心とした金ブロック、アメリカを中心とするドル・ブロックなどに解体された。一方、独・伊・日などのいわゆる「持たざる国」は、独自の経済圏の形成・強化をはかるために対外進出を強めることになり、その結果、国際緊張が高まった。

スターリング・ブロックと人民戦線政府の成立

イギリスでは、一九三一年、社会政策費を削減しようとして労働党を除名されたマクドナルドが保守党や自由党との挙国一致内閣を組織して、金本位制の停止や財政削減を断行し、さらに三二年にはカナダのオタワでイギリス連邦経済会議を開催して、本国と自治領間の特恵関税制度を設けてブロック経済化をはかった（スターリング・ブロック）。

フランスでも、恐慌の影響を前にして政府は有効な政策を打ち出すことができず、内閣は短命で、政局は混迷を極め、極右団体の活動も活発となった。こうした極右勢力の台頭にファシズムの脅威を感じた左翼諸勢力は、一九三五年七月、反ファシズム・反恐慌を掲げて人民戦線を結成し、翌年四〜五月の総選挙で勝利をおさめた。この結果、社会党の指導者レオン・ブルムを首相とする人民戦線政府が成立、労働者のストライキ運動を背景にして極右団体の解散、労働時間の短縮、有給休暇制度の確立などの改革（「フランス版ニューディール」）に取り組んだ。しかし、経営者や保守勢力の巻き返しを受け、さらにスペイン戦争への対応をめぐる左翼勢力の足並みの乱れもあって、人民戦線政府は次第に行き詰まり、活力を失っていった。コミンテルンが三五年に人民戦線戦術を採用したこともあって、人民戦線運動はフランス以外にも広がっていった。

一九三六年一月、スペインでは共和派や左翼諸勢力によって人民戦線が結成され、二月の総選挙で勝利して、人民戦線政府が成立した。ところが、フランコ将軍が三六年七月に反乱を起こし、スペイン戦争が勃発した。ドイツとイタリアは反乱軍を積極的に支援したが、イギリスとフランスは不干渉政策を採用して中立を守った（ピカソの『ゲルニカ』は、スペイン北部の町ゲルニカがドイツ空軍の爆撃によって壊滅的な打撃を受けたのに抗議して、同じ年に開催されたパリ万博の壁画として描かれたものである）。一方、ソ連と、世界各国から馳せ参じた数万人の労働者や知識人は国際義勇軍を組織して共和国政府を支援した。しかしスペイン戦争は三九年四月に反乱軍の勝利で終わる。

「グロテスクな体制」――ナチズムとスターリニズム

世界大恐慌の影響が最も深刻だったドイツでは、一九三〇年以降、政局の混迷がつづくなか、ナチス（国民社会主義ドイツ労働者党）と共産党という左右の反議会主義勢力が急速に勢力を拡大した（表10-1参照）。ヒトラーが率いるナチスは、人種論にもとづいてドイツ民族の優秀性とユダヤ人の排斥を説き、「新しい国民共同体」の建設、ヴェルサイユ体制の打破と生存圏構想にもとづく東方への勢力の拡大などを掲げて、急進的な活動を展開したが、当初は国民の支持を得ることはできなかった。ところが、世界大恐慌が波及すると、ナチスは、失業労働者や中産階級を基盤にして急速に勢力を拡大し、三二年には第一党に躍進、ヒトラーは、三三年一月三〇日、保守政党や一部の経営者、国防軍の幹部らの支持を得て首相に就任した（ヒトラー政府は連立政権で、閣僚のなかでナチスの党員はヒトラーを含めて三名にすぎなかった）。

ヒトラーは首相に就任すると、ただちに国会を解散して総選挙に訴えた。二月末の国会炎上事件を利用して共産党を弾圧、さらに言論・出版・集会の自由など国民の基本的権利を剝奪するなどの激しい選挙干渉と弾圧をおこなったにもかかわらず、三月五日の選挙でナチスが獲得した得票率は約四四％にとどまった。ところが、政府は全権委任法を制定（三月二四日）して事実上国会を排除して全権を掌握（全権委任法には社会民主党を除く出席した全政党が賛成）し、三三年夏までに労働組合やナチス以外のすべての政党を禁止して、ナチスの一党独裁体制を確立した。

こうした一連の「改革」は「国民革命」という名のもとに実行された。しかし、ナチ

表10-1　ナチスと共産党の総選挙での議席獲得数

	ナチス	共産党	総議席
1928. 5	12	54	491
1930. 9	107	77	577
1932. 7	230	89	608
1932.11	196	100	584
1933. 3	288	[81]	647

注：[　] の議席は選挙後剝脱された。

図10－2　ビルケナウ収容所入口

出典：筆者撮影。

ス・ドイツのもとで、国民は基本的人権を奪われ、密告が横行し、秘密警察《ゲシュタポ》、親衛隊《SS》、突撃隊《SA》などの監視や暴力を受けた。とりわけ反政府派やユダヤ人、ロマ（ジプシー）人らは、強制収容所に収容されるなど厳しい弾圧と迫害を受けることになった。精神病者や遺伝的な欠陥をもつとみなされた数多くの人びとは優生学思想にもとづいて強制的に処分され、安楽死計画も実行に移された。ナチス体制は陰湿な体制であった。

その一方、ナチスは軍需生産や大規模な公共事業を中心にした経済振興策を実施し、目覚ましい景気回復に成功した。ドイツは、一九三六年には工業生産でも失業率でも恐慌前の状態に回復する。また、ドイツ歓喜力行団を中心に観劇会・映画会・旅行などが組織され、多くの人びとが余暇を楽しむ機会を手にした。こうした目に見える形での生活の改善は、国民のナチスに対する支持を次第に強化することとなった。対外政策の成功もまた、国民のナチスに対する支持を強める要因となった。

一九三三年、ナチス政府は軍備の平等権を主張し、これが拒否されると国際連盟を脱退、三五年三月には徴兵制の復活と再軍備を宣言した。さらに同年、イギリスと海軍協定を結び、イギリスの三五％の海軍力と、潜水艦の保有を認めさせることに成功した。イギリスは宥和政策を採ったのである。翌年三月、ヒトラーはラインラントを再武装化し、さらに、三八年三月にはオーストリアの併合を強行した。こうした行動はヴェルサイユ条約に反する行為であった。

こうしたドイツの行動を前にして、経済停滞に悩んでいたイタリアは、一九三五年一〇月エチオピアを侵略、翌年にはこれを併合し、さらにスペイン反乱軍を積極的に支援するとともに、ドイツとの協調関係を強化して、三六年一〇月、いわゆるベルリン＝ローマ枢軸を結成した。民主主義の伝統が希薄であった東欧でも、二〇年代から三〇年代にかけてほとんどの国で権威主義体制と呼ばれる独裁体制が確立され、イタリアやドイツとの関係を強めるようになった。

一方、一国社会主義を掲げて「社会主義」建設を進めていたソ連は、世界恐慌の外にあって目覚ましい成果をあげていると思われた。レーニンの死後（一九二四年）主導権を確立した共産党書記長スターリンのもとで、ソ連は第一次五カ年計画（一九二八〜三二年）に着手して急速な工業化と農業の集団化を推進し、引き続いて第二次五カ年計画（一九三三〜三七年）を実施した。これらの計画はほぼ目標通りに達成され、三七年にソ連の工業生産はアメリカについで世界第二位になった。こうした経済発展や、ソ連が対外的には反ファシズムを唱道していたこともあって、ヨーロッパの知識人のなかにはソ連を理想社会とみなす人びとも存在した。

だが急速な工業化と農業の集団化は農民の抵抗を招き、政府は多数の農民の追放や強制移住、あるいは農産物の強制供出などの強硬策をとった。このために二〇〇万人以上もの餓死者がでた。内外のこうした厳しい状況を前にして、スターリンは、三四年以降、「大粛清」を断行し、有力な指導者や反対派とみなされた人びとを処刑したり、シベリアに流刑した。このように、ソ連でもテロルが荒れ狂い、密告が奨励され、相互の監視体制が強化されるなど、理想社会とは裏腹の陰湿な社会が成立し、スターリンによる個人独裁体制が確立されたのである。他方、ソ連は、ドイツの脅威が高まるとイギリスやフランスに接近して、三四年には国際連盟に加入し、翌年にはフランスと相互援助条約を締結する。

こうして第二次世界大戦前の国際政治の舞台では、独・伊・日のファシズム陣営、英・仏・米などの自由民主主義陣営、社会主義国ソ連が鼎立《ていりつ》する状況が生まれたのである。

（ファシズムとはイタリアの国家ファシスト党の思想・運動・体制をもとに生まれた概念で、それは自由主義、民主主義、社会主義〔共産主義〕を否定し、国家主義、排外主義、軍国主義などを鼓吹する思想・運動・体制を指す。ファシズムは伝統的な保守・反動勢力と多くの類似点もあるが、前者は、暴力をともなう、中産階級や労働者を中心とした広範な大衆運動を展開し、疑似革命的な性格を有していた点で保守・反動とは異なる新しいタイプの政治運動であった。ナチズムもファシズムの一形態である。なお、戦前の日本の天皇制をファシズムと規定することには異論もある、ということをつけ加えておく。）

コラムX

ホロコースト

加藤克夫

第二次世界大戦中のナチス・ドイツによるユダヤ人大量虐殺について、断片的にせよ、耳にしたことのない者はいないだろう。スピルバーグ監督の『シンドラーのリスト』（一九九三年）や、『戦場のピアニスト』（二〇〇二年）、あるいは一九七八年にアメリカで放映され、世界各地で大きな衝撃を与えたテレビ映画『ホロコースト』を見て、心を痛めた人もいるに違いない。ナチス・ドイツはユダヤ人の「絶滅政策」を遂行した。その犠牲になったユダヤ人の数は約六〇〇万人といわれる。その象徴が一九四一年にポーランドに建設されたアウシュヴィッツ＝ビルケナウ絶滅収容所であった。ここではじつに約一〇〇万人のユダヤ人が殺害された。では、ナチス・ドイツはなぜこれほど大量のユダヤ人を殺戮することになったのだろうか。

　その根底には、人種論とそれにもとづく反ユダヤ主義が存在した。ヒトラーは『わが闘争』で、アーリア人種（その最も純粋な血を継承しているのがドイツ人）を人類の最も優れた「文化の創造者」、ユダヤ人を「つねに他民族の体内に住む寄生虫」、「ドイツの徹底的破壊をねらう大扇動家」と規定し、アーリア人種の純血を守る必要性を説いていた。こうしてナチスは、一九三三年一月の政権掌握後およそ二〇〇〇もの反ユダヤ主義法を制定してユダヤ人に対する抑圧と迫害をおこなったのである。その帰結が「絶滅政策」であった。

　では、ナチスは当初からユダヤ人の「絶滅政策」を推進したのだろうか。答えは「否《ノン》」である。確かに、ナチスは「ユダヤ人問題の最終的解決」を追求した。だが、それはドイツ、あるいはドイツの支配地域からのユダヤ人の追放（＝移住）を目指すものであった。事実、ナチスは政権獲得後、ユダヤ人のパレスチナ移住政策を積極的に推進し、一九四〇年にフランスを破った後には、フランスの保護領であったマダガスカル島への移住計画を立てていた（一九四〇年一〇月下旬には、この計画にもとづいてスペイン国境にほど近いフランスのギュルス収容所にドイツのバーデン地方のユダヤ人約六五〇〇人が移送されている）。

　ところが、対英戦争の膠着、とりわけ一九四一年六月の対ソ戦争の開始以降、状況は変化する。四一年夏から冬にかけてソ連のユダヤ人数十万人が虐殺されたばかりか、絶滅収容所が建設されるようになり、同年一〇月にはドイツ支配下のユダヤ人の移住が禁止された。そして、四二年一月二〇日、国家保安本部長官ハイドリッヒ・アイヒマンが主宰した関連部局の次官級会議（ヴァンゼー会議）が開催され、「ユダヤ人問題の最終的解決策」として「絶滅政策」

が決定されたのである。この後、チクロンBを用いたガス室での大量殺戮が開始される。追放政策から絶滅政策への転換の背景には、戦局の変化に加えて、ドイツ帝国の食糧事情の悪化と各地に設けられていたユダヤ人ゲットーの破滅的な状況が存在した。

ところで、「絶滅政策」は無条件の絶滅ではなかった。『シンドラーのリスト』などで、アウシュヴィッツ＝ビルケナウ収容所の降車場に降り立ったユダヤ人が裸になって並ばされ、医務官の指の向きひとつで、直接ガス室に送られる人びとと、バラックに収用される人びとに振り分けられる場面を記憶している人もいるだろう。「絶滅政策」とは選別的絶滅政策であったのだ。労働可能なユダヤ人と労働不能なユダヤ人が選別され、後者は直接ガス室に送られ、前者はバラックに収容されて、様々な強制労働に従事させられたのである。アウシュヴィッツ＝ビルケナウ収容所の周辺には大規模な軍需工場が付置され、ユダヤ人が労働者として酷使された。シンドラーも当初はこうしたユダヤ人を使役して巨大な富を蓄えた者のひとりであった。同時に、労働可能とされた者の多くも過酷な条件のもとで酷使されて命を落としたり、やがてガス室に送られていったことも忘れてはならない。

ヨーロッパでユダヤ人に対する差別と迫害が始まったのは、一二～一三世紀頃のことであった。この時期はヨーロッパで封建社会が確立し、キリスト教化が進展する時期にあたっている。ヨーロッパにおけるユダヤ人差別の淵源は「キリスト殺し」という点にあるが、それはヨーロッパの政治・社会・文化の再編と深く結びついていたのである。こうしてユダヤ人は一三世紀から一五世紀にかけて一部の地域からは追放されることとなったが、地域によっては国王や諸侯などから特許状を取得して居住を認められた。居住を認められたユダヤ人も農業や商工業などからは基本的に排除され、「高利貸し」などのキリスト教徒が忌避する仕事に従事することを余儀なくされるとともに、地域による違いはあったが、ユダヤ人であることを示す布の着用や特定の地域（ゲットー）に居住することを義務づけられるようになり、しばしば略奪や暴行を受け、追放されたりすることになった。なかには国王や諸侯に仕えるユダヤ人（「宮廷ユダヤ人」）も出現したとはいえ、彼らの地位も国王や諸侯の意向に依存しており、不安定であった。

近代に入ると、フランスのユダヤ人が一七九一年に解放されたのを皮切りに、各地のユダヤ人も次第に解放され、それぞれの居住国に「同化」していくが、他方では人種主義にもとづく新しいタイプの反ユダヤ主義（＝反セム主義）が台頭するなど、反ユダヤ主義の嵐はその後も間歇的に生じた。一九世紀末、ロシアでは皇帝アレクサンドル二世の暗殺事件（一八八一年）を契機に大規模なユダヤ人迫害（ポグロム）が発生した他、フランスやオーストリアなどヨーロッパ各地でも反ユダヤ主義の嵐が吹き荒れた。

ナチスのユダヤ人に対する「絶滅政策」は決して許されるべきものではないが、それもこうしたヨーロッパにおける長い反ユダヤ主義の歴史のひとつの帰結（極端な形での帰結）とみなすことができるだろう。

3　第二次世界大戦

第二次世界大戦の勃発

オーストリアの併合に成功したドイツは、一九三八年九月、今度はチェコスロヴァキアのズデーテン地方の割譲を要求した。チェコスロヴァキアがこれを拒否すると、ドイツは戦争も辞さないという強硬姿勢を示した。このため、チェコスロヴァキアと、チェコスロヴァキアと同盟関係にあったフランスが総動員令を発し、戦争の脅威が高まった。この危機を前にして、イギリス首相チェンバレン、フランス首相ダラディエ、ドイツ総統ヒトラー、イタリア首相ムッソリーニが九月末にミュンヘンで会談し、ズデーテン地方のドイツへの割譲を承認した（チェコスロヴァキアの代表が会談に出席することは認められなかった）。会談前にヒトラーは「これがヨーロッパでの最後の領土要求である」と語っていたが、イギリスやフランスはドイツの矛先がソ連に向かうことに期待して、チェコスロヴァキアを犠牲に供したのである。イギリスやフランスの国民は戦争が回避されたことに胸をなで下ろし、帰国したそれぞれの首相を歓呼して迎えた。宥和政策の極みであった。こうした対独宥和政策の背景には、イギリスやフランスの、ドイツの反ソ政策に対する期待や革命への恐怖、さらには国民のあいだに根強く存在した第一次世界大戦の悲惨な体験にもとづく「草の根の平和主義」が存在した。

しかし、ドイツの要求はこれにとどまらなかった。一九三九年三月にチェコスロヴァキア全土を解体し、さらにポーランドにダンツィヒの返還とポーランド回廊に対する要求を突きつけたのである。同月、スペインではフランコ軍が勝利し、四月にはイタリアがアルバニアを併合、極東では五月以降ソ連・満州国境で日本軍が軍事行動を開始していた。ファシズムの脅威が世界各地で高まりつつあった。イギリス、フランスの世論も硬化した。英・仏両国政府はポーランドの安全保障を宣言し、ポーランドはドイツの要求を拒否した。だが、イギリスはソ連と同盟交渉に入ったものの積極的な熱意を示さなかった。ナチス・ドイツはこうした間隙をついて，三九年八月二三日に電撃的にソ連と不可侵条約を結び，九月一日にポーランド侵攻を開始した。これに対して九月三日，イギリス，フランスがドイツに宣戦，やがてソ連もポーランドに侵攻してドイツとともにポーランドを分割した（独ソ不可侵条約には北・東欧における両国の勢力圏を定めた秘密議定書がついていた）。先の大戦から二〇年余をへて，世界は再び大戦に突入することになったのである。

第二次世界大戦

開戦当初，ドイツは北欧作戦を展開し，ソ連はフィンランドに侵攻してバルト三国を併合するなどヨーロッパ北部が主な戦場となった。他方，イギリス・フランスは，当初ドイツの矛先が東方に向かうことに期待して，効果的な軍事行動をおこなわなかったので，西部戦線は比較的平静であった（「奇妙な戦争」）。だが，翌四〇年五月ドイツが西部戦線で大攻勢を開始し，オランダ・ベルギーを征服，さらに六月にはパリをも陥れた。この結果，フランス北部はドイツの軍事占領下に置かれ，南部には親独的なヴィシー政府が成立した。ドイツの攻勢を前にして，当初中立を表明していたイタリアも六月一〇日ドイツ側に立って参戦，同年九月には日独伊三国同盟を結んで結束を強化した。

一方，イギリスは同年五月に首相となった対独強硬派のチャーチルのもとでドイツの大空襲に耐えて，ドイツ軍の本土上陸を阻止し，ロンドンに亡命したフランスのドゴール将軍は「自由フランス政府」を結成して，レジスタンス（対独抵抗）を呼びかけていた。

ドイツは一九四〇年秋になるとイタリアとともにバルカン半島の攻略に乗り出し，四一年六月には電撃的にソ連領内に侵攻してモスクワやレニングラード（現サンクトペテルブルグ）に迫った。四一年一二月八日太平洋戦争が勃発したのを契機に，ドイツ，イタリアもアメリカとの戦争に突入した。独・伊・日枢軸国の攻勢はしばらくつづき，四二年夏頃にはヨーロッパ大陸における枢軸国の勢力は，図10-3にみられるように広範な範囲におよんだ。

こうした事態を前にして，アメリカ，イギリス，ソ連，中国などの二六カ国は一九四二年一月に連合国宣言を発表し

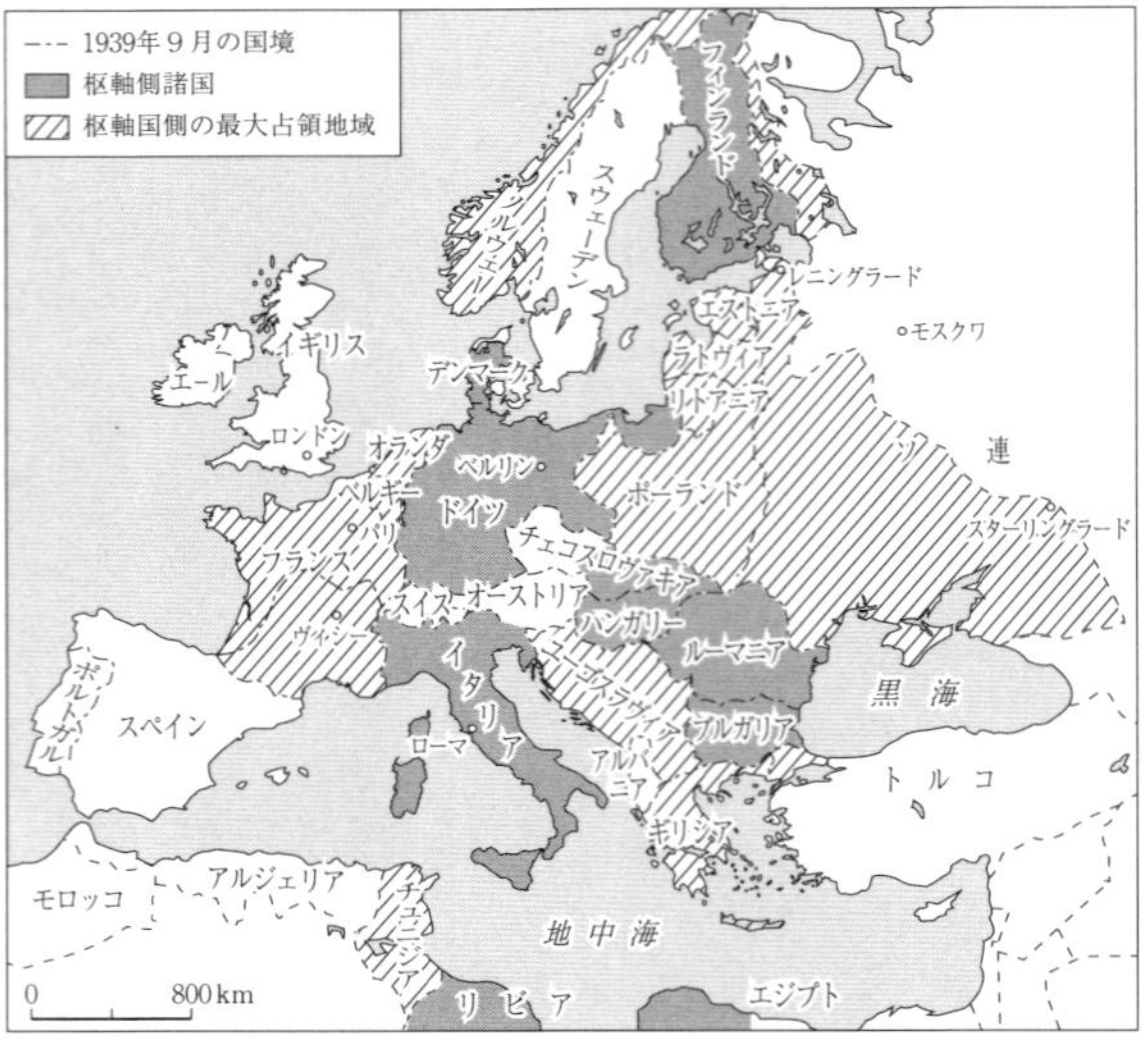

図10－3　ヨーロッパにおける枢軸国側の支配地域

て、第二次世界大戦の戦争目的をファシズム諸国との戦いと規定した。ファシズム陣営の攻勢が自由・民主主義陣営と社会主義国ソ連を結びつけ、ファシズム対民主主義という第二次世界大戦の大きな枠組みが形成されることになったのである。

枢軸国側の攻勢は、一九四二年秋頃になると阻止され、やがて形勢は逆転する。四二年の後半、イギリス・アメリカが反撃を開始して北アフリカからシチリア島やイタリア本土に上陸し、イタリアを無条件降伏させた（一九四三年七月）。一方、ドイツの電撃的な進撃に当初押し込まれたソ連もやがて反撃に転じ、四三年二月にはスターリングラード（現ヴォルゴグラード）の戦いに勝利して、ドイツに向かって進撃を開始。西部戦線では、四四年六月に連合軍がノルマンディーに上陸して八月にはパリを解放し、フランスではドゴールを首班とする臨時政府が樹立された。こうして首都ベルリンに迫り来る連合軍を前にしてヒトラーが自殺し、五月七日、ドイツは無条件降伏した。ヨーロッパ戦線での戦争はこうして終結した（第二次世界大戦は、一九四五年八月一五日、日本が無条件降伏して最終的に幕を閉じる）。

第二次世界大戦は、第一次世界大戦よりも大きな総力戦となり、科学技術の発達による兵器の破壊力の飛躍的向上や原子爆弾などの大量破壊兵器の開発、さらには大量虐殺行為などの影響もあって、一層悲惨な結果をもたらした。連合国と枢軸国両陣営あわせて、約一億人が兵士として動員され、戦病死者の数は約一七〇〇万人、民間人の死者数は三〇〇〇万人以上におよび、各国の国土は荒廃し、国民生活は破壊された。

第11章

現代世界とヨーロッパ統合

加藤克夫

ベルリンの壁崩壊を祝う東西ベルリン市民（1989年）

概要

第二次世界大戦後、米ソ両超大国を中心に東西両陣営が外交・軍事・政治・イデオロギーなどあらゆる面で激しく対峙する冷戦が始まった。だが、ほぼ四〇年におよぶ冷戦の時代も、一九五〇年代半ば以降の〝雪解け〟と緊張の時代、東欧革命（一九八九年）、八九年末の米ソ両首脳による冷戦の終結宣言をへて、ソ連の解体（一九九一年）によって終焉する。

冷戦の終結後、唯一の超大国となったアメリカはとりわけ二〇〇一年の「九・一一事件」以降テロとの戦いを掲げて単独行動主義的傾向を強め、これに対してヨーロッパ統合で自信を深めたフランスなどが国際連合を中心とした国際協調を主張するなど、二一世紀初頭の現代世界は冷戦後の新しい国際秩序をめぐって模索している時代であるといっていいだろう。

また、第二次世界大戦後アジア・アフリカの植民地があいついで独立し、近代の植民地体制は解体した。同時に、戦後あるいは冷戦終結後に新しい国家が誕生し、国民国家の数は急速に増大したが、他方では、ヨーロッパ共同体（ＥＵ）にみられるような超国民国家的な地域共同体が発展するとともに、とりわけ一九九〇年代以降、経済・社会・文化のグローバル化が急速に進展するなど、近代に成立した国民国家システムの揺らぎもみられる。さらに、地球の温暖化が深刻な問題となっている今日、大量消費を含めた近代的価値を再検討する必要もあるだろう。このように現代は「脱近代化」の時代でもあるのだ。

一九四五	国際連合成立
一九四六	トルーマン・ドクトリン（封じ込め政策）発表
一九四九	北大西洋条約機構（ＮＡＴＯ） ドイツ連邦共和国とドイツ民主共和国の成立
一九五二	ヨーロッパ石炭鉄鋼共同体（ＥＣＳＣ）成立
一九五三	スターリン死去
一九五五	ワルシャワ条約機構発足
一九五八	ヨーロッパ経済共同体（ＥＥＣ）成立
一九六一	「ベルリンの壁」構築
一九六七	ヨーロッパ共同体（ＥＣ）成立
一九八九	東欧革命 マルタ会談
一九九〇	東西両ドイツの統一
一九九一	ソ連解体
一九九三	ヨーロッパ連合（ＥＵ）成立

1　戦後の改革と冷戦――ヤルタ―ポツダム体制

戦後の改革

第二次世界大戦後の国際秩序の基本的枠組みは、大戦中に発表された大西洋憲章（一九四一年）と、米・英・ソ三カ国首脳によるヤルタ会談とポツダム会談（一九四五年）によって定められた。

連合国は大西洋憲章にもとづいて大戦中から新たな国際平和機構構想を検討していたが、一九四五年五月、サンフランシスコ会議で国際連合憲章が採択され、こうして今日の国際連合が成立した。国際連合は総会（全加盟国で構成）の決定にもとづいて運営されるが、国際紛争の解決に必要な経済的・外交的・軍事的制裁権をもった安全保障理事会（当初一一カ国。現在は一五カ国。米・英・ソ・仏・中の常任理事国は「大国一致の原則」にもとづいて拒否権をもつ）を設置し、国連軍（国際警察軍）の制度化をはかるなど、国際連盟が弱体だった経験を踏まえてその機能を強化した。この他、経済社会理事会、国際司法裁判所とともに、国際連合教育科学文化機関（ユネスコ〔UNESCO〕）、国際労働機関（ILO）、世界保健機関（WHO）、国際児童基金（UNICEF）などの専門機関を設け、これらが一体となって国際紛争の調停や人権の拡大などの活動に取り組むことになった。

一方、大戦後の新しい国際経済・金融体制として確立されたのが、ブレトン・ウッズ体制である。国際通貨基金（IMF）や国際復興開発銀行（IBRD）、関税と貿易に関する一般協定（GATT）などからなるこの体制は世界大恐慌によるブロック経済化が国際経済・金融の混乱を助長したことの反省にたち、国際的な通商の自由化を目指して一九四四年に結ばれたブレトン・ウッズ協定にもとづいて成立した。その中心となったのが世界最大の金融・経済大国となったアメリカである。ドルが国際的な基軸通貨となった。

第二次世界大戦後のヨーロッパでは、戦後復興がはかられ、一部では社会福祉政策が拡充されて福祉国家の建設が進んだ。イギリスでは、労働党のアトリー内閣（一九四五～五一年）のもとで主要産業が国有化されるとともに、「揺りかごから墓場まで」といわれるような徹底した福祉政策が推進され、福祉国家が形成された。スウェーデンなどの北欧でも、社会民主党政権のもとで福祉国家の建設が推進された。フランスでは、一九四六年にドゴールが退陣して第四共和政が成立し、大銀行などの企業が国有化されて私企業との混合経済化が推進され、経済・社会の近代化が推進された。イタリアでは、共産党を含む連立政権が成立し、一九四六年に王政が廃止されて共和政となった。

一方、大部分がソ連軍によって解放された東ヨーロッパでは、当初、共産党を中心とした複数政党の共存体制が成立して、産業の国有化や土地改革を推進するなど、それぞれの実情にあった国づくりが進められた（この体制を「人民民主主義」ともいう）。

冷戦の展開

しかし戦後、米ソの協調も長くはつづかなかった。イギリスの前首相チャーチルは、一九四六年三月にアメリカのフルトンで〝鉄のカーテン〟演説をおこなってソ連の勢力圏の拡大に警鐘を鳴らしていた。一方、アメリカ大統領トルーマンは、一九四七年三月にいわゆる「トルーマン宣言」（共産主義勢力の拡大からギリシア、トルコを守る強い意志を表明）を発した。これは、対ソ「封じ込め政策」、つまり冷戦の開始宣言であった。同年七月、アメリカは「ヨーロッパ経済復興援助計画」（マーシャル・プラン）を発表してヨーロッパの経済復興支援に積極的に乗り出し、その受け入れの前提条件として、共産党閣僚の政府からの排除をフランス、イタリアなどに要求した。さらに、アメリカは、四九年、英・仏・カナダなど一二カ国からなる北大西洋条約機構（NATO）を結成して、ソ連包囲網を強化した。

これに対して、ソ連は、マーシャル・プランの受け入れを拒否するとともに、一九四八年二月にはマーシャル・プランの受け入れをめぐって混乱していたチェコスロヴァキアに圧力をかけて、共産党政権を樹立させた。さらに、四七年にはソ連・仏・伊・ブルガリアなど九カ国の共産党によるコミンフォルム（共産党情報局）、四九年には東欧経済相互援助会議（コメコン〔COMECON〕）を結成して結束を強化し、五五年にはポーランド・東ドイツ・チェコスロヴァキアなどとともにワルシャワ条約機構（東欧八カ国友好相互援助条約）を結成してNATOに対抗した。

この結果、世界はアメリカを中心とする西側陣営とソ連を中心とする東側陣営に分かれて、激しく対立することになった（アジアでは、アメリカが集団あるいは各国との個別の安全保障条約を結んで対ソ・対中包囲の軍事ブロックを形成し、ソ連は中ソ友好同盟相互援助条約〔一九五〇年〕を結んでこれに対抗した）。

冷戦の激化は、米ソ両超大国による直接の戦争にまでいたることはなかったが、インドシナ戦争（一九四六～五四年）、朝鮮戦争（一九五〇～五三年）などの局地的戦争や危機を引き起こした。一方、ヨーロッパでは一九四八年から翌年にかけて「ベルリン危機」が勃発し、武力衝突の危機に直面することになった。戦後ドイツは米・英・仏・ソによって分割占領されたが、米・英・仏は、四八年にソ連の反対を押し切って通貨改革を断行した。すると、これに反発したソ連は、ソ連の占領地区にあった西ベルリンを全面封鎖し、西側陣営は「大空輸作戦」による食糧や物資の供給でこれに対抗した。米ソによる全面戦争をかけた攻防が繰り広げられたのである。この危機は、翌年五月、ソ連が封鎖を解除して回避されたが、東西対立は決定的となった。米・英・仏三カ国は、九月にドイツ連邦共和国（西ドイツ。首都ボン）を発足させ、ソ連は一〇月にドイツ民主共和国（東ドイツ。首都ベルリン）をつくってこれに対抗し、こうしてドイツは分断国家となった。東西ドイツへの分裂は冷戦の象徴であった。

冷戦の激化は核軍拡競争をもたらした。アメリカは最初の原子爆弾保有国となったが（一九四五年）、ソ連も一九四九年に原子爆弾の実験に成功、さらにアメリカが水爆実験に成功（一九五二年）すると、翌年ソ連も水爆実験に成功し、五七年には大陸間弾道弾（ICBM）の開発にも成功した。イギリス、フランスもそれぞれ五二年、六〇年に核保有国となった。人類は核戦争の脅威にさらされることになったのである。

2 〝雪解け〟と緊張——多極化の進展とヨーロッパ統合への胎動

スターリンの死後（一九五三年）、ソ連共産党第一書記となったフルシチョフがスターリン批判と平和共存路線を打ち出すとともに、第二次世界大戦後あいついで独立を達成したアジア・アフリカ諸国が第三勢力として発言力を増大させると、〝雪解け〟（緊張緩和）と多極化が進み、ヨーロッパでは統合への胎動もみられるようになった。

〝雪解け〟と緊張

スターリンの後を継いでソ連共産党第一書記に就任したフルシチョフは、一九五六年に開催されたソ連共産党第二〇回大会でスターリンの個人崇拝と個人独裁を批判し、ソ連社会の知的・文化的・政治的活性化をはかって、積極的な経済建設に取り組んだ。また、コミンフォルムを解散（一九五六年）するなど、平和共存路線を掲げて緊張緩和を積極的に推進した。この結果、五五年には米大統領アイゼンハワーのソ連訪問が実現し、五九年にはフルシチョフがアメリカを訪問してアメリカ国民の熱狂的な歓迎を受けた。両首脳の会談では、国際紛争を平和的に解決する努力をおこなうことで合意が成立した。

しかし緊張緩和の動きにも揺り戻しがあり、世界はしばしば緊張に包まれることになった。一九六〇年には、アメリカのU2型偵察機がウラル上空で撃墜される事件が勃発し、パリで予定されていた米ソ首脳会談は実現しなかった。翌六一年には西ベルリンから経済発展が進む西ドイツに亡命しようとする人びとを阻止するために東ドイツが「ベルリンの壁」を建設したため、アメリカは再び空輸作戦を展開して、西ベルリンを支援し、緊張が高まった。さらに翌年、人類は核戦争勃発の危機に直面した。キューバ危機である（第Ⅴ部第15章参照）。幸いにもフルシチョフが譲歩してこの危機は回避され、世界中の人びとがほっと胸をなでおろした。瀬戸際外交の危うさを知った米ソ両国は、この後歩み寄り、六三年六月には米大統領府とクレムリンの間にホット・ラインが開設され、八月には部分的核実験停止条約を締結するなど、核軍縮に取り組むことになった。

多極化の進展

一九五〇年代後半以降の〝雪解け〟と多極化を推進するひとつの軸となったのが「第三世界」である。第二次世界大戦直後から六〇年代にかけてアジア、アフリカなどの植民地はあいついで独立を達成した。ヨーロッパの帝国主義国は、第二次世界大戦終了後、植民地支配の再建を目指したが、民族運動の高揚を前にして独立を認めざるを得なくなったのである。こうして、一九世紀以降急速に拡大した植民地体制は基本的には崩壊した。独立を達成した新興国は様々な問題を抱えながらも、国民国家の形成を進め、やがて国際政治における発言力を強めていった。

一九五四年六月、中国の首相周恩来はインドを訪問して首相のネルーと会談し、二人は「平和五原則」（主権尊重、相互不可侵、内政不干渉、平等互恵、平和共存）にもとづく世界平和の実現を呼びかけた。これを契機に、翌年四月インドネシアのバンドンで史上初めてアジア・アフリカ二九カ国の代表が集まって第一回アジア・アフリカ会議が開催され、「平和十原則」が採択された。そこでは反植民地主義と体制の違いを超えた平和共存の意志が表明された。この会議は、それまで国際政治の客体にすぎなかった周縁の国々が、主体的な意志を表明したという意味で植民地時代の終わりを告げる象徴的な事件であった。

こうした動きのなかから一九六一年九月、ユーゴスラヴィアのチトー大統領、エジプトのナセル大統領、インドネシアのスカルノ大統領の呼びかけでユーゴスラヴィアのベオグラードで第一回非同盟諸国首脳会議が開催され（二五カ国の首脳と三カ国のオブザーバーが参加）、東西両陣営どちらの軍事同盟にも加わらないという非同盟主義運動が生まれた。いわゆる「第三世界」の形成である（二〇〇六年現在の非同盟国は一一八カ国にのぼる）。

ソ連型の社会主義建設が進められた東欧諸国では、スターリン批判後暴動が発生するなど独自の道を追求する動きがみられるようになった。ポーランドでは、一九五六年六月、ポズナンで民主化を求める労働者の暴動が発生した。暴動は軍によって鎮圧されたが、一〇月にはスターリン時代に党から追われた改革派のゴムルカが第一書記に復帰し、自由化路線を歩み始めた。ハンガリーでも、同年一〇月に反ソ暴動が発生し、新しく首相となったナジ＝イムレがワルシャワ条約機構からの脱退と中立化や複数政党制などの改革に着手したが、ソ連軍が介入してナジ政権は崩壊し、暴動も鎮圧された。東欧で唯一自力解放を勝ち得たユーゴスラヴィアは、マーシャル・プランを受け入れたために四八年六月にコミンフォルムから除名される。しかしその後、労働者の自主管理と社会主義的市場経済を導入するなど、ユーゴスラヴィアは独自の社会主義の道を歩んだ。部分的核実験停止条約の評価をめぐって表面化した中ソ論争も東欧における多極化を促進する。中ソ論争で中国を支持したアルバニアは、六一年、ソ連と決別した。

ソ連では一九六四年にフルシチョフが解任されてブレジネフ体制（一九六四～八二年）が生まれ、これ以降東欧における自由化の流れは押さえられるようになった。六八年、チェコスロヴァキアで民主化を求める要求が高まり、新たに共産党書記長に選出されたドプチェクによって「人間の顔をした社会主義」を掲げて改革が急ピッチで進められた（「プラハの春」）。しかし、自由化の波及を恐れたソ連は、同年八月、ルーマニアを除くワルシャワ条約機構軍とともに軍事介入して、改革の動きを力で押さえ込んだ。ソ連は社会主義全体の利益を守るためには一国の主権は制限されると主張（制限主権論）してその行動を正当化した。しかし、国際的な批判が巻き起こり、フランスやイタリアの共産党はソ連型社会主義を批判して、議会をつうじた社会主義の実現を目指すようになった（ユーロコミュニズム）。

西欧でも多極化が進んだ。フランスはアルジェリア独立戦争（一九五四～六二年）に直面して内戦の危機に陥り、一九五八年六月にドゴールが政権に復帰した。五八年九月に第五共和制憲法を制定して一二月に大統領に就任し、六二年三月、エヴィアン協定を締結してアルジェリアの独立を承認した。懸案を解決したドゴールは経済発展をはかるとともに、西ドイツとの関係改善、核武装（一九六〇年）、中国承認やソ連訪問（一九六四年）などの東方外交の展開、NATOの軍事機構からの脱退（一九六六年）など、「フランスの栄光」を掲げて独自外交を展開した。

一方、一九四九年にドイツ連邦共和国が成立した西ドイツでは、アデナウアー政権（一九四九～六三年）のもとで五五年に主権を回復するとともに西側との関係改善を進め、「奇跡の回復」といわれるほどの高度経済成長を達成した。そして、六九年に首相に就任した社会民主党のブラントは、七二年一二月、東西ドイツ基本条約を結んで相互の主権を確認するなど、ソ連、ポーランド、東ドイツとの協調外交を展開した（「新東方政策」）。

ヨーロッパ統合への胎動

ヨーロッパ統合への胎動も始まった。大戦後のヨーロッパでは度重なる戦争への反省から統合をめぐって様々な動きがみられたが、一九五二年、シューマン・プランにもとづいてフランス・西ドイツ・オランダ・ベルギー・ルクセンブルク・イタリア六カ国によるヨーロッパ石炭鉄鋼共同体（ECSC）が生まれた。その後統合の動きはさらに加速する。六カ国は、五八年にはヨーロッパ経済共同体（EEC）、ヨーロッパ原子力共同体（EURATOM）、さらに六七年には三つの共同体を統合してヨーロッパ共同体（EC）を結成し、協力関係を一層強化した（ヨーロッパ統合についてはコラムXI参照）。超国民国家的なヨーロッパ統合への道が開かれつつあった。フランス、西ドイツなどの経済の高度成長や独自外交の展開もこうした共同体の発展によるところが大きかったのである。一方、イギリスは、六〇年にスウェーデン、デンマークなどの七カ国でヨーロッパ自由貿易連合（EFTA）を結成してEECに対抗したが、十分な成果をあげることができず、七三年にECに加盟した。

「脱近代化」へのうねりは一九六八年にも起こった。六〇年代後半から七〇年代の前半にかけて、ヴェトナム反戦運動が世界各地で展開された。ビートルズなどの反戦歌が世界各地で歌われたのもこの時代のことである。フランスでは、六八年五月、パリでヴェトナム戦争や大学の管理強化の動きに反対する学生運動が発生し、学生と警察が激しく衝突したのを契機に、一〇〇〇万人近い労働者が参加するストライキ運動が全国に広がっていった。このいわゆる「五月革命」は、国民的な運動の高揚を前にして政府が一定の譲歩をし、労働総同盟指導部が妥協したこともあって、六月の総選挙ではドゴール派が圧勝し、やがて終息した。同じような運動は西ドイツなど各国でもみられた。学生らの運動は

コラムⅪ

ヨーロッパ統合の歴史
——ＥＵは国民国家を超えられるか——

加藤克夫

ヨーロッパ連合（ＥＵ）は、二〇二一年九月現在、二七カ国（図11－1参照）が加盟し、域内総人口は約四・五億人、二〇二〇年の域内総生産は、アメリカに次いで、世界全体の一九％を占める大きな地域共同体である。

　ヨーロッパには、恒久的な平和や統合を達成する構想は古くから存在した。たとえば、フランスの聖職者サン・ピエールは、『ヨーロッパ永久平和論』（一七一三～一七年）を著し、恒久的な平和を実現するために諸国による「永久連合」の結成を説いた。ドイツの哲学者カントも、『永久平和のために』（一七九五年）で「国際連合」を設置して永久平和を実現すべきことを説いている。第一次世界大戦後の国際連盟の設置は、このように古くから提起されていた平和構想を具現するものであった。

　第一次世界大戦後、リヒャルト・クーデンホーフ・カレルギー（オーストリア＝ハンガリー二重帝国の代理公使ハインリヒと日本人女性（旧姓青山）光子との間に一八九四年に東京で生まれた）が「パン・ヨーロッパ運動」を展開し、ブリアンも「ヨーロッパ連邦秩序構想」を提起するなど様々な構想が発表された。第二次世界大戦直後にも、イギリスのチャーチルが一種の「ヨーロッパ合衆国」の建設を提唱するなど、統合をめぐって様々な構想が提起された。しかし、各国が主権を制限されることを恐れたため具体的進展はみられなかった。

　こうした状況を打ち破り、ヨーロッパ統合への道を切り開くことになったのが、フランス外相シューマンが一九五〇年に発表したいわゆるシューマン・プランである。シューマン・プランは、フランスとドイツの重工業の一体化をはかって両国の和解を実現するという視点から、石炭・鉄鉱石・鉄鋼などの共同管理をおこなうことを目的としていた。この構想にもとづいて、一九五一年、フランス・西ドイツ・イタリア・ベルギー・オランダ・ルクセンブルク六カ国の間でパリ条約が調印され、翌年ヨーロッパ石炭鉄鋼共同体（ＥＣＳＣ）が発足した。

　さらに、一九五七年、六カ国はローマ条約を締結してヨーロッパ原子力共同体（ＥＵＲＡＴＯＭ）とヨーロッパ経済共同体（ＥＥＣ）を創設することを決め、翌年二つの共同体が発足した。ＥＵＲＡＴＯＭは原子力資源の統合・管理が目的であった。ＥＥＣは、域内関税の撤廃と域外共通関税の設定、および人・サーヴィス・資本の移動の自由を実現することによって共同市場を創設することを目的としていた。共同市場の成立は加盟国の経済発展に寄与した。五八～六九年の年平均の経済成長率は、日本一一・一％、アメリカ四・七％、イギリス三・二％だったのに対し、ＥＣ加盟六カ国平均は五・三％であった。

こうした成功を基礎に、六カ国は一九六五年にブリュッセル条約を締結して三つの共同体を統合することを決定し、六七年、ヨーロッパ共同体（ＥＣ）が発足した。ＥＣは、イギリス、アイルランド、デンマーク（一九七三年）、ギリシア（一九八一年）、スペイン、ポルトガル（一九八六年）を加えて勢力を増大させるとともに、関税同盟・農業共同市場を完成させ、さらに通貨統合や政治統合を志向するなど、経済統合から政治統合へと歩みを進めた。

九三年一月には、マーストリヒト条約（前年に調印）にもとづいてヨーロッパ連合（ＥＵ）が発足する。マーストリヒト条約は、ヨーロッパ中央銀行（ＥＣＢ）の創設と通貨統合を目指して経済統合を一層強化するとともに、共通の外交政策と安全保障政策を追求することをうたい、ＥＵ市民権（域内の移動と居住の自由、居住国における地方参政権などを認める）を定めた。この決定にもとづいて、九八年、ヨーロッパ中央銀行が設立され、二〇〇二年には各国通貨は廃止され、通貨はユーロに統合された。さらに、二〇〇四年五月、ヨーロッパ連合首脳会議はヨーロッパ連合憲法案を採択した。この憲法案は、大統領制を採用し、共通の外交政策や安全保障政策を推進するためにヨーロッパ外相やヨーロッパ防衛庁を設置するという野心的なものであった。だが、国家主権が制限されることに対する危惧などからフランスとオランダの国民投票（二〇〇五年）で反対が多数を占め、「憲法」条約の批准は困難となった。このため、「憲法」条約を改定した新たな条約（リスボン条約）が二〇〇七年に調印されて、この危機は克服された。ＥＵには、一九九五年から二〇〇七年の間に、北欧・東欧・南欧諸国など一六カ国が新たに加わって、加盟国は二八カ国に増加した。

このようにＥＵ統合が進展した結果、国際社会におけるＥＵの発言力が高まるとともに、域内ではヨーロッパ人意識が強まり（二〇〇四年の欧州委員会の世論調査によれば、五六％の人がヨーロッパ人意識をもっている）、人びとの間には地域／国民／ヨーロッパという三層からなるアイデンティティが形成され、多文化共生社会が生まれつつある。新しい国際秩序が模索されている今日、ＥＵは超国民国家的な地域共同体の先駆的モデルとして、東南アジア諸国連合とともにその動向が注目されてきた。

だが、近年、市場原理主義の横行や経済格差の拡大、移民・難民の流入、ＥＵの統治や政策に対する不満などを背景に、ナショナリズムやポピュリズム（大衆迎合主義）が台頭し、ＥＵからの離脱を求める動きもみられるようになった。イギリスでは、二〇一六年の国民投票で、ＥＵからの離脱支持者が五二％を占めて、翌年三月に離脱を宣言。その後離脱交渉は難航したが、二〇二〇年一月にイギリスは正式に離脱した。ＥＵ史上最初の離脱であった。この結果、ＥＵ加盟国は二七カ国となった。

ヴェトナム戦争反対と、管理社会などの近代社会に対する異議申し立てであった。「五月革命」は、近代的な価値を問うエコロジー運動やフェミニズム運動などの新しいタイプの社会運動が発展する契機になった。

3　冷戦の終結

冷戦のコスト――新自由主義の台頭

冷戦のコストはアメリカにとってもソ連にとっても高くついた。一九六〇年代の高度成長期をへてECと日本が経済力を高める一方、ヴェトナム戦争にてこずっていたアメリカはインフレに見舞われると同時に、貿易収支と財政の双子の赤字にも苦しむようになっていた。このため、ニクソン大統領は、一九七一年、金と米ドルの交換停止を発表し（ドル＝ショック）、これ以降、主要国は変動相場制に移行した。これはアメリカがもはや単独では世界経済を支えることができなくなったということの現れであり、ブレトン・ウッズ体制の実質的な終焉であった。世界経済の混乱に追い打ちをかけたのが、七三年と七九年の二度の石油危機である。原油価格が高騰し、これ以降先進諸国は経済停滞とインフレーションが共存するという新しいタイプの危機（スタグフレーション）に長い間悩まされることになった。このため、経済政策を調整することを目的とした先進国首脳会議が七五年以降毎年開催されることになった。

一方、アメリカでは八〇年代に入るとレーガン政権のもとで「小さくて強い政府」を目指して、減税や規制緩和が進められ、市場経済化が推進されたが、他方で軍事支出が増加したため、財政赤字はむしろ増大した。イギリスでも一九七九年に首相となった保守党のサッチャーが、民営化の推進、財政支出の削減や行政改革、所得税の最高税率の大幅引き下げをはかるなど、市場原理にもとづいた競争・効率・自助努力を中心とする新自由主義路線を強力に推進し、「鉄の女」と呼ばれた。こうして、八〇年代から世紀末にかけて各国では「小さな政府」が叫ばれ、福祉国家は否定されて、市場原理主義が勢いを強めていった。

フランスでは、一九八一年に大統領となった社会党のミッテランが、失業とインフレの克服を目指して、主要産業の国有化と経済の拡大政策を進めたが、経済は好転せず、緊縮政策へと路線転換を余儀なくされた。その後、八六年の総選挙で保守派が勝利してドゴール派のシラクが首相となって保革共存政権が誕生すると、シラクは国有企業の民営化を推進し、市場原理にもとづく競争を重視する政策を推進した。西ドイツでも八二年に社会党政権にかわってキリスト教民主同盟のコール政権が成立すると、福祉予算の削減、国鉄の民営化などが推進されるようになった。ただ、ヨーロッパでは、市場原理万能主義に対する批判もまた根強く存在することを忘れてはならない。

冷戦のコスト――ペレストロイカ

一方、ソ連にとって状況はより深刻であった。ソ連はアメリカに先んじて人工衛星（スプートニク一号、一九五七年）や有人宇宙船（ボストーク、一九六一年）の打ち上げに成功し、フルシチョフはソヴィエト社会主義の優位を誇示した。ところが、ソ連の計画経済は市場の動向に十分に対応できず、技術革新や近代化は遅れ、軍拡競争の負担がこれに重くのしかかった。こうした状況に追い打ちをかけたのがアフガニスタンへの軍事介入である。ソ連は、一九七九年一二月、革命政権が成立したものの政情が不安定だったアフガニスタンへの軍事侵攻を開始した。しかし、反政府ゲリラの抵抗や国際社会の批判を浴びて、ソ連は泥沼に陥った。こうしたこともあいまって、経済成長率が七〇年代末になるとほとんどゼロとなるなどソ連の苦悩は深まった。八二年、ブレジネフが死ぬと、アンドロポフとチェルネンコがあいついで後を継いだが、彼らは高齢なうえに病弱で短期間のうちに死んだ。ソ連の衰退を象徴しているかのようであった。

この後、新しい指導者として登場したのが若くて精力的なゴルバチョフであった。ゴルバチョフは一九八五年三月に共産党書記長に就任すると、精力的にペレストロイカ（改革）と「新思考」外交を展開した。ゴルバチョフは、ソ連の停滞を克服するために、情報公開（グラスノスチ）をおこない、個人や協同組合の経営を承認するなど経済自由化に取り組むとともに、共産党と国家の分離、共産党の一党独裁制の廃止（一九九〇年）、強力な権限をもつ大統領制を導入して自ら大統領に就任するなどの政治改革をも積極的に推進した。外交面では、八五年にアフガニスタン戦争の停止を決定し、一一月にはジュネーヴでレーガン米大統領と首脳会談をおこなうなど、核軍縮や近隣諸国との関係改善を精力的に推し進めた。八八年の新ベオグラード宣言では各国の体制選択は自由であることを確認している。

東欧革命

ソ連の改革の動きは東欧諸国にも次第に影響をおよぼすようになった。当初、東欧諸国の政府はソ連の改革に批判的な眼差しを向けていたが、八八年になると民主化を求める市民らの運動が高まり始めた。ポーランドでは労働運動が高揚し、一九八九年六月に実施された自由選挙でワレサが率いる「連帯」(一九八〇年に成立したが、翌年の戒厳令で非合法化された)が圧勝して、九月に「連帯」と共産党の連立政権が成立し、急進的な市場改革を推進した。ハンガリーでも政権を掌握していた社会主義統一党の改革派が台頭して改革に取り組み始めると、知識人を中心とした「民主フォーラム」が台頭し、九〇年春の自由選挙で勝利した。チェコスロヴァキアでは、八九年一一月にプラハの市民・学生らによる民主化運動が起こり、「市民フォーラム」の指導者ハベルが大統領に就任した(ビロード革命)。東ドイツの市民は、八九年五月にハンガリーがオーストリアとの国境を開いたルートを通って西側への脱出をはかろうとしたのを阻止されると、民主化を求める運動を強め、一一月九日、冷戦の象徴であった「ベルリンの壁」が解体された。こうして、八九年、東欧ではドミノ現象が起こったかのように独裁体制が崩れていったのである(東欧革命)。冷戦は終わりを迎える。こうした事態を前にして、ゴルバチョフとアメリカ大統領ブッシュは、八九年一二月、マルタ島で会談し、冷戦の終結を宣言した。

東欧革命後ソ連の解体も進んだ。ソ連の支配下におかれた各共和国で自立の動きが強まり、ロシアでは急進派のエリツィンが九一年の大統領選挙で勝利をおさめて実権を掌握し、九一年一二月、ロシアを含む一一カ国が独立国家共同体(CIS)を結成、これをみたゴルバチョフは大統領を辞任した。六九年間つづいたソ連の崩壊であった。

4　ポスト冷戦――模索する世界

冷戦終結後のヨーロッパでは統合と分裂が進んだ。一九九〇年一〇月三日、冷戦の象徴であった東西両ドイツは統一され、九三年にはヨーロッパ共同体を一層発展させたヨーロッパ連合（ＥＵ）が発足した（コラムⅪ参照）。ＥＵ加盟国はその後急増し、二〇〇七年一月現在の加盟国は二七、域内総人口五億人、域内総生産は約一一兆四〇〇〇億ユーロにおよび、ＥＵはアメリカをしのぐ一大勢力に成長している。マーストリヒト条約（一九九二年）ではＥＵ市民権が定められるなど、ＥＵ域内では国民意識を超えたヨーロッパ人意識も形成されつつある。一方、西欧では、六〇年代から七〇年代にかけて独立や自治を求める地域主義運動が各地でみられたが、九〇年代から二〇〇〇年にかけて一部の国で地方分権化が推進された結果、こうした運動も沈静化し、各国民の間には地域／国民／ヨーロッパという三層のアイデンティティ（帰属意識）がみられるようになった。

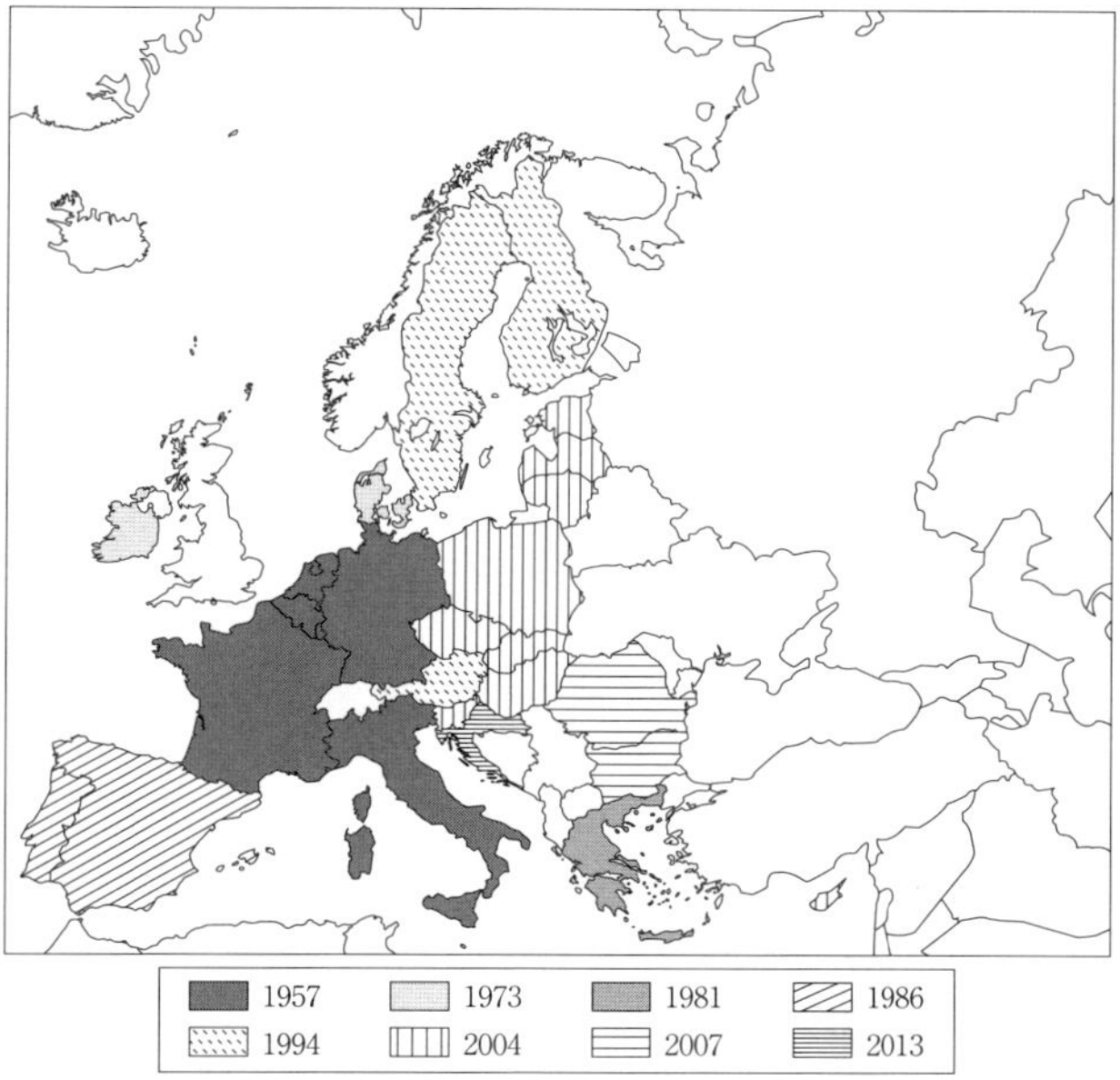

図 11－1　EU 加盟国

一方、冷戦終結後の東欧や旧ソ連では急速な市場経済化が進められたために経済・社会が混乱するとともに、民族紛争や宗教対立が激化した。たとえば、ユーゴスラヴィアは、「六つの共和国、五つの民族、四つの言語、三つの宗教、二つの文字によって構成されるひとつの国」といわれる多民族・多宗教・多言語国家であった。こうしたユーゴスラヴィアは、第二次世界大戦後チトーというカリスマ的人物がいて、統一を維持してきた。ところが、チトーの死後（一九八〇年）亀裂が広がり、九〇年代には分裂と対立が激化した。コソボ紛争、ボスニア紛争などが頻発して、血みどろの争いが繰り広げられた結果、ユーゴスラヴィアは、六つの共和国に分裂してしまう。

他方、冷戦後唯一の超大国となったアメリカは、二〇〇一年九月一一日に勃発した「九・一一事件」後、「対テロ戦争」を掲げて単独行動主義的傾向を強めた。〇三年三月には、国際連合などによる解決を求める国際世論の反対を押し切って、アメリカは有志連合軍とともにイラクに侵攻し、フセイン政権を崩壊させた。しかし、アメリカのイラク介入はイラクの宗教対立や民族対立を誘発し、自爆テロなどが頻発して多数の犠牲者をだすなど、アメリカは困難に直面している。アメリカの行為は、自由や民主主義という大義を掲げたとしても他国に対する介入はやがて失敗に帰するという歴史の教訓を忘れた行為であるといえよう。

一九八〇年代以降、多国籍企業の成長、市場経済化の進展、IT革命などによってグローバル化が急速に進み、ヒト・モノ・金・情報が国境を超えて広く行き交うようになった。また、EUのように国民国家を超えた地域共同体が発展し、国民国家も相対化されつつある。地球の温暖化など環境や生態系をめぐる問題の解決も一刻の猶予も許されない状況にある。こうした状況にあって、現在われわれは新しい国際秩序、新しい価値体系を模索する時代を生きているといえるだろう。

第V部

アメリカ近現代

第12章

植民地からの独立

小澤卓也

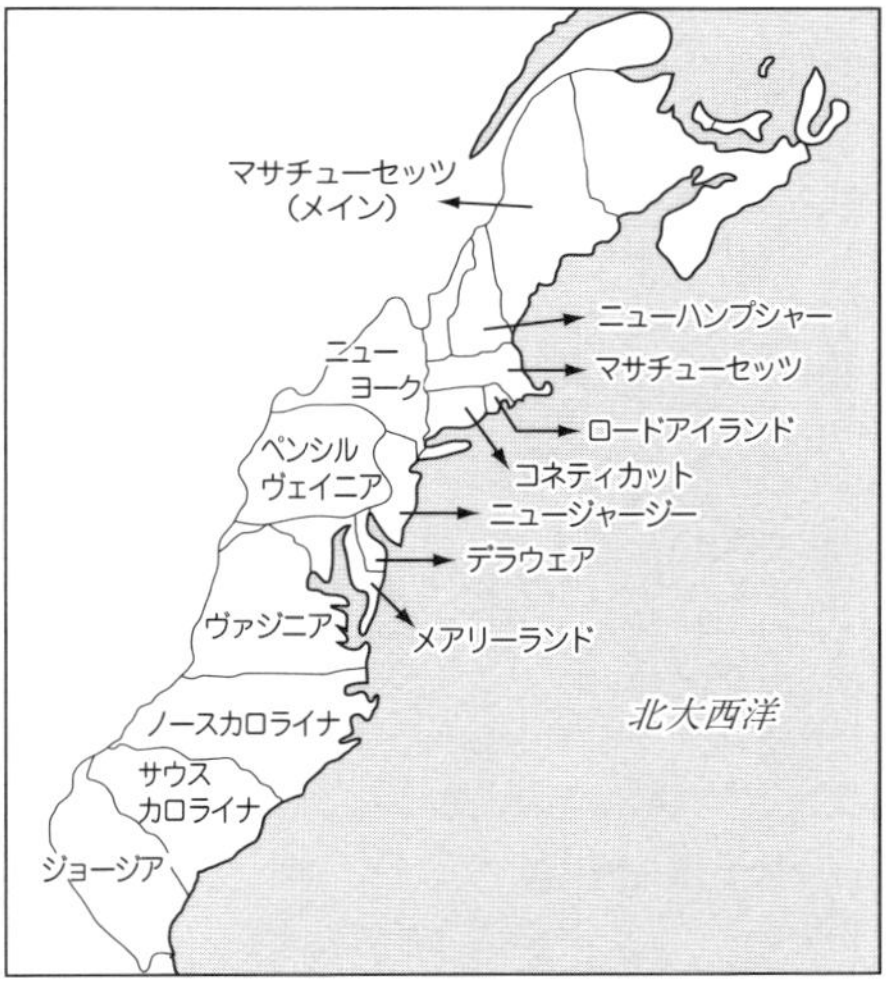

イギリスのアメリカ13植民地

ボストン茶会事件

概　要

南北アメリカ大陸とカリブ海地域に居住していた多様な先住民（スペイン語圏では「インディオ」、英語圏では「インディアン」と呼ばれる）を征服したヨーロッパ人は、さらにアフリカなどから奴隷労働力として黒人を強制連行するなどして、人種・民族・宗教・文化などが複雑に入り混じった植民地を経営することになった。そのなかでも、スペインが支配する中南米の植民地、ポルトガルが支配するブラジル、北米大陸の東部海岸地帯に置かれたイギリス一三植民地などが、とりわけ広大な領土を有していた。

中南米のスペイン植民地と北米のイギリス植民地では、二五〇～三〇〇年にわたる植民地社会の発展のすえ、やがて自立心に目覚めた植民地生まれの白人（スペイン語圏では「クリオーリョ」、英語圏では「クレオール」と呼ばれる）たちが、本国支配に対して独立戦争を展開した。これは、ヨーロッパ人がもともと絶対王政時代の軍事力で打ち立てた南北アメリカ植民地支配が、同じくヨーロッパで誕生した社会契約説によって教化され、鼓舞された植民地人によって打倒されるという壮大な歴史の逆説であった。

その後、独立したアメリカ合衆国（アメリカ）が近代国家として急速に成長していったのに対し、ラテンアメリカ諸国においては植民地時代の政治社会システムが色濃く残り、円滑に近代化を遂げることができなかった。やがて発展したアメリカは、ラテンアメリカへの進出をもくろむようになる。このようにヨーロッパの植民地であった南北アメリカは、独立後に異なった歴史を歩んでいった。

一七七五	アメリカ独立戦争の勃発（～八三）
一七七六	アメリカ独立宣言の発布
一七八七	アメリカ合衆国憲法の制定
一八〇四	ハイチ共和国の独立
一八一〇	ラテンアメリカ独立運動の活発化（～二一）
一八一九	グラン・コロンビア共和国の成立（～三〇）
一八二三	モンロー宣言
一八二九	ジャクソン大統領就任（～三七）
一八四六	アメリカ＝メキシコ戦争勃発（～四八）
一八四八	カリフォルニアのゴールド・ラッシュ

1　アメリカ独立戦争の勃発

北アメリカ植民地人の挑戦

北アメリカ大陸のニューイングランドで暮らすイギリス植民地人たちは、過酷な環境を生きぬくなかで本国人以上に強い自治意識を持つようになり、古代アテナイをほうふつとさせる市民による直接民主制を発達させた地域もあった。一八世紀前半までには東部地域に一三のイギリス植民地が形成されたが、各植民地には住民の代表からなる植民地議会が設置されたため、しだいに植民地人の政治的発言権は高まった（第12章扉図〈上〉参照）。また、黒人を中心とする奴隷制度に立脚したプランテーション農業（タバコ、コメ、インディゴなど）や海上での仲介貿易の発達も著しく、経済的にも本国イギリスから自立する道を歩んでいた。

しかしながら、イギリスは海外植民地のさらなる拡大を意図して重商主義政策を強化し、これまで以上に一三植民地に対する支配権を拡大しようとしたため、自立心に満ちた植民地人の反発を買うことになった。とりわけ、多くの植民地商人にとっての生活基盤であった砂糖や紅茶の自由な交易活動が禁じられ、書類や刊行物に課税するために印紙の貼りつけが強制されたことは、植民地人を激怒させた。こうした怒りは、「代表なくして課税なし」（植民地は本国議会に代表を送る権利を認められていないのだから、課税の義務だけを負わされるのは不当であるという意味）のスローガンに代表される植民地社会の反イギリス的論調を増大させただけでなく、植民地人がボストン港に停泊する東インド会社の商船を襲撃し、積荷の紅茶を海に投棄する事件（ボストン茶会事件、一七七三年）のような直接的な抵抗運動にもつながった（第12章扉図〈下〉参照）。イギリスはこうした植民地人の主張や運動を軍事的圧力と植民地からの自治剥奪によって封じようとしたため、植民地側はさらに態度を硬化させて第一回大陸会議（一七七四年）を開催し、一三植民地が一致団結して本国と対峙することを誓いあった。

イギリスと一三植民地の一歩も引かない対立は、コンコードとレキシントンにおける武力衝突を機に、ついにアメリカ独立戦争（一七七五〜八三年）へと発展した。植民地側はジョージ・ワシントン総司令官の指揮のもとでイギリス軍とわたりあったが、当初は植民地人のなかに本国イギリスに対する忠誠心を捨てきれない者が多く、皆がこの独立戦争に賛成していたわけではなかった。植民地人と対立していたアメリカ先住民（インディアン）も独立運動には反対だった。だが、戦場での経験や記憶が共有され、共和主義的な観点から独立の必然性を説いたトマス・ペイン著『コモン・センス』が流布すると、しだいに「愛国派」と称された独立派が増えていくことになり、植民地軍の結束も固まっていった。

アメリカ独立宣言

一七七六年七月四日、植民地側は、後にアメリカ合衆国の第三代大統領となるトマス・ジェファソン起草の独立宣言を発布した。これは一三植民地が独立に踏み切った過程について社会契約説を根拠にして正当化したものであった。その冒頭部分は次のようなものである。

人間はみな神によって平等につくられ、誰にもゆずり渡すことのできないいくつかの権利を与えられている。それには、生命を保持する権利、自由を享受する権利、幸福を追求する権利が含まれる。これらの権利を確保するため、政府が組織される。それが行使する権能は、統治される者、つまり人民が同意を与えた場合にのみ、正当とみなされる。よって、いかなる形態の政府であっても、それが政府本来の目的に反するものとなった場合には、人民はいつでもそれを改廃し、国民の安全と幸福の増進に最も有益と見られる原理にもとづき、あらたな政府を設立する権利を有する。（大谷康夫訳）

このように、独立宣言は人間が皆生まれながらにして平等に与えられている生存権、自由権、幸福を求める権利に立脚しながら、絶対主義国家とはまったく異なった社会契約説にもとづく国家の成立を高らかにうたっている。もし政府がこの市民の天賦の権利を尊重せず、社会契約に従わない場合には、市民は主権在民の原則にのっとってこれを打倒する権利があることも明記されている。ここにかつて堂々と王権神授説を唱えた頃の強大な王権は失墜したことが見てとれる。このようにアメリカ独立宣言は、少なくとも理念として世界史上初めて社会契約説を基盤とする近代国家の実現をうたったものであり、その後の世界の近代民主主義思想や国民主義の発展を規定したという点で、フランスの人権宣言と並ぶ大きな世界史的意義があった。

実際、当時のヨーロッパ諸国の自由主義者のなかには、アメリカ独立戦争を「自由と平等を希求する戦い」と解釈する者も多く、彼らは独立軍を支援するために義勇兵となって渡米し、戦闘で大いに活躍した。そうした義勇兵のなかには、後にフランス革命で活躍する自由主義貴族のラファイエット、ポーランド独立運動を指揮するコシューシコ、社会主義思想の発展に大きな功績を残したサン・シモンらもいた。アメリカ独立戦争はヨーロッパを代表する自由主義者たちをも大いに熱狂させる歴史的事件だったのである。

2　南北アメリカの独立

アメリカ合衆国の成立

それまでの植民地争いでイギリスに辛酸をなめさせられてきたヨーロッパ諸国は、アメリカ独立戦争というこの世界史的事件を黙って見過ごしはしなかった。イギリスにとって最大のライバル国であったフランスが、イギリスに奪われた植民地の奪回を意図してアメリカ独立軍を全面的に支援し始めると、やがてスペイン、オランダもこれに続いた。劣勢を強いられたイギリスは、アメリカ大陸への物資の流れを止めようとして中立国の船舶に対しても厳しい規制を強制したため、中立諸国もロシアを中心に武装中立同盟を形成してイギリスと対峙することになり、イギリスの国際的孤立がさらに深まる結果となった。

サラトガの戦いでは数千人のイギリス兵が降伏するなど敗走が重なったうえに、ヴァジニア州東部のヨークタウンにおける決戦でアメリカ・フランス連合軍に敗れたイギリス軍は、ついにパリ条約（一七八三年）を締結して植民地側と講和した。これにより、一三植民地の完全な独立が承認されると同時に、ミシシッピ川より東側のイギリス領も植民地側へ割譲された。独立した植民地人は、一方で各州議会の政治的権限を維持しながらも、全州にかかわる重大な徴税・通商・軍事問題などに関しては各州の代表によって構成される中央政府が全州を統轄するという連邦制のほか、共和主義、三権分立、大統領制などを規定したアメリカ合衆国憲法（一七八七年）を制定した。こうしてアメリカ合衆国が誕生したのである。独立戦争の英雄ワシントンを初代大統領とし、フィラデルフィア（一八〇〇年にワシントンへ遷都）を首都に定めて独立国家として船出したアメリカは、その約一世紀後にはヨーロッパ列強と肩を並べる強国へと成長していく。

アメリカ合衆国憲法には独立宣言の進歩的精神が吹き込まれており、その内容がその後の世界各国の憲法のあり方にも甚大な影響を及ぼしていることは間違いない。しかしながら、アメリカ内において憲法で保護される市民とは見なされず、自由と平等の精神を享受することのない人びとがいたことも事実である。たとえば、先住民は市民と見なされず、アメリカ人のあいだの国民的な結束を強め、領土拡大を達成するために徹底的に敵視され、虐殺や排除の対象とされた。また、「奴隷」、「黒人」、「ニグロ」、「有色人」といった直接的表現は使用されていないが、「自由人以外の者」あるいは「労役に服する義務のある者」といった表現で黒人奴隷の存在は合衆国憲法のなかで公認されており、その後の人種闘争の火種を残すことになる。さらに、女性の参政権についても明確な規定がなされず、各州の判断に任されるというかたちで「半市民」的な扱いを受けた。

ラテンアメリカ諸国の独立

アメリカがイギリスから独立し、続いてヨーロッパでフランス革命が勃発すると、ヨーロッパ諸国の植民地であったラテンアメリカ地域の植民地人のあいだにも自由主義（リベラリズム）と国民主義（ナショナリズム）に立脚した独立の気運が広がるようになった。特にラテンアメリカに隣接するアメリカの独立はこの地域に多大な影響を与えた。ラテンアメリカ地域で最初に独立する国が、アメリカに隣接するカリブ海のフランス植民地、ハイチであったことはこれを象徴している（図12-1）。

図12-1　現在のカリブ海周辺

フランス領サンドマング（後のハイチ）では、黒人奴隷の人口が全体の約九〇%を占めており、その多くは白人や有色自由人（奴隷から解放された自由身分の黒人や混血）が経営するコーヒーやサトウキビなどの大プランテーションで厳しい労働に従事していた。本国フランスでブルジョワ革命が起こり、人権宣言が発せられたことは、多数の黒人奴隷を所有する少数派のエリート白人にとっては脅威であったが、フランス語とフランス文化を身につけた有色自由人にとっては喜ばしく思われた。これを機に本国のフランス市民と同等の権利が自分たちにも認められると期待したからである。こうした自由黒人たちのリーダーであるトゥーサン・ルーヴェルチュールは、この点に関する確約を得るために本国へおもむいた。

しかしながら、フランス白人たちが植民地人に対する人権宣言の適用を先送りし、黒人に対しても差別意識をあらわにしたことから、自由黒人たちのフランス支配に対する反発は急激に高まり、やがてルーヴェルチュールをリーダーとする黒人たちの独立戦争が開始されることになった。こうして、一八〇四年、世界最初の黒人共和国としてハイチが独立することになり、ラテンアメリカにおける最初の独立国として周辺地域にも多大な影響をもたらした。ハイチの独立は植民地下層民の主体的な独立運動として歴史的な意義を持つが、その後の過程で暴徒化した黒人が白人を虐殺する事件を起こしたため、ヨーロッパ諸国はもちろん、独立の気運に満ちていた中南米のスペイン植民地からも非難されることになった。スペイン系のクリオーリョ・エリートも先住民や黒人などの有色人を支配していたため、ハイチの黒人奴隷による白人虐殺は、まさしく「明日はわが身」の事件だったのである。

一方でスペイン植民地においても、クリオーリョたちの本国スペイン人支配に対する不満は高まっていた。同じ言語、宗教、習慣を共有しているスペイン人であるはずなのに、本国のスペイン人たちはクリオーリョたちを差別的に扱い、高い政治経済的地位を常に独占したからである。これに加え、自国の「ハイチ化」を恐れたクリオーリョたちが本国に軍事支援を求めていた矢先、スペインがナポレオンによって占領されたため、一八一〇年頃から中南米のスペイン植民地における独立への要求はいよいよ本格化することになった。ナポレオンに抵抗するスペインは、ラテンアメリカ独立問題に対処する余裕がなかったため、自由主義的なカディス憲法（一八一二年）を制定し、一度は植民地側の平和的独立を承認した。しかし、ナポレオンが失脚した後、支配権を回復したスペイン王室がこの憲法の無効を宣言したため、スペイン植民地のクリオーリョたちは武器を取って独立戦争を開始した（ポルトガル領ブラジルでは本国に対する独立戦争は初期段階で失敗に終わり、ポルトガル皇太子を皇帝とする帝政国家として独立した）。

ラテンアメリカ地域で独立戦争を展開したクリオーリョのなかで最も突出した人物が、後に「南アメリカ大陸解放の父」と称されるベネズエラ出身のシモン・ボリーバルとアルゼンチン出身のホセ・サンマルティンである。ボリーバルは大軍を率いて南米大陸の北端から南下し、ベネズエラ、コロンビア、エクアドルを次々と解放、他方でサンマルティンは南部からアルゼンチンやチリなどを解放しながら北上し、やがて両軍はスペイン軍最強の砦が設置されていたペルーで合流した。両指揮官の話しあいのすえに全軍を統轄することになったボリーバルはついにスペイン軍を完全に屈服させ、その結果として一八二〇年代初頭までに中南米地域には多くの独立国家が誕生することになった。これにより、スペインの植民地はカリブ海に残されたキューバなど数国のみとなった（図12－2）。

ナポレオン戦争によって疲弊したヨーロッパ諸国はラテンアメリカの独立運動に介入することができなかったが、直接的な戦争被害の少なかったイギリスだけは例外であり、この地への進出をもくろんでいち早くラテンアメリカ諸国の独立を承認した。イギリスの狙いは、ラテンアメリカの領土を奪うことではなく、産業革命によって大量に生産された工業製品をさばくための新たな市場の独占であり、鉱業など魅力的な投資先の確保であった。他方でアメリカも、この地への進出を念頭においてラテンアメリカの独立戦争を支援していた。このためラテンアメリカ諸国は、独立後も欧米諸国の資本に大きく依存することになる。

図12－2　ラテンアメリカ諸国の独立（1828年当時）

アメリカと同様に奴隷制を維持する国もあったが、多くのラテンアメリカ独立国家では法的に奴隷制が廃止されることになった。アメリカ独立宣言やフランス人権宣言の影響を受けて、共和制を採用する国が多かったからである。しかしながら、植民地時代から続くクリオーリョ支配や先住民や黒人に対する政治・経済・社会的差別構造にはほとんど変化がなく、中央集権化された国家構造のもとで先住民や黒人の多くはむしろ植民地時代よりも厳しい生活を余儀なくされた。彼らは、独立後の中南米諸国においてクリオーリョ・エリートがヨーロッパをモデルにした新しい国民アイデンティティを模索するなかで、ここから排除され、あるいはこれに同化することが強制された。さらに、しばしばラテンアメリカ諸国を支配することになる独裁者たちは、みずからの都合に合わせ共和主義の憲法をいとも簡単に書き替えてしまうのだった。

3　独立後の南北アメリカ

独立後のアメリカは、ナポレオンに対抗して海上封鎖をおこなったイギリスと海上の自由航行をめぐって再び戦争（米英戦争、一八一二年）をおこなったことを機に、急速に工業化が進み、独立以降も継続していたイギリスへの経済的依存から自立した。国力をたくわえたアメリカは、ラテンアメリカ市場の独占を狙うイギリスに対抗して同地域への進出を積極的にはかり、ジェームズ・モンロー大統領はラテンアメリカ独立運動に介入しようとしたウィーン体制下のヨーロッパ諸国に対して「モンロー宣言」（一八二三年）と呼ばれる教書を突きつけ、そのなかでヨーロッパ諸国とアメリカ大陸諸国の相互不干渉の原則を強調した。これによってアメリカは、ヨーロッパ諸国のラテンアメリカ地域への進出を牽制したのである。この相互不干渉に基づく外交政策は後に孤立主義的な色あいを帯びるようになり、アメリカではウェストファリア体制以降にヨーロッパで生まれた「勢力均衡」を重視する国際秩序とは異なった一国主義的な政治意識が形成されるに至った。

一八二九年以降のアメリカでは、アイルランド移民の孤児で西部出身のアンドリュー・ジャクソン大統領が金融独占に反対し、「ジャクソニアン・デモクラシー」と呼ばれる西部小農民や東部小市民の政治・経済的権利を拡大する政治をおこなった。この急進的な政策の支持者はやがて南部を支持基盤に民主党を結成し、逆に反ジャクソン派はホイッグ党（後の共和党の中核）を結成し、ここにアメリカ二大政党の基盤が成立した。しかしながら、他方でジャクソンは西部開拓のために先住民の強制移住を法制化し、これに従わない者を軍事力で排除した。ジャクソンは「白人定着地から離れた土地へインディアンを移住させることに関して、過去三〇年近く着々と進められてきたアメリカ政府の博愛的な政策がめでたく完成に近づきつつある」と述べ、強制移住は先住民に対する「博愛的措置」であると位置づけた。すなわち、アメリカ西部住民が国民として統合されるのと引き替えに、先住民がそこから排除されたのである。

また、領土も拡大された。フランスからルイジアナ、スペインからフロリダを買収し、メキシコからは移民社会の混乱に乗じてテキサスを併合した後、軍事衝突（アメリカ＝メキシコ戦争、一八四六〜四八年）で勝利してカリフォルニアを獲得するなど、アメリカは漸次的にフロンティア（開拓地と未開拓地の境界線）を拡大していった（図12－3）。さらに、獲得したカリフォルニアで金鉱が発見（一八四八年）されたため、全世界から一攫千金を夢みる移民が殺到することになるゴールド・ラッシュが巻き起こり、経済的にも大いに発展することになった。

南米ではボリーバルが現在のベネズエラ、コロンビア、エクアドル、パナマなどを含むグラン・コロンビア共和国（一八一九〜三〇年）の大統領に就任した。ボリーバルは独立戦争に際してハイチから支援を取りつけたが、ハイチから突きつけられた交換条件がベネズエラにおける奴隷解放であったこともあり、その後のボリーバル思想は反奴隷制を明確にした共和主義を特色とした。中南米全域を統轄する巨大共和国の形成を目指していたボリーバルはパナマ会議（一八二六年）を招集し、まずはスペインによる再征服に備えるため、かつてのスペイン植民地諸国の団結と共同安全保障を目的とする軍事同盟を提案した。しかしながら、この会議に参加したメキシコ、中米連邦（中米地峡諸国）、ペルーのクリオーリョ・エリートたちが既得権の喪失を恐れてこれを批准しなかったため、ボリーバルの夢は露と消えることになった。

その後、分裂独立したラテンアメリカ諸国はスペインによって再征服されることはなかったものの、共和制を形骸化して植民地時代以来の寡頭政治や独裁政治を続ける各国のクリオーリョ・エリートがイギリスやアメリカなど先進国の資本家と手を結び、コーヒー、バナナ、サトウキビなどのモノカルチャー（単一作物生産）を推進した。このため、ラテンアメリカ諸国では先進国に圧倒的に依存するゆがんだ政治・経済構造が創出され、驚くべき貧富の格差が社会に蔓延することになった。

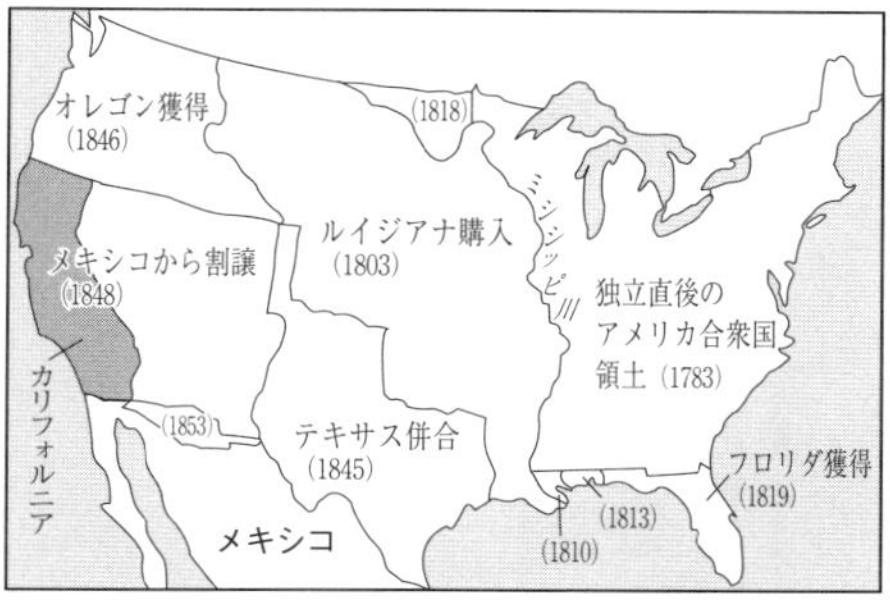

図12－3　アメリカ合衆国の領土拡大（1853年まで）

第13章

ナショナリズムと帝国主義

小澤卓也

ゲティスバーグの戦い

アパッチ族

概　要

アメリカ合衆国では、北部と南部のあいだに深刻な政治・経済的対立が起こり、これはやがて南北戦争という大規模な内戦を引き起こすことになった。北部出身のリンカン大統領はこの最中に奴隷の解放を宣言し、これにもとづいて黒人奴隷を解放して自由人とする憲法の修正をおこなった。しかし、南部を中心に黒人差別法が残り、先住民もその対象外とされたため、その効果は必ずしも十分なものではなかった。

南北戦争後のアメリカは次々と領土を拡大し、ついにフロンティアは消滅した。これとともに、アメリカの政治経済的統合も加速化し、国内に様々な社会問題を抱えつつも国家統合を達成したアメリカにはナショナリズムが高揚した。その後、アングロ＝サクソン民族の優秀性と「世界の指導者」意識に立脚した「マニフェスト・デスティニー」（明白なる天命）を掲げつつ、アメリカは海外における積極的な植民地政策を推進する。

他方、ラテンアメリカでは独立後も政治的混乱が続き、自由主義を標榜しながらも、実際には先進国の資本家と結託した独裁者や寡頭政治家によって支配される傾向にあった。こうしたなか、アメリカは自国の「裏庭」と見なした中米・カリブ地域へ進出し、世界進出の足場を固めていった。さらにアメリカは、ラテンアメリカ諸国の反発をかわすために南北アメリカの共栄と共同防衛を基盤とする汎アメリカ主義（パン＝アメリカニズム）を掲げたが、これに対してラテンアメリカ社会は親米派と反米派に割れた。

一八六一	アメリカ南北戦争（〜六五）
一八六五	アメリカ合衆国憲法修正（奴隷制廃止）
一八八四	メキシコにディアス長期独裁政権成立（〜一九一一）
一八八九	パン＝アメリカ会議開催
一八九〇	アメリカにおけるフロンティアの消滅
一八九一	ホセ・マルティ著『われらのアメリカ』発表
一八九八	米西戦争
一八九九	門戸開放宣言
一九〇一	セオドア・ローズヴェルトの「棍棒外交」（〜〇九）
一九一四	パナマ運河完成

1　アメリカ南北戦争

一九世紀前半、民主党を支持するアメリカ南部諸州においては、黒人奴隷を労働力とする奴隷制に立脚したプランテーションが広がり、そこで生産された綿花やタバコの自由貿易によって財源が確保されていた。一八六〇年代に入った頃には、南部人口のおよそ三分の一が黒人奴隷であり、その数は約四〇〇万人にのぼった。これに対して、商工業が発達していた北部諸州は労働市場の自由化をねらった奴隷制の廃止と国内産業の保護を目的とする保護貿易を要求し、そのために連邦政府の権限をいっそう強化することを求めた。南部奴隷州がこれに猛反発して州権の維持を強く訴えると、北部自由州（奴隷制を認めない州）は南部の奴隷制を人道主義の立場から非難したため、両者の感情的な対立が続いた（図13－1）。とりわけ、ストウ夫人が著した小説『アンクル・トムの小屋』（一八五二年出版）は、黒人奴隷が被っていた非人間的な仕打ちをキリスト教的人道主義から批判した作品で、アメリカの世論を大きく突き動かした。

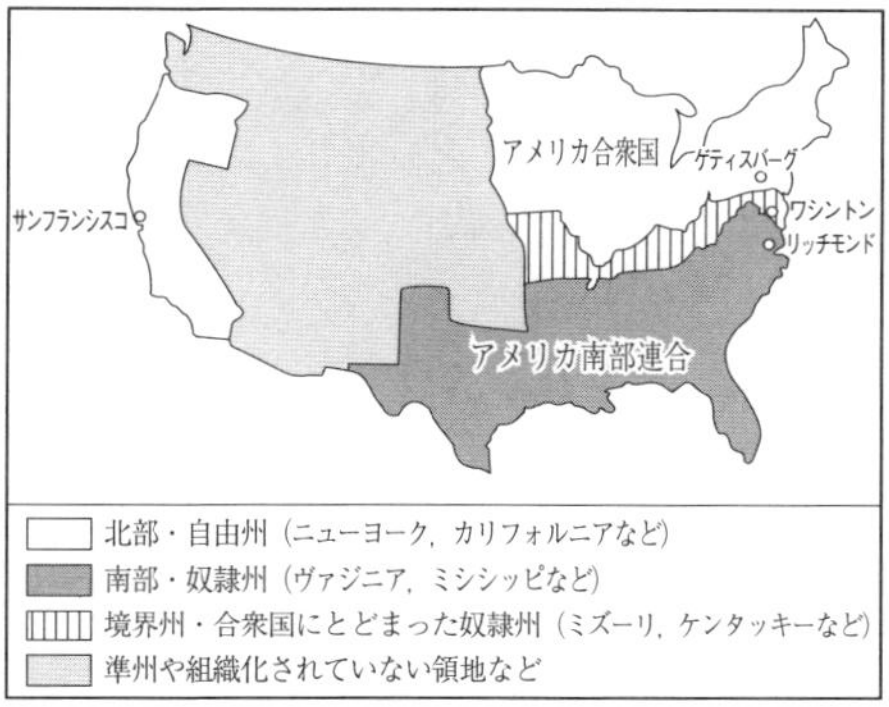

図13－1　南北戦争勃発時のアメリカ

こうしたなか、北部の資本家や西部の農民を支持基盤とする共和党が結成され、奴隷制反対の立場を明確にして支持を集め、ついに共和党からアメリカ大統領が選出されることになった。貧農出身の第一六代大統領、エイブラハム・リンカンである。リンカン自身は奴隷制の拡張に反対する立場であり、奴隷制そのものの廃止論者ではなかったが、共和党政権が誕生したことに警戒感を強めた南部一一州はアメリカ合衆国から離脱し、ジェファソン・デヴィスを大統領とし、リッチモンドを首都とするアメリカ南部連合（アメリカ連合国）の結成を宣言した。これに対して、リンカン政府は南部の分離独立を認めなかったため、互いに張り合う南部と北部はついに軍事衝突して南北戦争（一八六一～六五年）の火ぶたが切って落とされた。

この内戦は経済力にまさる北部の圧勝と予想されたが、リー将軍らに率いられた南軍の巧妙な戦略に苦しめられ、北軍はしばしば敗走させられることになった。リンカンは苦しい戦局を有利に進めるため、まずホームステッド法（一八六二年）を制定し、五年のあいだ公有地に定住し土地を開墾した者に一定の土地を無償で与えることを約束した。これによって、南北対立のはざまで態度を決めかねていた西部が北部支持へと動いた。この法が開拓事業の先頭に立つ西部の人びとにとって有利だったからである。また、リンカンは奴隷解放宣言（一八六三年）をおこない、南部連合の独立を承認しようとしたイギリスを牽制すると同時に、南部黒人奴隷の南軍からの離反と北部への協力を促進しようとした。南部連合には白人五五〇〇万人に対して黒人奴隷が三五〇〇万人も存在したため、奴隷を解放することは南部連合の政治・経済・軍事システムを動揺させることになった。こうして、北部は自陣に有利な政治的環境を整えていった。

グラント将軍の指揮下で南軍を撃破しはじめた北軍は、最大の激戦地となったワシントン市北方のゲティスバーグにおいて決定的な勝利をおさめ、その後南軍を追いこんでいった（第13章扉図〈上〉参照）。このゲティスバーグでなされたとされるリンカン演説の「人民の、人民による、人民のための政治」という一節は、独立宣言とならんでアメリカ民主主義の本質を示す言葉として今日まで引用され続けている。一八六五年、南軍が降伏して終結することになった南北戦争は、最終的に約六二万人の戦死者を残すことになった。これは、独立戦争から第二次世界大戦までにアメリカがおこなったその他のあらゆる戦争の戦死者を上まわっている。すなわち、ヨーロッパ諸国とは異なり、本土領内で外国軍と本格的な戦争をした経験を持たないアメリカ人にとって最大の戦争は南北戦争という内戦なのである。

2　アメリカの発展とその問題

大国化するアメリカと人種・民族問題

南北戦争後のアメリカでは、さらに政治経済的な統一が進んでいった。まず、財政難に苦しむロシアからアラスカを買収し、その直後、この地に金鉱が発見されて賑わった。また、外国人労働者の働きにより、東部と西部を結ぶ大陸横断鉄道が敷設され、ヒトやモノの迅速で活発な移動が可能となった。これを端緒として国内産業は急速に発展し、未開拓地の残る西部においても農・鉱・林・牧畜業の発展が加速化していったので、多くの外国人移民がアメリカに押しよせることになった。ドイツ人、アイルランド人、イタリア人などのヨーロッパ出身者を中心に、一八七一～一九二〇年に全体で二六〇〇万人を超える移民がアメリカへ移住している。一八九〇年にはフロンティアの消滅が公式に宣言され、アメリカは現在とほぼ同じ領土を有する巨大な移民国家となった。

だが、このアメリカの輝かしい発展のかげで、様々な社会問題が先鋭化していた。台頭した一握りの大企業が結託して市場を独占し、経済的利益をむさぼって国民のあいだの貧富の格差を拡大していたことは、決して放置することのできない深刻な問題であった。「石油王」ジョン・ロックフェラーや「鉄鋼王」アンドリュー・カーネギーは、こうした独占企業体を確立した当時を代表する企業家である。こうした巨大財閥に対する批判が高まってくると、連邦政府は反トラスト法を制定して産業界の市場独占を規制しようとしたが、結局のところ独占化を阻止するには至らなかった。その一方で、ロックフェラーやカーネギー（貧しい移民でありながら立身出世した）らは、晩年に自らの資産の一部を社会に還元するかたちで文芸の奨励や慈善活動に費やしたこともあって、彼らをむしろ「アメリカン・ドリーム」を実現した偉人と賞讃する風潮も見られた。

また、国内におけるフロンティアの消滅は、先住民のアメリカ社会からの駆逐が完了したことを意味している。アメ

コラムⅫ

「国民的英雄」としてのリンカン

小澤卓也

リンカンの奴隷解放宣言は、それまで黙認され続けてきた奴隷制を法的に見直し、黒人奴隷を解放して白人と同等の市民と見なす第一歩として、きわめて重要な歴史的意義をもつ。「奴隷として所有されているすべての人びとは自由であり、また今後も自由であるべきことを、私はここに命令し宣言する」という一文は、苦痛にあえぐ黒人奴隷が長らく待ち望んでいた言葉であっただろう。この宣言にのっとり、南北戦争直後の一八六五年、憲法修正第一三条のなかですべての奴隷が解放され、法的に自由人と規定された。そこには、「奴隷の身分も、みずからの意志によらない苦役も、正式に有罪の宣告を受けた犯罪に対する処罰の場合をのぞき、アメリカおよびその管轄権の及ぶ地域に存在してはならない」と記されている。また、黒人男性の選挙権も認められることになった（ただし、人種の別なく女性の参政権は認められていない）。この歴史をたかく評価するアメリカ市民は、いまでもリンカンを「アメリカ民主主義」を体現する最も優れた大統領の一人と見なしている（図Ⅻ-1）。

しかしながら、残された史料を見ると、リンカン自身は奴隷制そのものを廃止する意志は強くなく、むしろ北部の急進派議員が求める奴隷解放に対して「白人種と黒人種の社会的政治的平等を実現することに私は賛成しない」と反論した。そのリンカンが奴隷解放を宣言したのは、あくまでも南部連合のアメリカからの分離独立を阻止する政治的な意図によるものであった。実際、奴隷解放宣言のなかでも、「アメリカ合衆国の権威とその政府に対するこのたびの反乱を鎮圧するためのやむを得ない適正な手段」として、「アメリカ合衆国に対して謀反を起こしている人民のいる州において奴隷として所有されている者をすべて解放し、以後永久に自由とすることをここに宣言」した。つまり、リンカンにとって奴隷の解放は南部連合に勝利するための政治的選択であり、当初解放の対象となったのは南部の奴隷（北部側に残った奴隷州の奴隷は含まれない）だけであった。

また、当時のリンカンは南北戦争の血なまぐさいイメージと結びつけられ、戦争直後にアメリカ大統領として在任中に暗殺される悲劇に見舞われたこともあって、かならずしも国民的人気を誇る大統領ではなかったようである。リンカンの評判は死後にゆっくりと高まり、共和党員を中心に様々な著作や芸術作品を通じて英雄化されていくのである。

特に、一九世紀末のアメリカではナショナリズムが昂揚

図XII-1　エイブラハム・リンカン

図XII-2　リンカン記念堂

し、それにともなって南北戦争の評価に大きな変化が生じたため、南北諸州間の対立や勝敗の行方よりも、南北双方の戦争に加わった大義やその結果としてアメリカの国民統合が早まったことが強調されるようになった。すなわちリンカンは、アメリカを南北に分裂させ、内戦でおびただしい数の犠牲者を出した大統領という評価から転じて、アメリカの人種差別撤廃と民主主義のために南北戦争をおこなって勝利し、アメリカを統合することに成功した偉大なる大統領と見なされるようになったのである。

さらに二〇世紀にはいると、人種差別に抵抗する黒人の主体的な運動、外国人移民の大量流入、それ以前の男性支配を揺るがす女性の社会進出などが顕著となったため、アメリカでは国民統合のための強力な国民シンボルが必要とされるようになった。また、第一次世界大戦での勝利と戦後のアメリカ社会の豊かさは、こうしたナショナリズムの動きに拍車をかけた。こうした過程において国民統合と人種間の協調のシンボルとしてリンカンは英雄化され、一九二二年には首都ワシントンに壮麗なリンカン記念堂が建築されるに至った（図XII-2）。これは、歴史的事象や人物に対する人びとの評価が時代とともに大きく変化することを示す典型的な例だといえよう。

こうした過程を経て「国民的英雄」となった大統領を顕彰するリンカン記念堂が、その後のアメリカ史において公民権運動やヴェトナム反戦運動など「民主主義」や「平和」を象徴する民衆運動がおこなわれる舞台となったことはたいへん興味ぶかい。

図 13－2　黒人専用の水飲み場（20世紀中頃）

リカのインディアン討伐軍とこれに抵抗する先住民の戦いは激しさを増していき、リトル・ビッグホーンの戦い（一八七六年）で先住民軍が討伐軍を全滅させたこともあるが、しだいに先住民の抵抗は鎮圧されていった。アメリカ側と最後まで戦い続けた族長ジェロニモ率いるアパッチ族も降伏することになり、ついに先住民は完全にアメリカに従属することを余儀なくされ、インディアン保護区へ強制移住させられることになる（第13章扉図〈下〉参照）。彼らの自由は、黒人のように法的に承認されることもなかった。

さらに、一八六五年に「自由人」となったはずの黒人の多くは、長く強制された奴隷生活の影響で自立する術を知らず、資金も乏しかったため、あらためてシェアクロッパー（小作人）として白人農園主に雇い入れられた。そうでなければ、彼らは各地を放浪するか、義勇兵になる以外になかった。こうした黒人の状況を、南部から逃亡した黒人奴隷で、南北戦争において北部の勝利に貢献したフレデリック・ダグラスは次のように表現している。「解放は、黒人に飢える自由、雨に打たれて冬を過ごす自由を保証した。解放は、自由であると同時に飢饉だったのだ」と。そのうえ、南北戦争による荒廃から再建すると、再び南部諸州は、黒人を白人社会から分離しはじめた。一八八〇～九〇年代には南部白人による黒人に対する暴行事件が多発するようになり、南部諸州を中心にあからさまな黒人差別法（ジム・クロウ法）が次々と制定された。すなわち、人種差別を禁止した一八六五年の連邦法の内容を、南部の州法が都合よく読みかえるという奇妙な構図が生まれたのである。この差別法を、保守派で占められた連邦最高裁判所が容認したため、黒人差別は二〇世紀中葉に至るまで公然とおこなわれることになる（図13－2）。

マニフェスト・デスティニー

領土を拡大したアメリカは、国内におけるフロンティアが消滅すると、今度はそのエネルギーを対外進出へ向けていくことになる。このときのアメリカ側がみずからの膨張主義を正当化するために掲げた論理が、マニフェスト・デスティニー（明白なる天命）である。これは、国民の自由な発展のため、アメリカが南北アメリカ全域に展開していくことは、神から与えられた疑いのない天命だとするものであった。そして、アメリカがヨーロッパ列強と並んで海外への進出を開始するようになると、この論理は、アメリカの優れた制度や文化を後進国の人々に普及させるのがアメリカ国民の使命であるとして拡大解釈されるようになった。この論理の背後には、アメリカ社会の中核と見なされたアングロ＝サクソン民族の優越意識や、かつてスペイン人がラテンアメリカ地域を征服したときに掲げられたようなキリスト教的ミッション（宣教・使節）の精神が横たわっていた。

この「大義」を背景に、米軍のアルフレッド・マハン大佐は、著書『海上権力史論』（一八九〇年）のなかで、アメリカの偉大さと繁栄を実現するためには海上権力を獲得することが不可欠であるとし、中米地域での運河建設、カリブ海域の支配、ハワイの領有の戦略的重要性を強調した。この著書はその後のアメリカにおける対外進出政策を大きく規定し、やがて共和党から大統領となるセオドア・ローズヴェルトもマハンの構想を基盤とし、カリブ海地域に対する積極策を打ち出すことになる。こうして、アメリカに隣接する中米・カリブ地域は、アメリカの帝国主義的な海外進出の拠点と考えられるようになった。アメリカ人のなかには、現地住民の主権を無視して、この地域を自国の「裏庭」と見なす者も少なくなかった。

3　ラテンアメリカの「自由主義」

多くのスペイン系ラテンアメリカ諸国においては、独立後の政治的混乱のなかでカウディーリョ（武力集団を擁した地方有力者）が政権をにぎり、約半世紀にわたって内乱状態が続くことになった。カウディーリョの多くは、独立戦争で英雄となった軍人であり、メキシコのサンタアナ、アルゼンチンのロサス、ベネズエラのパエスなどがその代表である。

こうしたなか、やがて政治家たちは保守主義派と自由主義派に分かれ、激しく対立するようになった。保守主義者の多くは大土地所有者・軍部高官・聖職者などであり、植民地時代からつづくスペイン的伝統やカトリック教会の権力を擁護し、宗教と中央集権制度による国家の統一を主張した。これに対して、自由主義者には中産階級の専門的職業人（弁護士、医師など）や中小土地所有者が多く、スペイン的伝統や教会の特権および政治的権力を否定し、かつてのスペインのような絶対主義国家の再建をおそれて、アメリカをモデルとした連邦制の導入を求める者も多かった。

一九世紀後半にはいると、先進国からの投資を受けて富裕化しつつあった新興の大農園主（コーヒーやバナナなど）や大商人と手を結んだ自由主義者が、保守派を圧倒し、政権を握るようになった。彼らはつねに「自由主義者」（リベラル）を自称し、一方で植民地時代の政治構造を近代化し、外資を積極的に導入して新たな経済発展を目指した。しかしながら、同時に彼らは、強大化した国家権力を振りかざして「上から」の改革をおこない、みずからもその強権に甘んじたため、独裁や寡頭政治による長期政権を築くことが多かった。また、ラテンアメリカの「自由主義者」たちは外資へ依存しすぎたため、極端に先進国へ依存する歪んだ政治・経済構造が構築された。のちに民衆革命運動によって打倒されることになるメキシコのポルフィリオ・ディアス大統領をはじめ、グアテマラのフスト・バリオス大統領、コスタリカのトマス・グアルディア大統領などがこうした「リベラル」大統領の代表格である。

「自由主義」の時代には比較的政権が安定し、世俗主義、ヨーロッパ的実証主義、国民教育を軸とする教育改革もおこなわれた。これは、たしかにラテンアメリカの人々の思想に欧米的な近代主義を吹き込んだが、同時に社会ダーウィン主義（生物学者ダーウィンの適者生存の論理を人間社会に適用する思想）の影響により、白人優越主義的な人種観も定着させた。もともと白人クリオーリョのあいだで共有されていた有色人に対する差別意識が、ヨーロッパの哲学によって裏づけされたのである。このため、かつてヨーロッパ白人（スペイン・ポルトガル人）と敵対して独立したクリオーリョ「リベラル」は、ラテンアメリカ社会特有の人種・民族的多様性を無視して、再びヨーロッパ的な国民国家（フランスやイギリスのような）づくりに没頭することになる。

4　汎米主義と反米主義

中米・カリブ地域への進出をもくろむアメリカは、かつてボリーバルが夢みたラテンアメリカ連合構想を利用し、これにアメリカを組みこむかたちで、首都ワシントンにおける汎アメリカ会議（パン＝アメリカ会議、一八八九年）を開催し、両アメリカ地域を自国の指導下に置こうと画策した。この会議のなかで、ラテンアメリカ諸国の説得をこころみたアメリカは、南北アメリカを一つのブロックととらえ、アメリカ諸国が相互に援助・協力するという汎米主義（パン＝アメリカニズム）を打ちだした。

ラテンアメリカ側にもこの考え方を受け入れる世論があった。クリオーリョ・エリートたちは自国の「後進性」を、一方で旧支配者であったスペイン・ポルトガル人の「高慢」や「怠惰」に、他方で先住民などの「無気力」に求めた。社会ダーウィン主義哲学に基づく白人優越主義が拡大するなかで、とりわけアングロ＝サクソン系白人の優越性を信ずるクリオーリョも増大していた。このため、アングロ＝サクソン系が多数派であり、著しい政治・経済発展をとげていたアメリカの支援を受け、これに学びつつ自国の発展を成就したいとする思いが、ラテンアメリカ社会のなかに存在していたのである。

ウィリアム・マッキンリー大統領のもとで米西戦争（アメリカ＝スペイン戦争、一八九八年）に勝利したアメリカは、キューバの事実上の保護国化、フィリピン・プエルトリコ・グアムの領有を実現した。同時期にハワイも併合したアメリカ政府は、いっそう強硬に中米・カリブ地域に進出しはじめる。国務長官のジョン・ヘイは、門戸開放宣言（一八九九、一九〇〇年）を通じてヨーロッパ列強の中国進出を牽制し、中国における通商の機会均等化を求めるなど、アジアへの進出も開始した。こうした状況下で、自国の植民地化を恐れたラテンアメリカ諸国の国民主義者（ナショナリスト）のなかには、反米主義運動を組織する者も現れた。アメリカの帝国主義に対していちはやく警鐘を鳴らしたのは、キューバの詩人・思想家であり、スペインからの独立運動の指導者でもあったホセ・マルティである。マルティは『われらのアメリカ』（一八九一年）のなかで、北アメリカを「彼らのアメリカ」と呼んで「われらのアメリカ」であるラテンアメリカと対置し、アメリカのラテンアメリカに対する膨張政策を批判した。これが、後の中南米における反米運動の端緒ともなる。

だが、自分たちこそが「アメリカ」だとするアメリカの中米・カリブ地域への進出は、二〇世紀に入っても止むことはなかった。セオドア・ローズヴェルト大統領は、「棍棒外交」と呼ばれる対外強硬策を貫き、ドミニカ共和国を保護国化（一九〇五年）し、パナマから運河の建設権と租借権を獲得したうえで、運河の着工（一九〇四年）からおよそ一世紀にわたってパナマ運河とその周辺地帯（全長約八三キロメートルの運河と、それを保護するための運河両岸各八キロメートルまでを囲んだ地域）を占領下に置くことになる。パナマ運河が完成（一九一四年）すると、この世界最大級の海上ルートはアメリカにとってきわめて重要な経済・軍事的意義をもつようになり、やがて運河地帯に建設された巨大な軍事基地から米軍はラテンアメリカ全域に睨みを利かせ、新たな中米・カリブ諸国へ進出していくことになる（図13－3）。このように中米・カリブ地域は、まさしくアメリカの「裏庭」と化しつつあった。

図13－3　パナマ運河の開通

第14章

アメリカの覇権と世界大戦

小澤卓也

フォード工場の組立ライン

世界恐慌で混乱するウォール街

概要

第一次世界大戦によって荒廃したヨーロッパ列強に代わって世界の覇権を握ることになったのが、この大戦にからむ軍需景気に沸きたち、世界最大の債権国となったアメリカ合衆国である。戦後のアメリカは、二度と世界大戦をくり返すことがないような国際秩序づくりに取りくむ一方、国内においても大衆文化が花開いたが、他方では外交的「孤立主義」や植民地主義にもとづく対外政策を根本的に改めはしなかった。

空前の好景気を謳歌していたアメリカの人びとは、一九二九年に突如として大不況に見舞われ、混迷の淵に突き落とされた。世界を巻きこんだこの大恐慌を克服するため、フランクリン・ローズヴェルト大統領はニューディール政策を実施し、それ以前の自由放任経済から国家統制による安定経済へと大きく舵を切った。また、ローズヴェルトは、国内経済の救済を優先するため、ラテンアメリカをはじめとする海外への膨張主義・植民地主義やドル外交を自重し、一時的に友好・穏健的ないわゆる善隣外交に切りかえた。

しかしながら、ドイツ、イタリア、日本のファシズム勢力が新たな世界大戦に向かって暴走しはじめたため、ついにアメリカはこれらの国々を止めるために連合国側への加勢を決意することになった。アメリカは第二次世界大戦における連合国軍の勝利、西欧的な「自由主義」や「民主主義」の防衛に大きく貢献したが、その一方でその軍事的優位を追求する野心は歴史上最も破壊的で非人道的な核兵器を生みだすことにもなった。

一九一一	メキシコ革命勃発（～四〇）
一九一七	アメリカの第一次世界大戦参戦
一九一八	ウィルソンによる「一四カ条の平和原則」発表
一九二〇	国際連盟発足
	禁酒法施行（～三三）
一九二九	世界恐慌
一九三三	フランクリン・ローズヴェルト米大統領就任（～四五）
一九三六	アメリカ中立法制定
一九三九	第二次世界大戦勃発
一九四一	大西洋憲章の発表
	太平洋戦争の勃発
一九四五	広島・長崎に核兵器投下
	第二次世界大戦・太平洋戦争終結
	国際連合発足

1　第一次世界大戦と「一四カ条」

ヨーロッパで第一次世界大戦が勃発した当初、アメリカはこれに参戦するつもりはなかった。モンロー宣言以来の孤立主義的な対外政策にくわえ、戦争するよりもむしろ中立を保ち、ヨーロッパへの物資の輸出によって利益をあげたいというアメリカのもくろみがあったからである。さらに、巨額のアメリカ資本が投入されていた隣国メキシコで反帝国主義的な民衆革命（メキシコ革命、一九一一～四〇年）が勃発し、親米派の独裁者ディアスが国外へ追放されると、アメリカのウッドロー・ウィルソン政権は、自国の利害を保持するために混乱するメキシコに軍事介入した。さらに同時期、カリブ海のハイチやドミニカ共和国へも干渉するなど、アメリカはこの地域における覇権（ヘゲモニー）の保持に神経を尖らせた。このように、アメリカが「裏庭」における緊急事態の対応に追われたことも、第一次世界大戦への参戦を見あわせていた理由の一つである。

しかしながら、劣勢となった戦局を打開しようとしたドイツ軍が、協商国側に物資を運ぶすべての船舶を警告なしで撃沈するという無制限潜水艦作戦を採用したことを契機に、ウィルソン政権は対ドイツ宣戦（一九一七年）へと踏みきった。この決定の背後には、すでにイギリスやフランスに対して多額の戦費を貸しつけていたアメリカにとって、苦戦していた協商国側の敗北は自国にとって大きな経済的打撃につながるという読みもあった。軍需景気によってイギリスに代わる「世界の工場」となっていたアメリカを参戦させたことにより、ドイツ・オーストリアを中心とする同盟国側はみずからの敗戦を早める結果となる。

他方で、アメリカの影響を強く受けるラテンアメリカ諸国の第一次世界大戦との向き合い方は様々であった。たとえば、アルゼンチンは、独立以来イギリスやアメリカとの友好関係を維持していたが、ちょうどこの時期に労働者の保護を訴える急進派内閣が成立していたこともあり、ウィルソン政権による再三の対ドイツ参戦要請をはねつけて中立を維持した。これとは反対に、一九世紀末に世界最大のコーヒー生産国となったブラジルは、コーヒーの生産過剰問題に苦悩していたこともあり、フランスやアメリカによる余剰コーヒーの大量買い取りを条件としてドイツに宣戦布告した。

このようにウィルソンが、周辺諸国に対する帝国主義的進出を強化し、アメリカの第一次世界大戦へ参戦を決定したばかりか、ラテンアメリカ諸国に対しても対ドイツ参戦を求めたことは事実である。しかしながら、同時にウィルソンは、ヨーロッパで展開された大量殺戮戦争に危機感をつのらせ、平和で自由な新しい国際秩序の理想を「一四カ条の平和原則」（一九一八年）として提示することによって、のちの国際社会のあり方に多大な影響をもたらした政治家でもある。この「一四カ条」には、秘密外交の廃止（一条）、公海における航行の自由（二条）、平等な通商条件の確立（三条）、軍備の縮小（四条）、植民地問題の公平な調整（五条）、各国の主権と民族自決の尊重（六〜一三条）、国際平和組織の結成（一四条）など、現在にも引き継がれる先見的な内容が含まれている。

この原則は第一次世界大戦後の国際関係を大きく規定した。とりわけ「主権と民族自決の尊重」がアジアやアフリカにおける列強の植民地で高まりつつあった独立運動に道義的な正当性を与え、「国際平和組織の結成」の理想が史上初の集団的安全保障機構である国際連盟の結成（一九二〇年）につながったことは、世界史的な意義として強調されうる。だが、場合によっては各国家の権限を制限することもある国際連盟に対して、戦争での勝利と経済的繁栄にともなってアメリカ内に台頭した熱狂的ナショナリストや保守的な孤立主義者は反感を強めた。結局のところ、提唱国であるアメリカ自身が国際連盟への不参加を決定したため、この組織の国際的意義は著しく低下することになる。

2　「黄金の二〇年時代」の光と影

花ひらく消費社会と大衆文化

皮肉なことに、ヨーロッパ史上かつてないほどの凄まじい物質的、精神的破壊をもたらした第一次世界大戦は、アメリカに軍需景気を創出し、それによってこの国を世界一の経済大国にした。フォード社に代表される自動車の大量生産システムは大成功をおさめ、世界経済の中心地はロンドンのロンバート街からニューヨークのウォール街へ移った（第14章扉図〈上〉参照）。都市部ではジャズ音楽、大衆新聞、ラジオなど人々を魅了する新たな娯楽があふれ、モノがあふれかえる豊かな大衆消費社会が出現した（ただし、農村部は戦中の過剰投資や無理な生産拡大の悪影響で荒廃した）。この「黄金の二〇年代」には、多くのアメリカ国民が「アメリカ的資本主義」の成功と永遠の繁栄を信じて疑わなかった。著しい経済発展を背景に生みだされた自由奔放で従来のかたちにとらわれない大衆文化にくわえ、この繁栄を求めて押しよせた外国人移民がもたらす異質な文化の流入は、アメリカにおける既存の道徳・価値観・国民イメージを激しく動揺させた。

この時期の大衆文化を支えた一種の開放性は、それまでのアメリカ社会のなかで周縁化されていた人々の自意識をも高揚させた。たとえば、一九二〇年にようやく参政権を獲得した女性は、以前よりも自由で主体的な社会生活を営むようになった。また、労働条件の改善を求める組合運動や労働者デモが頻発するのもこの頃である。加えて、第一次世界大戦で戦火に見舞われた人びとをジャズでなごませた黒人兵の活躍、戦中の労働不足による北部の都市への集住（ハーレムが代表的）などの影響もあって、厳しい人種差別と貧困に苛まれていた黒人も、積極的にみずからの存在感を社会に示すようになった。これまで侮蔑されてきた黒人文化（ジャズなどの音楽、ファッション、英語のなまり、黒人教会など）は彼らのアインデンティティにとって不可欠な要素として肯定的に評価されるようになり、「ハーレム・ルネサンス」と呼ばれる黒人の文学芸術活動も開花した。

しのびよる不寛容の気運と暴力

しかし、保守的なナショナリストたちやその意向をくんだ政府関係者は、こうした急激な社会変化を歓迎していたわけではなかった。革新的な知識人や労働運動家たちは、しばしば共産主義者として「赤狩り」の対象となり、警察に

コラムⅩⅢ

国際連盟と国際連合

小澤卓也

国際平和と互恵を目的とした国際連盟は、第一次世界大戦後に締結されたヴェルサイユ条約の発効とともに成立した。この連盟が成立した背景には、各国で高揚した熱狂的なナショナリズムが、ウェストファリア条約以降のヨーロッパにある種の安定をもたらしてきた勢力均衡論を凌駕し、ヨーロッパを「文明」の象徴から史上最悪の「野蛮」な総力戦の現場に変えてしまったことに対する人びとの深い反省があった。もはや戦争は敵対しあう当事国のあいだでは抑止も解決もできず、世界各国の力を結集した集団安全保障機構のみがその重大な役割を果たしうるという国際平和思想が、ここに具現化されたのであった。

本部はスイスのジュネーヴに置かれ、最高決議機関である総会には全加盟国が一国一票で参加し、全会一致による決議を原則とした。これは、中小加盟国の権限が大国と同等に認められるという意味で画期的であったが、戦勝した大国・アメリカの反発を招くことになる。流動性にみちた国際政治紛争に機敏に対応するために、大きな権限を持った理事会においては、常任理事国としてイギリス、フランス、イタリア、日本など大国の論理を反映しようとした。

しかしながら、アメリカにくわえ、第一次世界大戦の敗戦国であるドイツ（一九二六年に加盟。三三年離脱）、社会主義革命を機に独自路線をひた走ったロシア（一九二二年以降、ソ連。三四年に加盟）などの大国が当初から加盟しなかったことは、国際連盟の実効性を大きく損なわせることになった。さらに、この連盟の付属機関である国際司法裁判所が、経済制裁以外の強制権を持たない国際紛争の仲裁機関であった点も特徴であった。やがてファシズム勢力の台頭したドイツや日本がこの連盟を脱退（一九三三年）したとき、この世界初の平和機構は、しのび寄るあらたな世界大戦の危機を回避するだけのエネルギーをすでに喪失していた。結局のところ、国際連盟は第一次世界大戦の被害をはるかに上まわるもう一つの世界大戦を抑止することはできなかったのである。

この国際連盟の失敗から学び、問題点を克服するかたちで設立された新しい国際平和機構が、現在につながる国際連合（一九四五年）である（図ⅩⅢ-1）。国際連合は、世界平和の実現と諸国民の福祉増進を主たる目的とする点でかつての国際連盟とほとんど変わりないが、総会におけるより円滑な議決方法としての多数決制の採用、国連決議に基づいて平和維持活動（ＰＫＯ）を実行しうる国際連合軍の設立、国際紛争の解決に関して最大の権限を持つ安全保障理事会の新設に見られるように、以前よりも現実主義的

図XⅢ－2　国際連合旗

図XⅢ－1　国連会議場での常任理事国代表

な組織へとさま変わりした（図XⅢ－2）。

とりわけ、安全保障理事会のなかで常任理事国を務めるアメリカ、イギリス、フランス、ソ連、中国（当初は台湾。一九七一年から中華人民共和国）の五カ国は、それぞれ一国で国連決議を阻止することができる拒否権を有しており、まさしく国連の中核をになった。この「大国一致の原則」の採用は、中小国からは不評であったが、大国に譲歩することによってそれらを国連内にひき止め、その圧倒的な軍事力・経済力を国連活動に活かすという意味があった。実際には、常任理事国間の対立を背景に拒否権が濫用されるなど、国際紛争を抑止する万能な平和組織とはいいきれないものの、それでも国連は、国民国家間の感情的な戦いの抑止、人種・民族間対立への介入、子どもや女性などの人権擁護運動に対する支援を通じて、その後の世界平和に貢献することになる。

現在、結成から六〇年以上たった国連は、財政難、南北問題の先鋭化、時代の変化にともなう組織改革の必要性などの課題に直面している。二〇〇三年には、常任理事国であるアメリカとイギリスが国連決議を無視してイラク戦争を決行したことで、国連のあり方が大きく問われる事態となったことも記憶に新しい。さらに常任理事国枠の拡大をめぐる議論のなかで、第二次世界大戦の敗戦国であった日本とドイツに加え、途上国のなかでも領土の広大さ、軍事・経済力の規模がきわだって大きいインドやブラジルをくわえた四カ国が新しい常任理事国として名乗りを上げている。

図14－1　禁酒法時代を描いた切手

よって厳しく取り締まられた。アナーキストというだけで二人のイタリア系移民が無実の罪を着せられ、死刑に処されるという事件も起こったほどである。このいわゆるサッコ＝バンゼッティ事件は、国内はもとより、ヨーロッパやラテンアメリカでも激しく非難されることになった。

移民労働者の管理は強化され、しばしば酒場で見られた暴力事件を抑え、彼らを厳格なプロテスタント教義で縛る目的で禁酒法（一九二〇～三三年）が制定された（図14－1）。ところが、この禁酒法は逆に酒の密造・密売の横行を引き起こし、それらの事業を取り仕切るギャング団の台頭を許すことになった。とりわけ、当時の暗黒街に君臨したアル・カポネらが組織するイタリア系マフィアは、その残虐性と組織力でアメリカ社会を震撼させた。

さらに、こうした急激な社会変化に対する保守派の不安を背景に、白人プロテスタントこそが本来のアメリカ国民であると主張する白人至上主義の秘密結社ＫＫＫ（クー・クラックス・クラン）が勢力を拡大し、黒人をはじめとする有色人やユダヤ人などに対する残虐な殺傷事件に関与した。

このように「黄金の二〇年代」には、民衆の活力に溢れる華やかな表の顔と、多様化する社会に対する不寛容や血なまぐさい暴力事件に見られる裏の顔とが併存していた。それらは、まさしく一枚のコインの表裏をなしていたのである。

3　アメリカの経済危機と新たな世界大戦

世界恐慌とニューディール政策

アメリカ大衆文化を活性化した史上空前の好景気は、誰も予想しなかった激しさで一瞬にして崩れ去ることになった。一九二九年、ニューヨークの株式市場が突如として大暴落し、未曾有の金融恐慌を引き起こすことになった（第14章扉図

者は二五％にのぼるなど、アメリカの経済と社会はしたたかに打ちのめされた。〈下〉参照）。世界恐慌のはじまりである。株は紙くず同然となり、その後の四年間に閉鎖された銀行は一万を数え、失業

世界最大の経済大国であるアメリカで発生した恐慌は、やがて社会主義国のソ連を除く世界全体を巻きこんでいった。イギリスやフランスのような多くの海外植民地を有するヨーロッパ諸国ではブロック経済が採用され、本国と植民地を結びつけた排他的な自給自足経済体制がしかれた。巨額の戦争賠償金を課せられたドイツにとってこの恐慌はさらに深刻であり、アメリカのフーヴァー大統領が賠償金の支払いを一年間先延ばしする猶予令（フーヴァー・モラトリアム）を発令したものの、それはドイツ経済を救済する特効薬とはならなかった。このドイツに加え、イタリアや日本など海外に広大な植民地を持たない後発の資本主義国家は、既存の政治経済体制のもとで人びとの不安を鎮めることができず、やがてファシズム勢力の台頭を許すこととなる。

アメリカの圧倒的な影響下に置かれていたラテンアメリカ諸国においても、ブロック経済の影響で欧米向けの農業輸出経済が麻痺してしまい、ただでさえ問題となっていた貧困問題がより深刻化した。これに対して、この状況を打破しようとする社会・共産主義団体や労働組合が次々と結成され、しばしば過激な反政府運動を展開したが、その多くは軍部と結託した保守政権や軍事政権によって鎮圧されることになる。

世界が不況にもだえ苦しむなか、世界恐慌の震源地であったアメリカで一九三三年にフランクリン・ローズヴェルト大統領が就任した。南北戦争以降に絶対多数を獲得した最初の民主党政権の誕生である。ローズヴェルトは、すさんだ経済をいちはやく回復するため、市場経済に介入する国家の権限を強め、ニューディール政策と称される一連の恐慌対策を実行にうつした。農業生産を制限する一方で農産物の価格を引き上げる農業調整法（ＡＡＡ）、商工業活動を統制する全国産業復興法（ＮＩＲＡ）、テネシー川流域開発公社（ＴＶＡ）を通じて水力発電を中心とした大規模な公共開発事業をおこなって雇用の創出と物価の安定をはかるＴＶＡ法、そして団結権や団体交渉権など労働者の権利を大幅に認めたワグナー法などの制定が、その代表的な政策である。ニューディールは、必ずしも恐慌を奇跡的に克服する政策では

なかったが、これによって各州に対する連邦政府の権限が大きく拡大され、その後のアメリカに特徴的な「政府の強力な介入をともなう自由主義」体制の基礎が構築されたという意味で歴史的な転機となった。

他方で、国内問題で手一杯だったローズヴェルトは、ラテンアメリカなどに対する強圧的な膨張主義やドル外交から穏健的政策に転換し、南北アメリカの友好と政治・経済的一体化を強調する「善隣外交」を展開した。その狙いは、対外積極策をおこなう余裕のなくなったアメリカが、従来の孤立主義を両アメリカ全体の共同政策へとすり替え、新たな排外的集団防衛体制を確立することにあったとも考えられる。とはいえ、演説のなかで「わが国は他のいかなる国も支配することを求めない」とまで言い切ったローズヴェルトは、ハイチからの撤退、フィリピンやキューバの独立の承認、パナマとの運河管理をめぐる不平等条約の部分的改訂など、ときにアメリカが「優しき友人」であることを実践して見せようとした。こうしたラテンアメリカに対する強硬策から懐柔策への変化によって、のちの米州機構につながる汎米主義の気運が再び高まっていく。

第二次世界大戦への参戦

ナチス（ドイツ）や国家ファシスト党（イタリア）などのファシズム勢力の台頭によりヨーロッパのヴェルサイユ体制が崩壊の危機に立たされ、アジアでは日本が近隣諸国に軍事侵攻するようになると、ローズヴェルトはこうした国々に対する警戒感を強めていった。ローズヴェルト政権にとって最大の外敵は、すでにスターリン率いる共産主義国のソ連から、こうしたファシズム諸国へと移っていたが、それでもなお従来の孤立主義外交に最後までこだわった。国際紛争への関与を回避するための中立法の制定（一九三六年）もその一環である。しかし、ドイツとソ連のポーランド侵攻を皮切りに第二次世界大戦が勃発し、フランスがドイツに占領され、イギリスが孤立するようになると、ついにローズヴェルトは武器貸与法を制定して連合国軍を支援する決定をくだした。

一九四一年、ローズヴェルトはイギリスのチャーチルと大西洋上で会談し、ファシズム勢力との対決について意見交換すると同時に、はやくも戦後の世界平和について言及し、かつての「一四カ条」をほうふつとさせる大西洋憲章を公表した。この宣言は多くの国々に支持されたが、枢軸国側はこれを無視し続けたため、アメリカ社会においても参戦やむなしの気運が高まっていった。それからまもなくしてドイツと軍事同盟を結んでいた日本が宣戦布告をおこなわずに真珠湾を攻撃したことは、アメリカ人の激しい怒りとナショナリズムをかき立て、ついにアメリカは枢軸国側に対して宣戦することになる。

アメリカの参戦によって、枢軸国側にとって有利に進んでいた戦局は一変し、連合国軍最高司令官となったアイゼンハワー（後のアメリカ大統領）の指揮でおこなわれたノルマンディー上陸作戦の成功によって連合軍の優勢は決定的となった。四三年のイタリアの敗北に続き、粘りを見せたドイツ軍も降伏した一九四五年、残る日本も兵たんと本土防衛の要であった海軍がほぼ壊滅状態となり、さらに都市部への空襲や日ソ中立条約を一方的に破棄したソ連軍による攻撃で疲弊しきっており、誰の目にも降伏は間近であった。だが、日本側の戦争終結へ向けた動きが速やかでないと見るや、アメリカ軍は完成したばかりの究極の大量殺戮兵器である原子爆弾を広島と長崎に投下し、ついに日本を降伏させた。

第二次世界大戦の一環として日米が戦ったこの太平洋戦争は、真珠湾奇襲によって命を落とした約二四〇〇名のアメリカ人の犠牲にはじまり、日本軍がアジア諸国民に対しておこなった数々の蛮行を生みだし、最後は米軍が放ったわずか二発の核爆弾が一五万人にのぼる無抵抗の日本市民を瞬時に抹殺して終結することになった。特に、原爆の威力の凄まじさは、科学技術が進んだ現代の戦争がいかに恐ろしいものであるかを示す象徴となった。こうした悲惨な戦争の足跡が、ヨーロッパにおいてしだいに明らかとなるホロコーストの衝撃とともに、世界の多くの人びとに二度と再び戦争を起こさないよう心に誓わせた。しかしながら、こうした国際世論を尻目に、超大国となったアメリカはソ連と激しく対立して軍拡路線を歩み、大量の核兵器によってソ連に対する自国の軍事的優位を確保する道を選択することになる。

第15章

冷戦期のアメリカと世界

小澤卓也

ヤルタ会談（左からチャーチル，ローズヴェルト，スターリン）

マルタ会談（左からブッシュ，ゴルバチョフ）

概　要

第二次世界大戦の末期、アメリカ合衆国、ソ連、イギリスのあいだでヤルタ会談が開かれ、戦後処理について話し合われた。このときに決定された勢力地図が、二〇世紀末に至るまで世界の政治・経済を大きく規定した。とりわけ超大国となったアメリカとソ連は、お互いのイデオロギーと覇権をめぐって対立し、世界を二分しようとしていた。

米ソの対立は、直接的な軍事衝突を起こさなかったため「冷たい戦争」（冷戦）と呼ばれたが、実際には世界各地で両大国の代理戦争としての「熱い戦争」をともなった。米ソは自国の軍事的優位を目指して核開発に没頭したが、この「核の抑止力」に対する過信は、キューバ危機に見られるように人類絶滅戦争を引き起こしかねない危うさと裏腹であった。

アメリカは、強大な経済・軍事力を背景に「パックス・アメリカーナ」（アメリカによる平和）を構築しようと考えた。だが、その繁栄の陰で、国内では様々な社会不満が噴出した。その象徴は、社会的差別と貧困に苦しんでいた黒人が人種差別撤廃を目指して展開した公民権運動であった。また、世界の覇権に執着するアメリカ政府はヴェトナム戦争を引き起こし、国内外の反戦派から厳しい批判にさらされることにもなった。

その一方で、世界では冷戦を克服するために米ソどちらにも与しない「第三勢力」や「非同盟会議」が結成され、ヨーロッパにも米ソから離反する国家が現れ、世界は多極化していった。そして一九八九年、東欧諸国やソ連の一党独裁が崩れ、冷戦は終結した。そして二一世紀を迎えることになるが……。

一九四五	ヤルタ会談
一九四九	第二次世界大戦終結
一九五五	NATO結成
一九六二	アジア・アフリカ会議
一九六三	キューバ危機
一九六四	アメリカ、ヴェトナムへ本格的介入
一九七五	公民権諸法成立
一九七九	ヴェトナム戦争終結
一九八〇	イラン革命
一九八九	ニカラグア革命
二〇〇一	レーガン・ブッシュ時代（〜九二）
二〇〇三	米ソ冷戦の終結
	九・一一アメリカ同時多発テロ事件
	イラク戦争

1　ヤルタ会談から東西冷戦へ

ヨーロッパ戦線におけるドイツの敗北がほぼ確定すると、重病に苦しんでいたフランクリン・ローズヴェルトの関心はいかに早く日本軍に勝利するかに絞られていった。戦後の国際秩序について話し合われたヤルタ会談では、ファシズムに代わる脅威としてソ連の拡張主義的な共産主義を警戒するチャーチルと、東欧地域に支配的権力を確立して資本主義に対抗しようとするスターリンが、ドイツの戦後処理、ギリシアやバルカン半島における優先権をめぐって激しく対立した（第15章扉図〈上〉参照）。このとき、ローズヴェルトはソ連の領土要求などに関して寛容な姿勢を示し、それと引き替えにソ連が日ソ中立条約を一方的に破棄して日本を攻撃するよう約束させた。

しかしながら、ローズヴェルトの死によって民主党のハリー・トルーマンが大統領に昇格する頃になると、東欧地域へ進出しはじめたソ連は再びアメリカにとって脅威となった。これにともない、対ファシズム戦時体制のもとで影を潜めていた共産主義に対する恐怖心がアメリカ社会で再燃した。トルーマンはギリシアやトルコへの支援を明言（トルーマン＝ドクトリン）し、共産主義勢力の拡大を許さないとの決意でソ連に対する「封じ込め政策」を開始した。また、アメリカの指導によりヨーロッパの復興を図ろうとするマーシャル・プラン（一九四七年）が西ヨーロッパで実施されると、ソ連も態度を硬化させてコミンフォルム（共産党情報局、一九四七年）を組織し、フランス、イタリア、東欧諸国の共産党との結束を強め、翌年、アメリカ・イギリス・フランスと共同で統治していたベルリンを一方的に封鎖するなどの対抗措置を講じた。こうして、ベルリンは米ソ対立の最前線へと変わった。

さらに、ソ連がマーシャル・プランに対抗してコメコン（東欧経済相互援助会議、一九四九年）を設立し、自らの指導のもとで社会主義化した東欧諸国との経済協力を推進すると、危機感をつのらせたアメリカは、同年、イギリス・フランス・イタリア・カナダ・ギリシア・トルコなどの西側同盟国と反共軍事同盟である北大西洋条約機構（ＮＡＴＯ）を結成し、ソ連への圧力を強めた。ところが、ソ連の原子爆弾保有を確認したトルーマン政府は、ソ連の予想以上に高い軍事技術に困惑し、さらにアジアにおいて新たな共産主義国である中国（中華人民共和国）の成立も重なって「封じ込め政策」の限界を知ることになる。

一九五三年、第二次世界大戦の「英雄」であった共和党のアイゼンハワー大統領が、トルーマンの反共路線をさらに強化した「巻き返し政策」を掲げたものの、アメリカとソ連は互いの強大な軍事力を恐れて直接的な戦闘行為を慎重に回避した。五五年には、アメリカ・ソ連・イギリス・フランスの代表がジュネーヴに集って四巨頭会談を実現し、一時的に冷戦が「雪解け」の方向に進んだこともあった。

両大国が静かに対峙する冷戦がつづくなか、ときに世界はそのあおりを受け、米ソの代理戦争である「熱い戦争」の戦場と化した。その象徴的な戦いが朝鮮戦争（一九五〇～五三年）であり、これによって一つの国家が南北（大韓民国と朝鮮民主主義人民共和国）に二分されるという悲劇が起こった。アメリカでは、アイゼンハワーが冷戦を勝ち抜くために中央情報局（ＣＩＡ）を動かし、発展途上地域におけるアメリカの既得権益の維持と、反米主義的・社会主義的な政権の打倒に取りかかった。欧米石油企業を国有化したイランのモサデグや、社会主義的政策を採用したグアテマラのアルベンスなども、その手引きで失脚の憂き目にあうことになる。

2　核武装の大国と多極化する世界

「恐怖の均衡」

二大核保有国となったアメリカとソ連は、さらに破壊力のすさまじい水素爆弾を開発し、核弾頭を搭載することができるミサイル技術の開発を進めながら、互いに核兵器の数を増やしていった。両大国は、あまりの凄まじい破壊力と地球環境への有害さゆえに使用することができない核兵器を山ほどかかえ、その数の優位によって相手を威圧するという核競争に専心していたのである。この「核の抑止力」によって自国の軍事的優位性を保とうとする傾向が世界に蔓延していたことは、一九七〇年代までにイギリス（一九五二年）、フランス（一九六〇年）、中国（一九六四年）、インド（一九七四年）が争うように核実験を成功させたことからもわかる。こうして世界は、自分たちの頭越しに無数の核ミサイルを向け合った核保有国のあいだの微妙な「恐怖の均衡」のもとに置かれることになった。

国家の威信をかけて核競争に没頭する当時のアメリカ政府は、公報活動を通じてアメリカ市民のソ連や共産主義に対する恐怖心をあおり、放射能の危険性を故意に軽視しながら、みずからの核拡張計画を正当化した。ある宣伝フィルムのなかでは、原爆の放射能は人間の皮膚を通過しないとするデマが流され、ソ連から核攻撃された際には物陰に隠れることで安全が確保されるとする非科学的な対処策が提示されるなど、市民の核に対する嫌悪感を減少させるための徹底した情報操作がおこなわれた。さらに政府は、ネバダ州などで実際に核爆弾を使用する軍事演習をおこない、二五～五〇万人の自国軍兵士を被爆させている。

図15－1　キューバの革命ゲリラ軍（中央の背の高い男性はカストロ）

こうしたソ連の核兵器に対する恐怖が現実性を帯び、あと一歩で世界絶滅戦争に発展しかねなかった事件が、キューバ危機である。キューバは、一九世紀末以降アメリカの保護国となっており、フランクリン・ローズヴェルトの時代に自治が認められたものの、グアンタナモの米軍基地はそのまま残存し、親米的な傀儡政権が続いたこともあって、アメリカの影響下から脱することができなかった。とりわけ、バティスタ政権はアメリカ資本と結びつつ腐敗政治をおこない、民衆の生活を圧迫したため、ナショナリストであり社会主義者であったフィデル・カストロらの指導のもとで反政府派が武装蜂起し、バティスタを追放して両アメリカ大陸で最初の社会主義政府を樹立（キューバ革命、一九五九年）した（図15－1）。さらに、カストロ革命政府はソ連との相互援助協定を結び、これに対して圧力をかけるアメリカとの断交（一九六一年）を宣言した。

アメリカ政府にとってみると、これは最悪のシナリオであった。国土防衛と世界進出戦略にとってきわめて重要であり、一九世紀末以来、自国の「裏庭」と見なしてきたカリブ海において宿敵ソ連と結んだ社会主義国が誕生したからである。ましてやキューバはアメリカのフロリダ半島から目と鼻の先に位置している。こうしてキューバは緊張感あふれる米ソ対立の最前線に早変わりし、アメリカとソ連の対立は急速に深刻化した。やがて、ソ連がキューバに核弾頭を搭載できるミサイルを秘密裏に配備していたことがわかると、民主党のジョン・ケネディ大統領はキューバの海上封鎖を命じ、軍事的圧力をかけつつソ連側にミサイルの撤去を求めたため、一触即発の危機的状況（キューバ危機、一九六二年）に陥った。

結局、開戦の直前でソ連のフルシチョフ首相が譲歩し、キューバからミサイルを撤去したために、「第三次世界大戦」は勃発しなかった。しかしながら、この事件は、「核の抑止力」のうえに成立した「恐怖の均衡」がいかにもろく、危険であるかを世界に知らしめることになった。この事件をきっかけに、アメリカ・ソ連・イギリスを中心に部分的核実験停止条約（一九六三年）が締結されるなど、世界中に核軍縮を求める動きが高まっていく。

米ソ批判と「第三世界」の台頭

五〇年代末から六〇年代にかけて、人工衛星の打ち上げや有人宇宙飛行においてアメリカに先んじたソ連の高い科学技術は、多くのアメリカ人にとって深刻な脅威であった。こうした社会背景のなかで大統領に選出されたケネディは、人びとの献身的な国民意識を高揚させながら、もう一度アメリカを世界一の大国にしようと躍起になり、やがてキューバ問題でフルシチョフと息詰まる駆け引きをおこなうことになる。このアメリカで最初のカトリック教徒の大統領であり、史上最年少の四四歳で着任したケネディが注目を集めていた頃、世界では米ソ二極構造に大きな変化が起きていた。東西各陣営のなかにもアメリカやソ連とは異なる独自路線をあゆむ国家が出現し、同時に数のうえで先進国をはるかに上まわる途上国が結束し、いわゆる「第三世界」（先進の資本主義国、社会主義国のどちらにも属さない第三番目の国家群の意味）として国際舞台で発言権を獲得していったからである。これによって、徐々に世界は多極化していった。

西側陣営では、EC諸国がアメリカから一定の距離をとり、ヨーロッパ自身の手によるヨーロッパの再興を目指していたが、特にフランスはNATOからの脱退（一九六六年）や東欧諸国との交流など独自の外交を展開した。また、東側陣営でも、ユーゴスラヴィアが「過度の民族主義」を理由に早々にコミンフォルムから除名（一九四八年）されたが、その後、独自の社会主義路線と中立主義を貫いた。さらに、スターリンと親交のあった毛沢東率いる中国は、スターリンの政治手法を批判したフルシチョフに反発してソ連と対立し、互いを厳しく批判する中ソ論争や国境紛争（一九六九年）を経て、やがてアメリカに接近していった。

それまで列強の植民地主義に甘んじてきた発展途上諸国も、相互に協力しながら自立の道を模索するようになり、国際社会での発言権を獲得していった。これら途上国にとって最大の関心事は、米ソ東西対立に巻きこまれることなく、先進諸国との経済格差を早急に埋め、その軍事・経済的支配から自立することであった。途上国にとっては東西問題より南北問題（北半球の先進国と南半球の発展途上国のあいだの経済格差とその是正をめぐる問題）が重要だったのである。途上国による国際的活動の先駆けとなったのは、アジア・アフリカ会議（バンドン会議、一九五五年）であった。史上初めてアジア・アフリカ二九カ国の代表が集結したこの会議では、基本的人権と国連憲章の尊重・人種および国家間の平等・内政不干渉・軍事侵略の否定・国際紛争の平和的解決などを含む平和一〇原則が示された。これを契機として、ついに途上国は国際社会において主体的に発言し、国連などの国際組織を通じて積極的に活動しはじめた。

その後も、世界史に大きな影響を与える「第三世界」の活動は拡大した。例えば、欧米の巨大資本による石油支配に対抗するために中東の産油国が結成した石油輸出国機構（OPEC、一九六〇年）やアラブ石油輸出国機構（OAPEC、一九六八年）は、石油供給の停止などをちらつかせつつ国際舞台で先進諸国と渡りあうことになる。また、ユーゴスラヴィアのチトー、エジプトのナセル、インドのネルーらは、東西どちらの陣営にも加担しないことを明言する非同盟諸国会議を開催（一九六一年）し、参加したアジア・アフリカ・ラテンアメリカ二五カ国の名において平和共存・民族解放運動に対する支持・反植民地主義などを宣言した。さらに、「アフリカの年」と称される一九六〇年とその前後に独立したアフリカ諸国は、世界最大の地域機構であるアフリカ統一機構（ＯＡＵ）を組織（一九六三年）し、アフリカ諸国間の連帯と協力・各国の主権と領土の尊重・反植民地主義などを目標に掲げて活動しはじめた。

これらの組織は必ずしも一枚岩とはいえず、また圧倒的な政治・経済・軍事力を有する先進諸国との対立も困難をきわめ、ときにその運動が頓挫することもあった。とはいえ、こうした動きが世界の二極化を切り崩す歴史的な大役を果たしたことは疑いない。

3　揺れる超大国・アメリカ

「豊かな生活」と公民権運動

第二次世界大戦後のアメリカにおける経済発展は、中産階級や労働者の所得を大きく引き上げ、個人の可処分所得（自由に使うことができる手取り収入）の総額は、一九五〇年の二〇七〇億ドルから六〇年には三五〇〇億ドルへと増大した。人びとの消費活動は活発化し、自宅を所有する人の割合は六〇年には六〇％に達し、テレビやステレオなどの新型電化製品が部屋をはなやかに飾った。中産階級の人びとだけでなく、下層階級の人びとのあいだでもモノに囲まれた「豊かな生活」が求められるようになり、それと同時に夫と子どもに対して献身的な女性を中心とする「温かい家庭」イメージがアメリカ社会に普及していった。

だが、こうした経済発展の裏側で、歴史的に蓄積されてきた社会的弱者の不満はついに我慢の限界を超え、爆発することになる。その先駆となったのは、長年人種差別と闘ってきた黒人であった。五六年、アラバマ州でバスの白人専用席にすわった黒人女性の逮捕をきっかけに、黒人による大規模なバス・ボイコット運動が起こり、最終的にバス内での人種平等を勝ちとるという出来事が起こった。この黒人による非暴力を貫いた抵抗運動の成功のあと、各地で座り込みなどによる黒人の人種解放闘争がくり広げられることになる。とりわけ、ガンジーに学んだ非暴力直接行動を重視したマーティン・キング牧師の活躍はめざましく、黒人を中心に平和で自由な社会を求める二〇万人のアメリカ市民が参加した「ワシントン大行進」（一九六三年）においてもリーダーシップを発揮した（図15－2）。

そして六四〜五年、生前のケネディとその後を継いだ民主党のリンドン・ジョンソン大統領の努力もあって、ついに人種差別を法的に完廃し、黒人の諸権利を保障する公民権法が成立した。南北戦争後の奴隷制廃止から一世紀後に成立したこの法は、アメリカだけでなく世界の民主化にとって大きな一歩であった。法案を通したジョンソンは、さらに貧困対策に尽力してアメリカを「偉大なる社会」にするとの理想を掲げたが、アメリカ社会に構造化された日常生活レベルでの差別意識や貧困は一朝一夕には変化しなかった。そのため、業を煮やした黒人たちの暴動が定期的に起こるようになり、彼らのなかには白人の存在を否定して黒人の分離・自立を主張したマルコムXを信奉したり、「ブラックパワー」を掲げて暴力的に現状打破を目指す者が出現するなど、なおも人種問題はこじれつづけた。

図15－2　ワシントン大行進

ヴェトナム反戦運動とその影響

また、ジョンソンは、アメリカの支援のもとでヴェトナム共和国（南ヴェトナム）を支配していたゴ＝ディン＝ディエム独裁政権が一九六三年にナショナリスト・共産主義者・宗教者を含む民主統一戦線の南ヴェトナム民族解放戦線によって打倒されると、ヴェトナムの共産化を恐れて政府軍側を支援してヴェトナムに本格的な介入をおこなった。六五年、解放戦線を支援する北ヴェトナムに対するアメリカ軍の爆撃（北爆）を皮切りに、

図15－3　アメリカ軍に焼かれたヴェトナムの農村

ジョンソン政権はヴェトナム戦争を開始した（図15－3）。強力な軍事・経済力を活かしてヴェトナム問題の早期解決を狙ったアメリカであったが、解放戦線側の粘り強いゲリラ戦術に苦戦を強いられた。戦争の長期化による巨額の戦費が財政を圧迫し、戦場の非情な映像がテレビを通じて一般家庭に流されると、やがてアメリカ内で大規模なヴェトナム反戦運動が展開されるようになり、反戦派は警察隊や戦争肯定派とぶつかり合った。こうした反戦運動は世界各地で高まったため、ジョンソン政権は国際的に孤立していくことになる。

公民権運動やヴェトナム反戦運動は、既存の国家・社会・家族のあり方に対する人びとの懐疑心や批判精神を呼び起こし、アメリカを激しく揺るがした。大学などでは、かつてのような社会・共産主義の原則にはとらわれず、草の根の政治・文化活動を通じて社会変革を実現しようとする「ニュー・レフト」の運動が高まり、しばしば当局と激突した。また、先住アメリカ人による人権回復運動やフェミニストによる女性解放運動などマイノリティ集団の活躍も顕著となり、社会改革の気運をさらに高めた。その一方で、社会に失望した若者のなかには、従来の道徳や価値観のいっさいを捨て去り、自由奔放に生きるヒッピーとなって放浪する若者も存在した。こうした変化を通じて生み出された斬新な「カウンター・カルチャー」（対抗文化）は、瞬く間に世界へと波及していくことになる。

4　デタント外交

ヴェトナム戦争で不人気となったジョンソンに代わり、一九六九年、リチャード・ニクソン共和党政権が誕生した。戦費の高騰が米ドルを基軸とする国際通貨体制を麻痺させるという「ドル＝ショック」に直面したニクソンは、ヴェトナムにおいては解放戦線に対する軍事的圧力をかけ続ける一方で、ソ連や中国とのデタント（緊張緩和）外交を展開した。それまで国連において「正統な中国」とされてきた台湾国民政府に代えて中国の国連代表権を承認（一九七一年）し、公式に中国を訪問（一九七二年）するなどして、ニクソンは中国との関係改善をはかった。同時に、相互の核戦力を制限する条約に調印するなどして、ソ連との緊張関係も良化しようと努めた。

しかしながら、七三年、第四次中東戦争をきっかけにＯＰＥＣが石油禁輸措置を含む石油戦略を発動したため、アメリカは石油価格が二倍にはね上がってインフレに陥る石油危機（第一次オイル・ショック）に苦しんだ。アメリカは西側の結束をよびかけ、この問題に対処しようと試みたが、ＥＣ諸国は必ずしも共同歩調をとらなかった。また、中東やアフリカなど「第三世界」はソ連と手を結び、それぞれ国際的な発言力を増していった。

一方、ヴェトナムでは解放戦線側の優勢が揺るぎないものとなったため、ついにニクソンはアメリカ軍のヴェトナムからの撤退を決定した。アメリカは撤兵後も南ヴェトナム政府軍を支援したものの、七五年に解放戦線側がサイゴンを陥落させて勝利し、その翌年にはヴェトナム社会主義共和国が成立することになる。最高時には約五四万の軍隊を送り、合計で一五〇〇億ドルの戦費を投入し、五万八〇〇〇あまりの戦死者（ヴェトナム側の戦死者は三〇万人ともいわれている）を出しながら、アメリカはこの戦争に敗北したのである。

これに追い打ちをかけるように、再選を狙う大統領選挙にからんで政敵の民主党事務所に盗聴器をしかける政治スキャンダル（ウォーター・ゲート事件）を起こしたニクソンが、アメリカ大統領として初めて任期中の辞任に追いこまれることになる。これにより、アメリカ市民の政治不信は頂点に達した。その後、共和党のジェラルド・フォード副大統領が大統領に昇格してニクソン路線を継承したものの、デタント外交は手詰まり状態となってアメリカの国際的発言権は低下し、政治不信を十分に払拭することもできなかった。

こうした流れのなかで、七六年に民主党出身で清廉潔白なイメージを打ち出したジミー・カーターが大統領に選出されることになった。カーターは、「第三世界」に対していわゆる「人権外交」を打ち出し、経済援助と引き替えに民主化を求めるとしたが、実際にはフィリピンや韓国のようなアメリカにとって戦略的に重要な国家はその限りではなく、首尾一貫性を欠くものであった。ただし、アメリカが戦略的に占拠しつづけてきたパナマ運河の返還を約束した新運河条約の締結（一九七七年）、中国との国交正常化（一九七九年）、イスラエルとエジプトの和平協定（一九七九年）の実現などについては大きな功績を残した。

ところが、七九年に事態は一変する。まずイラン革命によって親米政権が打倒され、石油供給が停止して石油危機（第二次オイル・ショック）が起こったうえに、アメリカ大使館員が人質となる衝撃的な事件が起こった。また、ニカラグアでは、社会主義の影響を受けたサンディニスタ民族解放戦線（ＦＳＬＮ）率いる民衆が、親米派だった独裁者ソモサを追放する革命を達成した。これに、ソ連軍のアフガニスタン侵攻が続くことになる。こうした国際情勢の変化をうけて、アメリカではカーター路線を「弱腰」と批判し、「共産主義者」などの脅威に対抗する「強いアメリカ」を求める世論が高まっていった。アメリカはデタント外交を放棄し、またもや対ソ強硬路線に転じることになる。

5　冷戦の終結

再び保守化するアメリカ

一九八一年、俳優出身でタカ派の共和党員、ロナルド・レーガンが大統領に就任したのは、彼が当時のアメリカ社会が求める「強いアメリカ」像に合致していたことと無関係ではない。レーガンは、ソ連を「悪の帝国」と呼んでその脅威を人びとに印象づけ、「スター・ウォーズ計画」とも称された宇宙空間を含めた戦略防衛構想（ＳＤＩ）を掲げて軍事力の増強に躍起となった。また、レーガンは「第三世界」の革命政権をソ連勢力の拡大と見なし、サンディニスタ革命政権下のニカラグアをはじめ、グレナダ、アフガニスタン、アンゴラなどに次々と軍事介入するなど、攻撃的な外交を展開した。ブレジネフ書記長率いるソ連もレーガン政権の「挑発」に正面から対抗したため、米ソ関係は一時「新冷戦」と称される険悪な状況に陥った。

ところが、この米ソ間の緊張は、ソ連に彗星のごとく現れたゴルバチョフ書記長が推進するグラスノスチ（情報公開）とペレストロイカ（改革）によって、ソ連の側からほぐれていくことになる。ゴルバチョフは、国際的緊張の緩和と共存を重視する「新思考外交」にもとづき、アメリカと中距離核ミサイル（ＩＮＦ）全廃条約（一九八七年）を締結したうえで、東欧などの社会主義国に対するソ連の指導性を否定（新ベオグラード宣言、一九八八年）し、アフガニスタンからも撤退を開始（一九八八年）したのである。この改革の背後には、アメリカとの長年の軍備拡張競争によるソ連経済の著しい疲弊があった。

ゴルバチョフのペレストロイカは、レーガン政権にとっては歓迎すべきことであった。対外強硬派のレーガンは国内では財政と経済の「双子の赤字」に悩まされていたが、この突然の国際情勢の「好転」によって経済政策の失敗に対するアメリカ市民の批判をかわし、人気を回復することができたからである。共和党に吹いたこの政治的な追い風を受けて、二期八年にわたるレーガン政権で副大統領を務めたジョージ・ブッシュ（父）もその後大統領に就任し、保守層の支持を背景にしながら二人合わせて一二年間の共和党政権を運営することになった。

八九年、東欧革命によってかつてのソ連の衛星国で次々と共産党支配が打倒され、冷戦の象徴であった「ベルリンの壁」が開放されると、国際的な緊張緩和の気運はいよいよ頂点に達した。そして同年、ブッシュ（父）とゴルバチョフが地中海のマルタ島で会談を開き、長年世界の運命を左右してきた米ソ冷戦の終結を宣言した（第15章扉図〈下〉参照）。その翌年には、四五年以来東西に分裂していたドイツが統一を果たし、九一年には、半世紀以上にわたってアメリカ最大のライバルであったソ連自身も分裂し、世界地図上から消滅することになる。

「アメリカの時代」と残された課題

アメリカのメディア上では、ソ連の崩壊を「資本主義の勝利」、「自由民主主義の勝利」、あるいは「アメリカの勝利」

と決めつける言説がおどった。唯一の超大国となったアメリカは、ネオリベラリズム（新自由主義）と総称される各国政府の権限を縮小して大幅な規制緩和をおこない、経済活動をすべて市場原理に委ねるべきだとするルールを世界へ拡大した。こうした経済秩序はアメリカを中心とする新たな世界経済の発展をもたらすものだと見る人びとがいる一方で、冷戦期から大国の論理に翻弄されてきた途上国のなかには、この秩序は自国を先進国や巨大多国籍企業に隷属させる新たな植民地主義だと見なす者も少なくない。また、ブッシュ（父）政権によるパナマ侵攻（一九八九年）や湾岸戦争（一九九一年）に見られるように、アメリカはその軍事力を誇示する対外強硬策も継続した。

こうした行動は、とりわけアメリカが石油の利権をめぐって政治的・経済的・軍事的に介入しつづけてきた中東のイスラム社会でアメリカに対する憎悪を蓄積していった。この憎悪は、一部の反米過激派のアメリカに対するテロリズム（テロ）活動につながり、アメリカ社会にあらたな恐怖を生み落とした。

二〇世紀末、アメリカ社会は二期にわたって民主党のビル・クリントンをホワイトハウスに送り込んだ。この時期には、イギリスの中国に対する香港返還（一九九七年）やアメリカのパナマに対するパナマ運河地帯の返還（一九九九年）などを目にしながら、第二次世界大戦以降も残存していた先進国による植民地主義が二一世紀には平和的に消滅するのではないかと期待した者もいた。しかし、実際にはアメリカをはじめとする先進国の途上国に対する政治・経済的・軍事的介入は続き、これに対して徹底抗戦しようとする「怒れる人びと」の活動も消滅することはなかった。

そして二〇〇一年九月一一日、テレビの前でくつろいでいた世界の人びとは、中東の反米テロ組織にハイジャックされた二機の民間飛行機がアメリカの繁栄の象徴であったニューヨークの壮麗な世界貿易センター・ビル二棟に激突する光景を生中継で目撃することになった（図15-4）。新世紀に漠然と「平和な世界」の夢や希望を抱いていた人びとの多くは、見るも無惨に崩落していく超高層ビルやそこから落下する犠牲者の痛ましい姿を目の当たりにしながら、歴史の厳しい現実を思い知り、反戦・反テロに対する意識を新たにした。だがその後、共和党のブッシュ大統領（子）の命を受けたアメリカ軍の報復的軍事行動により、アフガニスタン戦争（二〇〇一年）、イラク戦争（二〇〇三年）と戦争はくり返された。この二つの戦争のなかでアメリカ軍は「対テロ戦争」に対する勝利を高らかに宣言したものの、「戦勝」後のイラクで数千人のアメリカ兵が命を落とすなど、戦争やテロに対する恐怖はいまだになくなってはいない。

また、アメリカとの関係が深いラテンアメリカでも、反米・反新自由主義の政権が次々と生まれ、これまでにないほど活発な国際政治を展開している。かつて似たような過程を経てヨーロッパから独立したアメリカとラテンアメリカ諸国は、いまや新自由主義の是非、国際舞台におけるアメリカのリーダーシップのあり方、あるいは先進諸国と発展途上国のあいだの南北問題をめぐる闘争の最前線となっている。とりわけベネズエラのウーゴ・チャベス大統領は、アメリカとの対決姿勢を明確にし、二〇〇六年の国連総会ではブッシュ大統領（子）の対外積極策を名指しで批判した。

図15－4　9・11アメリカ同時多発テロ事件

こうした複雑な国際関係のなかで起こる紛争をいかに解決すべきか。現在を生きる私たちすべてが、歴史の大きな流れを見定め、さまざまな歴史的事件から教訓を得たうえで、早々にその答えを見いださなくてはならない。とはいえ、過度の悲観主義にとらわれて歴史を諦観すべきではない。たとえば、イラク戦争の勃発前に世界中で巻き起こった反戦デモや運動は、戦争の勃発自体を止めることはできなかったが、平和的な世界秩序を求める世界の人びとの間の一体感をかつてないほど感じさせた。こうした反戦運動の展開は世界史上初のことであった。牛歩ながらも世界は変わりつつあるにちがいない。

歴史はまだ終わってはいない。私たちがいかに歴史と向きあい、どのように責任ある行動をとるか……それによって次章に書きこまれるべき内容の明暗が決まってくるのである。

参考文献

全体ならびに各国史に関する文献（アメリカ史除く）

入江幸二・大城道則・比佐篤・梁川洋子編『ヨーロッパ史への扉』晃洋書房、二〇〇六年。

近藤和彦編『西洋世界の歴史』山川出版社、一九九九年。

勝田有恒・森征一・山内進編著『概説西洋法制史』ミネルヴァ書房、二〇〇四年。

桜井万里子編『ギリシア史』（新版世界各国史一七）山川出版社、二〇〇五年。

伊東孝之・井内敏夫・中井一夫編『ポーランド・ウクライナ・バルト史』（新版世界各国史二〇）山川出版社、一九九八年。

木村靖二編『ドイツ史』（新版世界各国史一三）山川出版社、二〇〇一年。

柴宣弘『バルカン史――ルーマニア・モルドヴァ・ブルガリア・マケドニア・ユーゴスラヴィア・クロアチア・ボスニア・ヘルツェゴヴィナ・アルバニア』（新版世界各国史一八）山川出版社、一九九八年。

福井憲彦編『フランス史』（新版世界各国史一二）山川出版社、二〇〇一年。

南塚信吾編『ドナウ・ヨーロッパ史――オーストリア・ハンガリー・チェコ・スロヴァキア』（新版世界各国史一九）山川出版社、一九九八年。

百瀬宏・熊野聰・村井誠人『北欧史――デンマーク・ノルウェー・エストニア・ラトヴィア・リトアニア・ベラルーシ』（新版世界各国史二一）山川出版社、一九九八年。

和田春樹編『ロシア史』（新版世界各国史二二）山川出版社、二〇〇二年。

第Ⅰ部　古代地中海世界

安藤弘『古代ギリシアの市民戦士』三省堂、一九八三年。

伊藤貞夫『古典期のポリス社会』岩波書店、一九八一年。

――『古代ギリシアの歴史　ポリスの興隆と衰退』（講談社学術文庫）講談社、二〇〇四年。

F・W・ウォールバンク著、小河陽訳『ヘレニズム世界』教文館、一九八八年。

太田秀通『ミケーネ世界崩壊期の研究――古典古代論序説』岩波書店、一九六八年。

大戸千之『ヘレニズムとオリエント――歴史のなかの文化変容』ミネルヴァ書房、一九九三年。

P・カートリッジ著、橋場弦訳『古代ギリシア人――自己と他者の肖像』白水社、二〇〇一年。

桜井万里子『古代ギリシアの女たち』（中公新書）中央公論社、一九九二年。

――『古代ギリシア社会史研究――宗教・女性・他者』岩波書店、一九九六年。

周籐芳幸『ギリシアの考古学』同成社、一九九七年。

――『古代ギリシア　地中海への展開』（諸文明の起源七）京都大学出版会、二〇〇六年。

J・チャドウィック、安村典子訳『ミュケーナイ世界』みすず書房、一九八三年。

中井義明『古代ギリシア史における帝国と都市――ペルシア・アテナイ・スパルタ』ミネルヴァ書房、二〇〇五年。

橋場弦『アテナイ公職者弾劾制度の研究』東京大学出版会、一九九三年。

――『丘の上の民主政』東京大学出版会、一九九七年。

J・J・ポリット著、中村るい訳『ギリシャ美術史　芸術と経験』ブリュッケ、二〇〇三年。

前沢伸行『ポリスに生きる』（世界史リブレット二）山川出版社、一九九八年。

森谷公俊『アレクサンドロス大王――「世界征服者」の虚像と実像』（講談社選書メチエ）講談社、二〇〇〇年。

浅香正監修『増補改訂版　ローマと地中海世界の展開』晃洋書房、二〇〇三年。

岩井経男『ローマ時代イタリア都市の研究』ミネルヴァ書房、二〇〇〇年。

P・ガーンジー著、松本宣郎・阪本浩訳『古代ギリシア・ローマの飢饉と食糧供給』白水社、一九九八年。

船田亨二『羅馬元首政の起源と本質』岩波書店、一九三六年。

ボールスドン著、吉村忠典訳『ローマ帝国』平凡社、一九七二年。

南川高志『ローマ皇帝とその時代』創文社、一九九五年。

T・モムゼン著、長谷川博隆訳『ローマの歴史』Ⅰ・Ⅱ・Ⅲ、名古屋大学出版会、二〇〇五〜〇六年。

安井萠『共和政ローマの寡頭政治体制――ノビリタス支配の構造』ミネルヴァ書房、二〇〇五年。

弓削達『ローマ帝国の国家と社会』岩波書店、一九六四年。

――『素顔のローマ人』河出書房新社、一九七五年。

吉村忠典『支配の天才ローマ人』（人間の世界歴史四）三省堂、一九八一年。

M・ロストフツェフ著、坂口明訳『ローマ帝国社会経済史』上・下、東洋経済新社、二〇〇一年。

第Ⅱ部　ヨーロッパ中世

佐藤彰一・池上俊一・高山博編『西洋中世史研究入門』名古屋大学出版会、二〇〇五年。

『岩波講座　世界歴史　七　ヨーロッパの誕生』岩波書店、一九九八年。

『岩波講座　世界歴史　八　ヨーロッパの成長』岩波書店、一九九八年。

佐藤彰一・早川良弥編『西欧中世史（上）』ミネルヴァ書房、一九九五年。

江川溫・服部良久編『西欧中世史（中）』ミネルヴァ書房、一九九五年。

朝治啓三・江川溫・服部良久編『西欧中世史（下）』ミネルヴァ書房、一九九五年。

佐藤彰一・池上俊一『西ヨーロッパ世界の形成』（世界の歴史一〇）中央公論社、一九九七年。

掘越宏一『中世ヨーロッパの農村世界』（世界史リブレット二四）山川出版社、一九九七年。

河原温『中世ヨーロッパの都市世界』（世界史リブレット二三）山川出版社、一九九七年。

五十嵐修『地上の夢　キリスト教帝国――カール大帝の「ヨーロッパ」』講談社、二〇〇一年。

森本芳樹『西欧中世経済形成過程の諸問題』木鐸社、一九七八年。

今野國雄『西洋中世世界の発展』岩波書店、一九七九年（復刻版、二〇〇五年）。

野口洋二『グレゴリウス改革の研究』創文社、一九七八年。

渡邊昌美『巡礼の道――西南ヨーロッパの歴史景観』（中公新書）中央公論社、一九八〇年。

伊東俊太郎『十二世紀ルネサンス――西欧世界へのアラビア文明の影響』岩波書店、一九九三年。

山内進『北の十字軍――「ヨーロッパ」の北方拡大』講談社、二〇〇〇年。

瀬原義生『ヨーロッパ中世都市の起源』未来社、一九九三年。

アーロン・グレーヴィッチ著、川端香男里・栗原成郎訳『中世文化のカテゴリー』岩波書店、一九九二年。

ジャン・リシャール著、宮松浩憲訳『十字軍の精神』法政大学出版局、二〇〇四年。

ヴェルナー・レーゼナー著、藤田幸一郎訳『農民のヨーロッパ』平凡社、一九九五年。

J・ギャンペル著、坂本賢三訳『中世の産業革命』岩波書店、一九七八年。

ゲルハルト・ドールン - ファン・ロッスム著、藤田幸一郎ほか訳『時間の歴史――近代の時間秩序の誕生』大月書店、一九九九年。

第Ⅲ部　ヨーロッパ近世

望田幸男・野村達朗・藤本和貴夫・川北稔・若尾祐司・阿河雄二郎編『西洋近現代史研究入門』（第三版）名古屋大学出版会、二〇〇六年。

『岩波講座　世界歴史　一六　主権国家と啓蒙』岩波書店、一九九九年。

樺山紘一『ルネサンスと地中海』（世界の歴史一六）中央公論社、一九九六年。

長谷川輝夫・大久保桂子・土肥恒之『ヨーロッパ近世の開花』（世界の歴史一七）中央公論社、一九九七年。

二宮宏之『全体を見る眼と歴史家たち』木鐸社、一九八六年。

澤井繁男『ルネサンス文化と科学』（世界史リブレット二八）山川出版社、一九九六年。

高澤紀恵『主権国家体制の成立』（世界史リブレット二九）山川出版社、一九九七年。

木谷勤『帝国主義と世界の一体化』（世界史リブレット四〇）山川出版社、一九九七年。

鈴木直志『ヨーロッパの傭兵』（世界史リブレット八〇）山川出版社、二〇〇三年。

弓削尚子『啓蒙の世紀と文明観』（世界史リブレット八八）山川出版社、二〇〇四年。

『世界史への問い　五　規範と統合』岩波書店、一九九〇年。

『世界史への問い　六　民衆文化』岩波書店、一九九〇年。

篠原一『ヨーロッパの政治　歴史政治学試論』東京大学出版会、一九八六年。

川北稔編『ウォーラーステイン』講談社、二〇〇一年。

イマニュエル・ウォーラーステイン著、川北稔訳『近代世界システムⅠ・Ⅱ』岩波書店、一九八一年。

イマニュエル・ウォーラーステイン著、川北稔訳『近代世界システム　一六〇〇〜一七五〇』名古屋大学出版会、一九九三年。

ウルリヒ・ブレーカー著、阪口修平・鈴木直志訳『スイス傭兵ブレーカーの自伝』刀水書房、二〇〇〇年。

ジェフリー・パーカー著、大久保桂子訳『長篠合戦の世界史――ヨーロッパ軍事革命の衝撃　一五〇〇〜一八〇〇年』同文舘、一九九五年。

第Ⅳ部　ヨーロッパ近現代

五十嵐武士・福井憲彦『アメリカとフランス革命』中央公論社、一九九八年。

猪木武徳・高橋進『冷戦と経済繁栄』（世界の歴史二九）中央公論社、一九九九年。

梶田孝道『統合と分裂のヨーロッパ――EC・国家・民族』岩波書店、一九九三年。

『岩波講座　世界歴史一七　環大西洋革命』岩波書店、一九九七年。

『岩波講座　世界歴史一八　工業化と国民形成』岩波書店、一九九八年。

『岩波講座　世界歴史二二　産業と革新――資本主義の発展と変容』岩波書店、一九九八年。

『岩波講座　世界歴史二三　アジアとヨーロッパ――一九〇〇年代―二〇年代』岩波書店、一九九九年。

『岩波講座　世界歴史二四　解放の光と陰――一九三〇年代―四〇年代』岩波書店、一九九八年。

『岩波講座　世界歴史二五　戦争と平和――未来へのメッセージ』岩波書店、一九九七年。

川北稔編『イギリス史――連合王国・アイルランド』（新版世界各国史一一）山川出版社、一九九八年。

川北稔『砂糖の世界史』（岩波ジュニア新書）岩波書店、一九九六年。

栗原優『ナチズムとユダヤ人絶滅政策』ミネルヴァ書房、一九九七年。

柴田三千雄・木谷勤『世界現代史』（世界現代史三七）山川出版社、一九八五年。

下斗米伸夫・北上伸一『新世紀の世界と日本』（世界の歴史三〇）中央公論社、一九九九年。

谷川稔・渡辺和行編『近代フランスの歴史――国民国家形成の彼方に』ミネルヴァ書房、二〇〇六年。

谷川稔・北原敦・鈴木健夫・村岡健次『近代ヨーロッパの情熱と苦悩』(世界の歴史二二) 中央公論社、一九九九年。

角山栄『茶の世界史——緑茶の文化と紅茶の文化』(中公新書) 中央公論社、一九七九年。

デレック・ヒーター著、田中俊郎監訳『統一ヨーロッパへの道——シャルルマーニュからEC統合へ』岩波書店、一九九四年。

福井憲彦『ヨーロッパ近代の社会史——工業化と国民形成』岩波書店、二〇〇五年。

宮島喬『ヨーロッパ市民の誕生——開かれたシティズンシップへ』岩波書店、二〇〇四年。

村岡健次・川北稔編『イギリス近代史 [改訂版]』ミネルヴァ書房、二〇〇三年。

横山三四郎『超国家EC——ヨーロッパ合衆国への道』(講談社現代新書) 講談社、一九九二年。

歴史学研究会編『国民国家を問う』青木書店、一九九四年。

若尾祐司・井上茂子編『近代ドイツの歴史——一八世紀から現代まで』ミネルヴァ書房、二〇〇五年。

第V部　アメリカ近現代

C・V・ウッドワード著、清水博・長田豊臣・有賀貞訳『アメリカ人種差別の歴史』福村出版、一九九八年。

大下尚一・有賀貞・志邨晃佑・平野孝編『史料が語るアメリカ』有斐閣、一九八九年。

大谷康夫『アメリカの黒人と公民権諸法の歴史』明石書店、二〇〇二年。

大貫良夫・落合一泰・国本伊代・福嶋正徳・松下洋監修『ラテンアメリカを知る事典』平凡社、一九八七年。

小澤卓也『先住民と国民国家——中央アメリカのグローバルヒストリー』有志舎、二〇〇七年。

加茂雄三『地中海からカリブ海へ』平凡社、一九九六年。

紀平英作編『アメリカ史』(新版世界各国史二四) 山川出版社、一九九九年。

マーティン・ギルバート著、池田智訳『アメリカ歴史地図』明石書店、二〇〇三年。

国本伊代『概説ラテンアメリカ史』新評論、一九九二年。

国本伊代・中川文雄編『ラテンアメリカ研究への招待』新評論、一九九七年。

ジェイムズ・コーン著、梶原寿訳『夢か悪夢か——キング牧師とマルコムX』日本基督教団出版局、一九九六年。

斎藤真・亀井俊介監修『新訂増補　アメリカを知る事典』平凡社、二〇〇〇年。

野村達郎編『アメリカ合衆国の歴史』ミネルヴァ書房、一九九八年。

浜忠雄『ハイチ革命とフランス革命』北海道大学図書刊行会、一九九九年。

ドン・ヒギンボウサム著、和田光弘・森脇由美子・森丈夫・望月秀人訳『将軍ワシントン――アメリカにおけるシヴィリアン・コントロールの伝統』木鐸社、二〇〇三年。

ケネス・フット著、和田光弘・森脇由美子・久田由佳子・小澤卓也・内田綾子・森丈夫訳『記念碑の語るアメリカ』名古屋大学出版会、二〇〇二年。

ジョン・ボドナー著、野村達郎・藤本博・木村英憲・和田光弘・久田由佳子訳『鎮魂と祝祭のアメリカ――歴史の記憶と愛国主義』青木書店、一九九七年。

増田義郎・山田睦男編『ラテン・アメリカ史Ⅰ』(新版世界各国史二五)山川出版社、一九九九年。

増田義郎編『ラテン・アメリカ史Ⅱ』(新版世界各国史二六)山川出版社、二〇〇〇年。

本橋正『アメリカ外交史概説』東京大学出版会、一九九三年。

山本晴義『対話　現代アメリカの社会思想』ミネルヴァ書房、二〇〇三年。

加藤　克夫（かとう・かつお）　第Ⅳ部

1945年　秋田県生まれ。
1983年　立命館大学大学院文学研究科博士後期課程単位取得退学。
現　在　島根大学名誉教授。
主　著　「『異邦人』から『国民』へ――大革命とユダヤ人解放」服部春彦・谷川稔編『フランス史からの問い』山川出版社，2000年。
「近代フランス・ユダヤ人のアイデンティティ試論――長老会体制の成立とフランコ・ユダイスム」『立命館言語文化研究』第15巻第４号，2004年。
「19世紀フランス・ユダヤ人の『個』と『共同性』」友田卓爾編『西洋近代における個と共同性』溪水社，2006年。
主訳書　ピエール・ノラ編，谷川稔監訳『記憶の場――フランス国民意識の文化＝社会史　第一巻　対立』（共訳）岩波書店，2002年。

小澤　卓也（おざわ・たくや）　第Ⅴ部

1966年　東京都生まれ。
1998年　立命館大学大学院文学研究科博士後期課程修了。立命館大学博士（文学）。
現　在　神戸大学大学院国際文化学研究科教授。
主　著　『先住民と国民国家――中央アメリカのグローバルヒストリー』有志舎，2007年。
『コーヒーのグローバル・ヒストリー――赤いダイヤか，黒い悪魔か』ミネルヴァ書房，2010年。
『途上国社会の現在――国家・開発・市民社会』（共著）法律文化社，2006年。
『教養のための現代史入門』（共編著）ミネルヴァ書房，2015年。
『ラテンアメリカはどこへ行く』（共著）ミネルヴァ書房，2017年。

著者紹介（執筆順）

中井　義明（なかい・よしあき）　第Ⅰ部

1948年　大阪府生まれ。
1980年　同志社大学大学院文学研究科文化史学専攻博士課程中退。
2004年　博士（文学　立命館大学）。
現　在　同志社大学名誉教授。
主　著　『古代ギリシア史における帝国と都市——ペルシア・アテナイ・スパルタ』ミネルヴァ書房，2005年。
『ローマと地中海世界の展開』（共著）晃洋書房，2001年。
『古代王権の誕生　Ⅳ　ヨーロッパ編』（共著）角川書店，2003年。
『環境考古学ハンドブック』（共著）朝倉書店，2004年。

佐藤　專次（さとう・せんじ）　第Ⅱ部

1955年　北海道生まれ。
1984年　立命館大学大学院文学研究科博士後期課程単位取得退学。
現　在　立命館大学ほか講師。
主　著　『西洋中世の秩序と多元性』（共著）法律文化社，1994年。
「中世都市フライブルク・イム・ブライスガウとミニステリアーレン層」『西洋史学』第150号，1988年。
「西欧中世初期のギルドについて——カロリング期を中心に」『立命館文学』第520号，1991年。
主訳書　C. メクゼーパー／E. シュラウト著『ドイツ中世の日常生活』（共訳）刀水書房，1995年。

渋谷　聡（しぶたに・あきら）　第Ⅲ部

1962年　山口県生まれ。
1993年　京都大学大学院文学研究科博士後期課程研究指導認定退学。
1995年　京都大学博士（文学）。
現　在　島根大学法文学部教授。
主　著　『近世ドイツ帝国国制史研究——等族制集会と帝国クライス』ミネルヴァ書房，2000年。
「広域情報伝達システムの展開とトゥルン・ウント・タクシス家——16，17世紀における帝国駅逓の拡充を中心に」前川和也編『コミュニケーションの社会史』ミネルヴァ書房，2001年。
「『近世的都市共和主義』の展開と終息——神聖ローマ帝国とアーバン・ベルト地帯のはざまから」小倉欣一編『近世ヨーロッパの東と西——共和政の理念と現実』山川出版社，2004年。
「近世神聖ローマ帝国をめぐる研究動向——近年のドイツにおける『国家・国民』意識によせて」『史林』第89巻第１号，2006年。

教養のための西洋史入門

2007年５月30日　初版第１刷発行　〈検印省略〉
2023年12月10日　初版第16刷発行

定価はカバーに
表示しています

著　者　中　井　義　明
佐　藤　専　次
渋　谷　　　聡
加　藤　克　夫
小　澤　卓　也

発 行 者　杉　田　啓　三

印 刷 者　坂　本　喜　杏

発行所　株式会社　ミネルヴァ書房
607-8494　京都市山科区日ノ岡堤谷町１
電話代表　(075) 581-5191番
振替口座　01020-0-8076番

冨山房インターナショナル・坂井製本

ISBN 978-4-623-04909-7
Printed in Japan